贝页
ENRICH YOUR LIFE

这感觉真棒！

Sensehacking
How to Use the Power of Your Senses
for Happier , Healthier Living

〔英〕查尔斯·斯彭斯　著

张超斌　译

文汇出版社

图书在版编目（CIP）数据

这感觉真棒！/（英）查尔斯·斯彭斯（Charles Spence）著；张超斌译．—上海：文汇出版社，2022.2

ISBN 978-7-5496-3440-8

Ⅰ.①这… Ⅱ.①查…②张… Ⅲ.①市场营销—通俗读物 Ⅳ.① F713.3-49

中国版本图书馆 CIP 数据核字 (2021) 第 257179 号

这感觉真棒！

作　　者 / 〔英〕查尔斯·斯彭斯

译　　者 / 张超斌

责任编辑 / 戴　铮

封面设计 / 何月婷

版式设计 / 汤惟惟

出版发行 / 文匯出版社

　　　　　上海市威海路 755 号

　　　　　（邮政编码：200041）

印刷装订 / 上海颛辉印刷厂有限公司

版　　次 / 2022 年 2 月第 1 版

印　　次 / 2022 年 6 月第 2 次印刷

开　　本 / 889 毫米 × 1230 毫米　1/32

字　　数 / 229 千字

印　　张 / 10.75

书　　号 / ISBN 978-7-5496-3440-8

定　　价 / 68.00 元

谨以此书献给我的妻子巴比斯，

感谢信赖。

引言：1+1=3？

从出生的那一刻起，到咽下最后一口气，知觉是人类存在的根本。我们所感知、体验和了解的一切，都是经由感官得来的。正如查尔斯·达尔文（Charles Darwin）的表弟弗朗西斯·高尔顿（Francis Galton）在 1883 年所说，"我们所感知到的与外部事件相关的信息，似乎是通过我们的感官来传达的；感官对外部事件的感知越敏锐，我们的判断力和才智就会有越大的发挥空间"。[1]

然而，与此相矛盾的是，许多人却在抱怨感官过载。过多的噪音、过多的信息、过多让人分心的事情，如炮弹一般投射而来，让人疲于应对。[2] 想想如今的你，每天要同时做多少件事情。埃森哲 2015 年的一份报告指出，87% 的被调查者同时使用多种媒体设备。[3] 随着全世界范围内人们的工作和生活节奏明显加快，这个问题只会变得愈加严重。[4] 不过，我们只消仔细想想，很快就能明白，受到过度刺激的主要是高等理性感官——听觉感官与视觉感官，它们能够传达大量信息，并且容易被技术盯上。很少有人会抱怨说需要应付过多的气味[1]、肢体接触或味道。换句话说，达到感官平衡才是根本目标。[5]

迈阿密大学米勒医学院触觉研究所（Touch Research Institute）的北美洲研究者蒂法妮·菲尔德（Tiffany Field）多年来一直认为，大多数人都处于一种"触觉饥渴"的状态，这种状态可能会对身心健康造成多种负面影响。作为人体最大的感知器官，皮肤约占人体总重的16%~18%。[6] 近年来，研究者发现，有毛发覆盖的皮肤（指除了手掌和脚底之外的所有皮肤区域）上面布满了希望（不，应该说是"渴望"）被他人温柔触碰的感受器。[7] 这种有温度的人际接触能为我们的社交、认知和情感健康带来诸多裨益；夫妻之间的身体接触作用显著，甚至有助于缓解身体疼痛。经常拥抱不仅能使人缓解压力，还能降低人们罹患呼吸道感染等疾病的概率。[8] 如果无人可抱，也别担心，现在有职业拥抱师，只需你支付一定费用即可得到拥抱。假如你选择忽视自己最大的感官，风险自负哟。新冠肺炎疫情使得许多人在想，究竟如何才能实现所有人都迫切需要的远程人际接触？关于如何利用技术来实现远程人际接触这一问题，我会在最后一章作详细解答。

据估计，到2025年，（全世界）60岁以上的人口将超过10亿。许多上了年纪的人抱怨缺乏触觉刺激，因为他们的身体不再具有吸引力，没人愿意碰触。

---

[1] 至少在铺天盖地的杂志香水页减少之后，很少有此类抱怨。——原书注（如无特殊说明，本书注释均为原书注。）

人体的每个感官都会衰老，只是各个感官功能开始衰退的年龄段不同。幸好我们有助听器和眼镜来弥补听觉和视觉的衰退，然而关键问题是，目前还没有办法延缓触觉、嗅觉和味觉等较情绪化的感官功能的衰退。因此，上了年纪的人真切地处于"感知不足"的危险之中。[9]

如果你问人们，在感官功能衰退后，最想重新得到哪种感官感知力，大多数人会不假思索地回答是视力，但生活质量综合指数和自杀率数据表明，失去嗅觉的人往往情况更加糟糕。毕竟，若一个人在后半生失去了视觉，还可以在听到挚爱之人的声音时回忆想象他们的面容，这起码能在一段时间内缓解视觉丧失所带来的冲击；可一旦失去嗅觉，那就意味着彻底失去了——毕竟能把气味回忆想象得和记忆中一样丰富的人少之又少。[10]

在过去的 25 年左右的时间里，我有幸与世界各地的许多大型企业合作，一同将最新的感官科学理论转化成具有可行性的策略，从而既帮助人们改善身心健康，同时又帮助企业获取利润（这是显而易见的）。这些企业包括强生（Johnson & Johnson）、联合利华（Unilever）、日本旭金属工业株式会社（Asahi）、威富集团（VF Corporation）、多乐士（Dulux）和杜蕾斯（Durex）等等。[11] 在接下来的内容里，我将与你分享我从中学到的东西。

多年来，我与众多儿科医师合作，使更多的人认识到为儿童提供平衡的多重感官刺激，以实现儿童最佳的社交、情感和认知发展的重要性。[12] 我协助汽车制造商从感官角度去改善驾驶体验，从而提高驾驶的安全性。[13]（关于这一方面，我会在第 4 章详细阐述我的发现。）我还与全球众多大型美容公司、香水公司、家庭护理和个人护理公司以及性健康公司紧密合作，以期探寻多重感官吸引力的运作原理。[1]（别着急，我会在第 9 章中传授一些秘法。）14 我还为全球许多高街品牌公司和商场业主提供深度咨询顾问服务，通过开发新的营销手段，促使顾客在他们的"视觉商城"消费。（关于这一点，我会在第 6 章进行详细讲述。）而这些只是我将和你分享的关于感官的少数秘密。

究竟什么是感官调控？它可以被定义为，利用感官和感官刺激来改善我们的社交、认知与情绪幸福感。只有认识到每一种感官的独特功能，知晓感官与感官之间相互作用以引导人类情感和行为的可能途径，我们才可能行之有效地改善自身的感官体验。如此一来，我们可以先从自身入手，改善我们所关心的生活质量问题。无论你是想要变得更放松，还是想要变得更警觉；无论你是想要提高工作效率，还是想要减少工作压力；无论你是想要改善睡眠质量，展现最佳状态，还是想要在健身房锻炼中达到最佳效果；感官调控科学都可以帮助你实现目标，满足你的渴望。

本书各章均以日常生活中的某类主要活动为主题，将你带入最可能遇到的日常环境中（如果你和我的日常生活相似的话）。在第 1 章里，我们将从前门开始，接着探讨起居室、厨房和卫生间，看看通过哪些方法可以充分调动、刺激住户的每一个感官，使家变得

---

[1] 2016 年的一份预测指出，到 2020 年，全球化妆品市场价值将会高达 6750 亿美元。（当然，新冠肺炎疫情很可能会导致实际数额减少。）

更温馨宜居，乃至更容易出售。在这之后的第 2 章，将会探讨大自然给人带来的众多裨益。接下来的第 3 章，探讨如何通过调控各个感官的感知来改善睡眠质量。如今，许多人抱怨睡眠不足，而研究数据表明睡眠不足对身心健康不利，所以，如何解决这个令人担忧的问题就显得尤为重要。在讨论完家庭环境之后，我将话题转向工作，探讨"通勤"的感官调控和"工作场所"的多重感官设计。最后，第 6 章、第 7 章、第 8 章和第 9 章探讨了休闲这一话题。我们针对每一种情况，探讨经过实践证明是最为有效的，让我们消费得更多、从疾病或伤痛中恢复得更快、锻炼得更卖力、状态更佳的感官调控手段。

在最后一章里，我对与感官过载、感官欠载、感官平衡、感官一致和我们越来越频繁地身处其中的技术性中介式感觉中枢等话题相关的主要问题进行了概述，并提出了自己的看法。作为牛津大学实验心理学教授，我的看法和建议以经同行评审过的学术研究为基础，有着坚实的科学依据，和各种生活导师、风水大师、室内设计师和未来预言家们的毫无事实依据的言论完全不同。因此，听我的准没错。

迎合多重感官思维的室内设计

为工作、生活的场所营造合适的多重感官氛围至关重要，尤其是当你明白像我们这样生活在都市环境中的人（占世界人口的大多数）一天中有 95% 的时间都待在室内之后。正如我们在接下来的几章中将会看到的那样，如果一个人长时间处在室内环境，会造成感官失衡，而感官失衡又给我们的身心健康带来了负面影响。长时间处在室内环境，不仅大大限制了我们接触自然光的机会，还会使众多身处通风不良的办公楼内的人接触的空气污染物高于健康标准。以第 5 章为例，越来越多的证据表明，如果一个人长时间待在室内（这正是许多人的常态），可能导致病态建筑综合征（sick building syndrome，简称 SBS）和季节性情感障碍（seasonal affection disorder，简称 SAD）。在英国，受后者困扰的人数约为总人口的 6%，他们在昏暗的冬季因缺乏自然光照射而备受折磨。鉴于近些年来传统办公场所逐渐向开放式办公室转变，我们还将探讨如何确保室内工作环境的感官属性有助于提高而不是阻碍员工的生产力和创意输出。许多大型油漆公司、灯具公司和香水公司，早已开始努力尝试设计出能帮助顾客实现个体目标（不论目标是什么）的兼顾多重感官需求的内部装潢。[15]

多年来，我为健身房和众多其他运动机构提供咨询顾问服务，帮助人们充分调动起多个感官，进而实现自我激励，忘记艰辛，达到锻炼和健身效果的最大化。我会在第 8 章中更细致地讨论这一点。无论是在运动场上，还是在情场上，要想取得竞争优势，就必须充分发挥人们的感官功能。许多富有创新精神的个人和组织，已经学会利用感官调控领域的最新见解，让自己变得更健康、更富有、更睿智，而且在这一过程中并没有出现药物干预（有些人称之为"化妆品神经科学"）手段中常见的副作用。[16]那么，你还在等什么呢?

"吓着你了！"为什么你会喜欢上你做过的事，而讨厌你没做过的？

熟悉衍生出喜欢。你是否知道：只需让你接触某样事物，就能提高你对它的好感度？这就是"纯粹曝光效应"[1]。无论我们是否意识到了这种接触，该效应都能发挥作用。[17] 纯粹曝光效应大致解释了为什么有些人喜欢吃辣椒，而有些人喜欢听红辣椒乐队[2]。这个效应还有助于解释为什么新生婴儿在闻到母亲怀孕期间所食之物的香味时会把头转向气味的来源。你听过"胎儿肥皂剧综合征"（foetal soap syndrome）吗？别担心，只是名字听起来吓人而已。20世纪80年代，医生们发现相比妈妈的声音，有些新生儿更喜欢听时下流行的肥皂剧明星的声音，比如出演经典老剧《邻居们》（*Neighbours*）的凯莉·米洛和杰森·多诺文，于是便引入了这个术语。原来婴儿在腹中时不仅能尝到妈妈吃过的食物的味道，还会聆听到妈妈听过的声音。[18] 此类观点和经验让一些人不禁惊叹：原来感官调控在这么早的人生阶段就已经发生了啊！

虽然我们对周遭多重感官刺激的反应大多是习得性的，但要记住一点：人是在特定的生态龛[3]内进化的。也就是说，那些曾经对

---

[1] 纯粹曝光效应（mere exposure effect），又称"多看效应""曝光效应"，最初由心理学家罗伯特·扎伊翁茨（Robert Zajonc）提出。一种较常用的内隐记忆测验显示，测试对象对原来不熟悉但通过接触而熟悉了的刺激会产生偏爱。——译者注

[2] 红辣椒乐队（Red Hot Chili Peppers），美国洛杉矶的著名摇滚乐队，成立于1983年。——译者注

[3] 生态龛一般指生态位，表示生态系统中每种生物生存所必需的生境最小阈值。——编者注

人类生存至关重要的刺激似乎始终保持着其特殊地位。举例来说，即便在我们很小的时候，蜘蛛和蛇就能吸引我们的注意，让我们心生不安。[19] 正如第 1 章中所述，最新证据表明，我们还倾向把冬季室内供暖设备的温度设置成与埃塞俄比亚高原相似的气温水平，而那里正是几千年前人类起源的地方。

感官受到的来自大自然的刺激越多越好。不仅如此，相比无视周遭自然环境，主动关注自然环境对感官的影响能够进一步强化这一裨益。在后面的章节中，我们会反复看到，无论是在工作、锻炼还是购物、玩耍方面，感受（通常以技术为中介）大自然这件事将如何对人产生积极的影响。不管其目的是增强人们的幸福感，还是驱使人们在购物时多买东西。为了弄清楚如何最有效地调控感官，首先肯定要尝试理解人类感官发展的生态龛。借用遗传学家、进化论学家费奥多西·多布赞斯基（Theodosius Dobzhansky）[1] 的著名论断来说就是，"如果没有进化论，心理学的一切都将无法解释"。[20] 例如，在第 2 章中，我们会探讨私家花园在提供大自然效应方面的重要性。

无论是面对人的面部表情，还是面对钟面上的指针指向，人类都对笑脸有着天生的偏好，而不喜欢哭脸。因为进化的影响，我们似乎对某些刺激抱有天生的喜欢或反感。正如第 6 章中所探讨的，成功的设计和营销往往利用此类或隐晦或显著的刺激因素，通过最

---

[1] 费奥多西·多布赞斯基（1900—1975），美籍俄裔生物学家、遗传学家、综合进化论创立者之一，其论断原文是"如果没有进化论，生物学的一切都将无法解释"。
　　——译者注

新的感官营销手段来刺激消费者。[21] 例如，你是否曾注意到或者疑惑：为什么钟表广告里的指针钟表表盘几乎全都显示 10 点 10 分？事实上，一项分析结果表明，亚马逊网站上 97% 的畅销男士腕表显示的都是这个时间。因为当指针指向 10 点 10 分时，看起来仿佛是在微笑，而德国的研究者在对此进行实验评估时发现，受试者更愿意选择那些对他们"微笑"的钟表。[22]

为什么 8 点 20 分让人不舒服呢？哪个钟面在对你微笑？哪个钟面看起来一脸沮丧？这就是产品设计拟人化的案例之一。

从事钟表营销的人早已发现，仅仅把指针钟表表盘上显示的时间设定成 10 点 10 分，就能提高人们对产品的好感度。[1] 按常理来说，如此简单的感官调控真的不该影响我们的选择——毕竟钟表准不准时，并不是由它当前显示的时间决定的，但研究表明，这种感官调控几乎一定会对消费者的选择产生影响。不仅如此，认识到这类进化刺激的重要性之后，我们就可以设计从产品包装、计算机到汽车

---

[1] 为什么 iPhone 的广告大多都显示上午 9 点 42 分？最流行的说法是，这是 2007 年史蒂夫·乔布斯在一场 MacWorld 大会上首次推出 iPhone 的时间（太平洋标准时间）。

之类的所有东西，并且笃信消费者会喜欢，因为我们在这些设计中利用了特定的进化示能（evolutionary affordance）。例如，设计者已向世人证明，把 USB 插槽设置在计算机前端，或者把汽车的视觉设计拟人化，使之看起来像是对人微笑，有助于给人留下更好、更有吸引力的印象。明白了应该关注的点之后，许多商业公司调控消费者感官的做法顿时变得昭然若揭。例如，仔细观察亚马逊网站和英国百货零售连锁商爱顾商城（Argos）的商标，我相信当你看到竟然有这么多品牌商标采用"笑脸标识"时，你一定会大感惊讶。[23]

　　然而，有意思的是，钟面上的"微笑表情"并非从一开始就有。在 20 世纪二三十年代的大多数广告上，钟面显示的时间是 8 点 20 分（"哭脸表情"）。因此，虽然让产品显示笑脸表情这一营销手段在如今看来稀松平常（至少对于有市场意识的营销者和设计者而言），但这种受进化启发的感官营销方案往往往是偶然得来的。有些人质疑感官营销和消费者神经科学的伦理性，这在我看来无可厚非；但对于光怪陆离的 21 世纪而言，在全球疫情和封城行为将毫无预兆地打击全球经济之时，我认为感官调控势在必行。我们需要通过感官调控手段来保持身心健康和平衡。[24]

采用笑脸图案作为商标的企业案例

1929 年华尔街股灾爆发，导致了新冠肺炎疫情暴发之前最严重的经济衰退，"消费者工程学"（consumer engineering，又称 humaneering，即"人体工程学"）被一些人视作重振全球经济的关键要素。作为探究消费者心理的新途径，消费者工程学的根本要义是让产品设计中微妙的感官暗示恰如其分。[25] 从某种程度上来说，消费者工程学可以被视作感官调控在 20 世纪的先导。然而，为了达到调控效果的最大化，我们首先必须明白，人体的各个感官并非独立运作，而是时刻连通的。感官是如何交互，以实现对周遭世界及其中所有事物的多重感官认知的？只有理解了其关键运转法则，以及其中蕴含的诸多目标，我们才能真正开始优化多重感官暗示和环境，借此实现人人都想要得到的结果。

感官交联

大约在 25 年前，我刚开始在牛津大学担任教职，当时有一位教授专门研究视觉，另一位教授专门研究听觉。虽然两人做研究的地方离得很近，合作也很紧密，双方却生了嫌隙，好多年互不搭理。但真正令我惊讶的是，两人对这种缺乏沟通的状态似乎毫不在意，他们根本不明白自己错失了什么。这两人的态度体现了对于感官的传统认知：人体的各个感官是完全独立的体系。有这种想法实属难免，毕竟从表面上看，似乎就是这样：眼睛是用来看的，耳朵是用来听的，鼻子是用来闻的，舌头是用来尝的，皮肤用来感受周遭世界。

但感官与感官之间究竟有多少互动与连通呢？这个问题的答案

至关重要，它不仅决定了我们如何体验这个世界，还决定了这些体验会给我们带来怎样的感受。科学研究表明，感官与感官之间连通的程度远超我们的想象。在现实生活中，感官连通意味着，通过改变人们眼睛所见之物的模样，就能改变人们所听到的内容；或者通过操控某样东西发出的声音，就能影响它给人带来的感受；又或者通过添加合适的气味，就可能左右人们对所见到的任何事物的印象。老谋深算的营销者对这些手段运用自如，普通人也可以将这些关于多重感官感知的把戏（也就是感官调控）拿来为己所用。

在接下来的几章里，我会列举许多诸如此类让人惊叹的感官交联案例。例如，在第 9 章中会讲到，你所选用的香水（也就是你的"体香"）能在一定程度上决定他人是否认为你的外表吸引人。我们还会讲到，充满爱意的抚摸所带来的舒畅感会被难闻的味道毁掉，而好闻的味道却能增强舒畅感。[26] 在第 1 章，我们会探讨商家如何通过给洗衣液添加合适的气味，让你感觉衣物变得更柔软、更洁白。我们还会讲到，对咖啡苦味的认知，既受选用的咖啡豆和烘烤方式的影响，也受咖啡机噪音刺耳程度的影响，并且二者的影响力不相上下。在第 4 章，我们会讲到，关闭汽车车门时发出的根据心理声学调控过的密实声音会影响你对汽车质量的认知，给你留下该车很安全的印象。如果你的座驾是高档款，那种令你赞不绝口的引擎轰鸣声，实际上很有可能是人工合成的。讲完这些，我会就如何仅仅通过给老车加一点"新车味"就能让它升值来给出建议。

既然大企业都已然有几十年感官调控的历史，[27] 我们普通人何不也利用感官调控手段，帮助自己达到一种既减少食物摄入量，同时又不会感到饥饿的状态呢？难道你不想知道家居装饰中所用的暖光和暖色是否真的可以辅助降低取暖费用吗？通过感官调控，我们都能从生活中收获更多。本书将向你展示如何进行感官调控，以及其运作背后的原因。感官调控可谓帮助我们减少食物摄入量、延年益寿的最有效的办法之一。无论是音乐、声景，还是气味、颜色，都可以用来帮助我们在必要时提高生产力，获得更好的休闲放松和睡眠，并且改善认知。[28]

人们越来越意识到感官与感官之间的交互、连通程度之深，多重感官刺激平衡对我们的身心健康和生产力多么重要，感官调控便是基于这两点。无论是在家中、在办公室，还是锻炼健身、出门购物，乃至就医，这两点都"用之天下而皆准"。感觉统合是重中之重，甚至还可能帮助提高生活质量。事实上，恰当平衡的多重感官刺激，早已被应用到某些临床情境中，它可以帮助病人减缓疼痛，促进病人康复。我们会在第7章中讲到许多此类引人瞩目的感官调控案例，比如让病人聆听音乐不仅可以减少止痛药的使用剂量，甚至可能使病人的恢复速度更快。

感觉统合

但凡具有一种感官以上的生物，都不会让每个感官单独发挥功能。试想，如果一个感官朝东走，另一个感官却偏要往西走，那就乱套了。解决这样的矛盾别无他法，唯有感官与感官之间相互沟通协作。几百万个多重感觉神经元联通视觉、听觉、嗅觉、触觉和味觉对应的五种感官，神经元的活动控制人类的认知和行为，但关键问题在于，大脑究竟是通过什么原理来整合不同感官的输入信息的呢？只有弄清楚多重感官认知是如何运作的，我们才可以开始有效地调控感官。在第1章和第9章里，我们会看到目之所见、耳之所闻、鼻之所嗅乃至肤之所感相互协同，进而产生非同凡响或接地气的日常生活多重感官体验。但多重感官认知的运作原理究竟是什么？幸好，你目前需要了解的主要原理只有三个。

1）知觉主导：用眼睛倾听

很多时候，某一个感官会主导其他感官来支配我们的认知。例如，我们向来觉得电影中的说话声是从电影院大屏幕上的演员嘴巴里发出来的，但实际上却是从观众席某处隐藏的扬声器里传出来的。在这个案例中，大脑利用眼睛看到的"证据"来推断声音来源，这就是"腹语术效应"（ventriloquism effect）。它被应用于舞台剧已有千年之久，更不要说在神秘主义活动中的应用了。之所以如此，是因为我们的眼睛比耳朵更擅长辨认某物在何处。在人类进化的过程中，大脑学会了依赖这个最可靠的（或者说最准确的）感官，来帮助我们应对刚出生时"铺天盖地的、令人无所适从的混沌[1]"。[29] 一些研究者试图从纯数学的角度去解释视觉的优势（尤以贝叶斯为代

---

[1] 摘自实验心理学开创者之一的威廉·詹姆斯（William James，1890）的名言："刹那间，婴儿的眼睛、耳朵、鼻子、皮肤和内脏全都通窍了，铺天盖地的、令人无所适从的混沌席卷而来。"

表），但其他证据表明，人类依赖（或者说是注意）目之所见这一行为有着更深层的原因，而数学家们尚未解释清楚。[30] 人类学家、历史学家、艺术家乃至社会学家可以帮助我们了解自身的感官运作次序，判断其对我们自身是否有益，对我们所生活的社会是否有益。[31]

设想一下，你看见一个人做出"ga"的口型，耳朵却听到他发出"ba"的声音。你会认为这个人说的是什么？大部分人会认为说的是"da"。[32] 这个错觉叫作"麦格克效应"（McGurk effect）[1]，你自己可以尝试一下。网络上有许多很好的例子。很多时候，我们的大脑会自动整合多种感官输入的信息，而且不让我们明白是怎么回事。有时候，即便你明明知道发生了什么事，也知道感官在欺骗你（就像"麦格克效应"那样），但当看到的唇部口型改变时，仍然禁不住听到不同的声音。将红色染料加入白葡萄酒，品酒专家突然就开始闻到好似红酒或玫瑰酒的味道，是同样的道理。[33] 当几个感官接收到互相矛盾的信息时，哪一个会占据主导？本书将反复探讨这个问题。

2）超加性：1 + 1 = 3

你有没有注意到，在吵闹的鸡尾酒派对上，只不过是把近视眼镜戴上了而已，就变得更容易听清楚别人说的话。[2] 许多研究者相信，

---

[1] 英国萨里大学心理学家哈里·麦格克（Harry McGurk）和约翰·麦克唐纳（John MacDonald）发现的感性的认知现象，是指在语音感知过程中，听觉和视觉相互作用，有时人的听觉会过多地受到视觉的影响，从而产生误听。——译者注

[2] 一项研究表明，在嘈杂的环境中，只需看着相应的嘴唇动作，对方说话的清晰度就可能提高大约 15 分贝。

这就是超加性在日常生活中的体现。有时候,在单独使用时信息采集能力较弱的感官所输入的信息可能被大脑与其他较强的感官输入的信息整合在一起,形成多重感官体验,这种体验比单纯的多个感官输入信息简单相加之和更为丰富。我们在第 6 章中会讲到,营销者在认识到通过将店内声音、气味和颜色恰当搭配就可能提高销量后,大为振奋。

3)感官一致性

你是否记得,上次观看配音差劲的外国电影或卫星转播剧中声音与嘴型对不上的情形?视觉图像清晰无比,声音质量无可挑剔,叫一旦视觉感官与听觉感官之间有一瞬间的不匹配,观感便全毁了。作为多重感官认知的第三个基本原则,次加性(sub-additivity)通常是指不一致的感官输入信息叠加的结果。事实上,其结果很可能比那个最强的单个感官信息输入的结果还要差。不一致的感官刺激的叠加尤其难以处理,这意味着它们是负性刺激;换句话说,我们不待见它们。[1] 如果商店店主或商场老板用扬声器播放热带雨林或森林的声效,这与实际购物环境协调吗?这也是本书后面将要反复讨论的问题之一。

---

[1] 2016 年,纽约"叙事的未来研究机构"(Future of Storytelling Institute,简称 FoST)制作了一个很棒的短视频,如果你想加深了解多重感官认知的原理,请访问:https://futureofstorytelling.org/video/charles-spence-sensploration。

感官调控的科学

随着科学界对感官协作的研究越来越深入，通过运用一系列避免感官过载、感官失衡和感官冲突的手段，我们便掌握了将自身生活变得更健康、更幸福、更充实的感官武器。为此，我们必须弄清楚感官的发育结构，承认大脑内在的多重感官性质，对我们所生存且渴望的感官世界的个体差异保持敏感度。这就是感官调控学。接下来我们将一起看看如何把它应用于实践。

目　录

3 睡得舒服最重要 🌙

4 在路上 🚗

5 谁上班不累啊? 🖥

6 "买买买"的感觉

7 感官疗愈之旅

8 跟着感觉，动起来！ ⊢—⊣

9 我感到，我爱你

10 请多多关注我们的感官

1 在家的感觉，真棒！

我们首先从家门口谈起。

当你度假归来后，刚打开家门，一股略显奇怪的气味扑鼻而来，你有没有对此感到过疑惑？事实上，这股气味一直都在，只不过因为你平时时刻都能闻到它，久而久之便习以为常了。只有当你出门很久之后再返回，你才会察觉自己的家中究竟有股什么气味。或许你已经发现，每个人的家里都有其独特的建筑异味（building odour，简称 BO），你的家里当然也不例外。不过由于我们长时间生活其中，对这种气味已经习以为常，所以才无法像偶尔到访的客人那样敏锐地察觉到。很多时候，明明是时刻都能闻到的气味，却恰恰被我们忽略了。[1]

持续暴露于那种气味会对家人造成什么影响？环境气味不仅会使我们感到警觉或放松，还会影响我们的心情和身心健康。[2] 你没察觉到这股气味的存在，绝不代表你能免受气味的影响。实际上，察觉不到的气味有时比能察觉得到的气味对人产生的影响更为巨大。

1

令人担忧的是，还有证据表明，建筑物空气中的气载霉菌以及其他尚未辨明的嗅阈值较低的异味物质，可能正是导致"病态建筑综合征"这一损害人体健康的病症的罪魁祸首（至少有部分影响），即我们工作和（或）生活的建筑实际上可能会致病。³

波德莱尔（Baudelaire）[1] 曾说，气味是"一间公寓的灵魂"。⁴我相信你也曾收到过这样的房屋出售建议：趁潜在买家来看房之前，在房屋内煮咖啡、烤面包或烤蛋糕，又或摆上新鲜的花朵。香草的气味显然备受北美洲房产经纪人的青睐。虽然难以找到任何确凿的证据来证明这种做法能起作用，但卖房子的人依然会想方设法地给房子增添各种香味。一篇新闻报道则称，别再搞咖啡和鲜面包香味那一套啦，要想成功卖掉新房子，最完美的气味实际上是白茶和无花果两种气味的混合味道。不过，同样没有证据来支撑这个说法。但是话说回来，根据佛罗里达州一家房地产机构的首席执行官的说法，烟味和宠物的气味（这里的宠物是指猫和狗，不是指金鱼）尤其让买家"闻"而却步，可能会使房屋售价降低多达 10%。⁵

2018 年，一栋高档公寓的业主委托通感[2]味道设计师唐·戈兹沃西（Dawn Goldsworthy）为其刚刚在迈阿密阳光岛海滩购入的新独立产权公寓（价值 2900 万美元）专门设计定制气味。按照业主的构

---

[1] 夏尔·波德莱尔（1821—1867），法国诗人、散文家、美学评论家，代表作有诗集《恶之花》。——译者注

[2] 通感是一种非同寻常的状况，即一种感官输入信息自动地持续引起另一种感官输入信息，是异质的"感官共鸣"，比如有人在看到黑色和白色字母或听到音乐时会看到颜色。通感可能更常见于创意人群。

想，这种气味将通过公寓的空调系统散发开来，为这栋公寓赋予真正独一无二的嗅觉特性。这种做法显然超出了普通人的经济承受能力范围，唯有超级富人才能做到，但我们仍然可以采用其他相对节俭的手段来为自己的住所增添香味，比如摆放鲜花或盆栽，或者使用电动增香机。香味蜡烛也是备选之一，但有些评论者逐渐开始担心香味蜡烛会导致空气污染，所以个中利弊由你自行决断。

如今，许多商家推出名曰"幸福花束"的插花，这种插花不光好看，还能散发出有利于人身心健康的气味。[6] 所以说，无论你是想将自家房屋对外出售，还是仅仅为了给房屋做大扫除，都要认真考虑并选择即将弥漫你的整个住所的气味。有证据表明，芳香疗法会影响我们的心情、警觉性乃至身心健康，因此将住所的气味纳入考虑范围自然是说得通的。如果家里有现烤面包、煮咖啡或者柑橘之类的好闻气味，甚至能增强我们的亲社会行为，比如在他人东西掉落的时候帮忙捡起来，或者吃完饭后主动帮忙收拾干净。[7]

从本质上来说，环境中的气味对人的作用似乎更多关乎心理学方面，而非药物学方面，即源自联想学习。[8] 例如，向日葵香精的味道可以使许多人感到平静，可能正是由于心理联想的作用。因为这种南美洲花朵的气味是强生婴儿粉的主要气味之一，也许能引发人们关于幼年时期的温馨记忆和联想，只不过作为成年人，不经意间闻到这种气味时，会想不出究竟是什么。有些上了年纪的人厌恶某些花香，因为那些气味与人类的最终命运——死亡和葬礼——相关联。通常来说，我们对某种环境气味的反应，很可能取决于我们是否喜欢这种气味、是否认为它是自然生成的、是否浓烈。但该领域现有的研究往往缺乏数据支撑，因而很难从中得出切实的结论。[9]

为多重感官服务的室内设计

许多年前，瑞士现代主义建筑师勒·柯布西耶（Le Corbusier）[1]提出了一个很有意思的说法，他认为建筑物的形式"从心理上影响我们的感官"。[10]"认知神经科学和建筑"这一新兴交叉研究领域的最新成果开始为该说法提供坚实的经验支撑。[11]例如，在其中一项研究中，研究者安排受试者在虚拟现实中进行社会应激测试。作为备受心理学家青睐的应激测试手段，特里尔社会应激测试（Trier Social Stress Test，简称 TSST）以其位于德国的发源地命名，其测试方法是让受试者在一群没有任何面部表情的观众面前发表简短演说。通常选用真人作为观众，但在该研究中采用的是虚拟人物。研究者发现，相比较为宽敞的虚拟房间而言，受试者在较为逼仄的虚拟房间中的唾液皮质醇（一种心理应激指标）水平升高，说明较为逼仄的房间更容易让人产生逃离的感觉。[12]

气味难闻的住所同样也会激发人们逃离的欲望。而如果房间里有轻微的香味，即便没有意识到该香味的存在，人们仍会评价该房间较为明亮、干净、清新。此外，如果房间里有宜人的气味，人们还会觉得该房间比较宽敞。有人甚至提出，如果在房间里加入适宜

---

[1] 勒·柯布西耶（1887—1965），生于瑞士，后移居法国，是法国建筑师、室内设计师、雕塑家、画家，被称为"功能主义之父"。——译者注

的香味，原本丑陋的内部装潢也会变得顺眼起来，不过我对此持怀疑态度。[13]

人类普遍偏好宽敞的房间，而不喜欢封闭的房间，这与大约半世纪前由进化心理学家提出的"栖息地偏好"（habitat theory）和"瞭望-庇护"（prospect-refuge theory）等理论的观点相契合。在进化心理学家看来，我们偏好那些具有曾经帮助过人类生存繁衍的特征的自然景观和人工建筑环境。例如，根据"瞭望-庇护"理论，我们偏好那些能够让自身感觉到相对安全的环境特征。几千年来，我们通过盆栽的方式将大自然中的植物移植到家中来，原因或许就在于此——大型盆栽可以成为一种潜在的隐匿场所。人类种植盆栽的历史至少可以追溯到公元前3世纪的埃及，在庞贝古城遗址中也挖掘出了室内盆栽。[14]正如后面也会讲到的，室内植物或许还有助于净化空气，并且通过前面曾提到过的大自然效应来达到使人镇静的效果。

我们都更喜欢外形圆润的物体，而不喜欢有棱角的物体，所以家里的房间是否温馨、吸引人，主要决定因素之一还在于房间和家具的形状。[15]纽约IDEO设计公司前任设计总监英格丽德·费泰尔·李（Ingrid Fetell Lee）认为，当你在家里走动时，有棱角的物体会在不知不觉间影响人的情绪，即便它们没有正对着人。她指出，尖角形物体"虽看起来别致、高档，却会抑制我们嬉闹的冲动。外形圆润的物体则恰恰相反。作为互动空间的起居室原本安静、拘谨，在摆上圆形或椭圆形的咖啡桌之后会变得生机勃勃，变成适合聊天和即兴游戏的场所"。风水学中也有相同的理念：家里应该摆圆形叶子的植物，不要选尖叶的——要选龟背竹，不要选棕榈树，更不能要仙人掌。[16]

在选择家具时，曲线形状的家具比直线形状的家具更合适，比如餐桌。说来可能让人感到意外，围着圆桌坐的人，比围着方桌或长条桌坐的人，更容易达成意见一致。这表明，环形的座位安排催生归属感，而棱角形的座位安排催生独立感。[17]如果你想让人们相互之间坐的距离更近些，何不放点音乐？因为由苹果公司和搜诺思公司（Sonos）——两家致力于推动音乐消费的公司——资助的一个项目发现，当在家里放音乐时，人与人之间的距离比不放音乐时缩小了12%（至于这样做是否是为了在喧闹的环境中更方便听清别人说话而靠近，就不得而知了）。[18]

鉴于许多家庭坐在餐桌前吃饭时经常会发生争执，改变餐桌形状便成为减少家庭成员间火药味的一个简单易行的手段。[1]用事实来说明这个问题就是，墨西哥菜餐饮公司老埃尔帕索（Old El Paso）委托调查2000名父母，并于2017年发布报告称，平均每个家庭每天在用晚餐期间发生2次争吵。另有65%的被调查者坦言每天用晚餐时都会发生争吵，不过对于这类案例，若要改善争吵的情况，我想应该不只买一张圆形餐桌那么简单。[19]

此外，天花板的高度也能影响人们的思维风格。天花板高的房间比天花板低的房间对人更有吸引力，而且还会引发或催生人们更

---

[1] 当然，在自己家做饭的话，吃完饭以后基本都要刷锅洗碗。在2001年发布的多重感官广告中，宝洁公司（旗下品牌生产包括精灵洗洁精等在内的产品）委托的项目研究结果特别指出，家庭生活中最让人感觉压抑的问题之一是决定由谁来刷锅洗碗。针对这个普遍存在的问题，他们的解决方案是推出多种"更浓稠"的多彩洗洁精新产品，其中蕴含芳香疗法精油，散发出的香味有助于缓解压抑的气氛。

第一个开放式厨房，位于英国的布莱顿皇家行宫，由约翰·纳什（John Nash）于1818年为摄政王（后成为乔治四世）所建。著名法国厨师玛丽-安东万·卡雷米（Marie-Antoine Carême）起初就在这些巨大的金属"棕榈树"下工作。卡雷米以巨大的烹饪建筑创意造型最为知名，可能正是受了所在工作环境的建筑的影响吧。在《阴翳礼赞》（*In Praise of Shadows*）一书中，日本作家谷崎润一郎（Jun'ichiro Tanizaki）细致地描写了日本建筑和烹饪艺术之间的惊人联系。

高级或更自由的思维风格。具体而言，我们倾向进行关系思维（即思考事物之间是如何联系的），而非实体思维或"狭隘"思维。[20] 把天花板刷成白色，而非较暗的颜色，会使天花板看起来明显变高，这也有助于解释为什么我们偏好白色的内部装潢。[21] 作为史上第一个开放式厨房，英国布莱顿皇家行宫的工作环境该催生了多少烹饪创意啊！那里的天花板高达7米，柱子就像棕榈树。

"感官栖居"

2019年，《纽约时报》（*The New York Times*）刊登了一则广告，

推销由著名建筑师欧蒂娜·戴克（Odile Decq）设计的新住宅项目，该项目承诺住户可以享受到"感官栖居"的居住体验。这则广告向报纸读者热情地介绍住宅选址，说有望将其开发成"激发感觉"的新公寓。伊尔泽·克劳福德（Ilse Crawford）[1]之流的传奇设计师，在其作品中对感觉的关注程度之高着实令人震惊。在《室内设计：迎合五官感受》（*Interior Designing for All Five Senses*）一书中，北美室内设计师凯瑟琳·贝利·邓恩（Catherine Bailly Dunne）强调，要设计"外观优美、气味宜人、质感高级、声音愉悦乃至口感丰富的房间，营造微妙的'特质'，能让人立刻感觉到自在舒适"，借此吸引乃至调动人的每一个感官。然而，虽然我们常常讨论住所给人带来的"感觉"，但实际上却很难保证人的每个感官都能得到恰当的刺激。22

室内设计师常常强调纹理对比度的重要性。现实生活中，人们也往往依靠直觉把各种情绪和不同的家居纹理、材质联系起来。即便并没有真正触碰到墙壁或其他家装的表面，装修所使用的不同物品材质仍能对我们的触觉产生影响。感官调控设计师和建筑师通常建议采用能促使你产生想要去触摸的冲动的纯天然纹理。23 例如，我的办公桌上经常摆着一个松果或者一截粗糙的树皮，这种纯天然的物件纹理与办公室装修过的平滑表面形成鲜明对比，将我与现实牢牢地联系起来。[2]另一个建议是使用有纹理的抱毯把表面平滑的椅子或沙发盖住。

---

[1] 英国著名设计师，其设计工作室的代表作为伦敦苏荷艺术区，著有《感性家居》（*Sensual Home*）和《家，心之所在》（*Home is Where the Heart is*）。——译者注

[2] 你可以把这看作微型的拥抱树木行为。

同时，要谨记，我们对物品材质触感的认知还会受物品所处环境的气味影响。例如，数年前，我在牛津大学的研究团队就指出，只需添加适当的味道，纤维布料就能给人以更加柔软的感觉。相比难闻的人工合成动物毛皮的气味，添加柠檬味或薰衣草味使得纤维布料摸起来感觉更柔软。有鉴于此，确保你刚刚洗过的毛巾闻起来很舒心就更有必要了。这真的会影响它给你带来的感受。[24] 2019 年，两名德国研究者报告称，播放轻柔舒缓的音乐也会影响人们对物品材质柔软度的评价。[25]

然而，当人一踏入家门时，首先注意到的很可能是家居配色。说起（惨不忍睹的）配色……

卫生间用牛油果绿色搭配巧克力棕色是什么鬼？

某些读者可能还记得，20 世纪 70 年代的许多住宅的卫生间配色采用牛油果绿色和（或）巧克力棕色，这在当时几乎算是标配。那会儿的人们究竟在想什么啊？最受欢迎的室内配色往往由潮流或时尚来决定，而不是由颜色可能对人们产生何种心理影响所决定，这个例子便是铁证之一。每当我在采用复古装修风格或未进行现代化装修改造的住宅里看到这种配色，就很难想象为什么大家会一度成群结队地搞这种搭配。[1] 如今，大型油漆公司纷纷聘用时尚顾问，构思最能引起人们兴趣的新季油漆颜色名称，以保持产品的新鲜度，

---

[1] 估计进化心理学家们会说，这些颜色代表绿色的大自然和棕色的土地呀！

让油漆跟上时代的步伐。不过截至目前，他们还没有为这一尤其缺乏美感的颜色搭配想出能够艳压四方的新名字，从而让我们重新爱上它，或许我们应当对此心怀感激。

1923 年，勒·柯布西耶从伦理的角度，就室内色彩的使用在其书中指出，"要求把卧室、起居室和餐厅的墙壁都涂成白色……从墙壁被刷上石灰水的那一刻起，你就成为了自己的主宰。你会追求严谨，追求精准，追求思路清晰。"在此，勒·柯布西耶似乎是因其净化作用而选择使用白色，将白色视作建筑消毒剂，正如 18 世纪的男性穿白衬衫却不洗澡一样。[1] 不过，我很好奇这位伟大的建筑师如何看待瑞士画家约翰内斯·伊顿（Johannes Itten）[2] 的观点，"色彩就是生命；因为，一个没有色彩的世界是死寂的。"26

编辑在墙壁涂成白色的房间里做校对工作，比在墙壁涂成红色或蓝色的房间里做校对工作犯的错误多，这似乎与勒·柯布西耶的说法相矛盾。一项针对来自不同国家的约 1000 名工人的研究表明，在墙壁是彩色的房间里的人比在墙壁是白色的房间里的人心情更好。27

2018 年意大利发布的一项大型研究，以居住在比萨（Pisa）城外大学生公寓的 443 名学生为对象，调查室内色彩对其心理的影响。六栋公寓楼的布局相同，将走廊、厨房、卧室的部分区域涂成六种不同的颜色，一年多后收集学生们的反馈。结果表明，最受欢迎的颜色是

---

[1] 如今，只有冰箱的内部需要显露原始的白色——如果其外部并非白色。除了冰箱，这么做的大概就只有厕所了。

[2] 约翰内斯·伊顿（1888—1967），瑞士表现主义画家、设计师、设计理论家、教育家。——译者注

蓝色，[1] 其次是绿色、紫色、橙色、黄色和红色。男性对蓝色的偏好要远远大于女性；而对于居住在紫色建筑内的学生而言，女性对紫色的偏好远远大于男性。居住在蓝色公寓楼内的学生还表示，他们比居住在其他颜色公寓楼里的学生更容易安心学习。[28]

情绪的色彩

你希望家里的墙壁被涂成什么颜色？颜色的选择至关重要，因为我们大部分时间都待在室内，而房间的颜色又会对我们的身心健康产生巨大影响，这与色彩的三要素有关：色调（比如红色、蓝色、绿色等）、饱和度（即色度，指色彩的纯度或鲜度）和明度（指黑白特性）。我最喜欢的例证之一来自意大利著名电影导演米开朗基罗·安东尼奥尼（Michelangelo Antonioni）[2]，他曾把餐厅墙壁涂成鲜红色，以便演员在拍摄某些情节紧张的剧情前，提前进入状态。这种对环境的改变虽看似简单却十分奏效，短短数周内，那家餐厅的几个常客便开始了争吵。与这件轶事相对应，相关实验研究结果表明，相比其他颜色的灯光，人在红色灯光下暴露不到一分钟后，警

---

[1] 不过，考虑到这项研究是在意大利进行的，有一点要指出：意大利国家足球队——被人们爱称为"蓝衣军团"——也身穿蓝色条带队服。20 世纪 80 年代，有人曾用这一点来解释为什么意大利男性对蓝色镇静药持消极态度（也就是说，他们吃了蓝色镇静药后，反而变得更兴奋）。而在全球其他地区，蓝色被视作具有镇静效果的颜色。

[2] 米开朗基罗·安东尼奥尼（1912—2007），意大利著名电影导演、摄影师、制片人，主要作品有《女朋友们》《春光乍泄》等。——译者注

醒水平（通过皮电反应检测，主要依据汗液分泌量判断）就会显著升高。[29]

墙壁和（或）灯光的颜色会影响我们的心情和警醒水平。甚至有人指出，我们的生物钟在红色灯光下，会比在蓝色灯光下走得稍微快一点。想想看，几个世纪以来，演员上台之前都是在绿色的"休息室"（green room）内候场的。的确，色彩能够通过感官来调控我们的情绪，或许这就是房间灯光能够影响我们对食物、饮品的味道和可口程度的认知的原因所在。例如，一项研究探讨房间灯光的颜色对人们品酒的影响，作者指出"某些颜色能催生人的积极情绪［……］，一个人分别在积极情绪和消极情绪中品尝同样的酒，前者的口感会更好"。由此看来，房间的色彩搭配或许跟背景音乐是同样的道理，因为也有证据表明，播放的背景音乐越符合人们的品味，人们就越喜欢他们正在吃的食物。[30]房间的灯光色彩还会影响人们对灯光亮度和环境温度的感知，这就顺势引出了下一个问题……

为什么要让家里暖如非洲？

自 19 世纪以来，全球平均气温（更不要说室内采暖从未间断）大幅提高，夜间的平均气温至今仍在持续上升。例如，从 1978 年到 1996 年，冬季的室内平均气温每十年升高多达 1.3℃（2.3 ℉）。[1]85% 以上的美国家庭都有空调，住户可以更方便地控制室内温度。[31]

---

[1] 不过，要考虑到 20 世纪 70 年代的石油危机可能影响了这些数据。

鉴于如今人们对室内温度的掌控程度之高，那么问题来了：为什么我们似乎都喜欢让家里的温度像非洲那样温暖？一项研究结果表明，如今大多数人家里的温度一般都设定在 17℃ ~23℃（63 ℉ ~73 ℉）。在该研究中，研究者收集了美国 37 位"公民科学家"家中一年内的室内温度和湿度数据，再与全球陆地气候数据相比较，找出最接近的数据进行匹配。

神奇的是，无论"公民科学家"的家是在夏威夷还是在阿拉斯加，无论是在华盛顿州寒冷的北部还是在佛罗里达州湿润的南部沼泽地，他们家中一年内的室内平均温度和湿度都与肯尼亚中西部或埃塞俄比亚温暖的气候最为接近，而这两处正是大家所认为的人类起源地。这些发现表明，人们如今对家中温度和湿度的设定是在模仿史前祖先的居住环境。据伦敦大学学院学者马克·马斯林（Mark Maslin）[1] 所说，这些发现凸显了东非地区在 500 万年进化过程中所产生的持续影响。[32]

迎合五官感受的厨房

在过去的一个半世纪里，厨房或许是形式和功能发生最大变化的室内空间之一了。在维多利亚时代，厨房通常会被藏得严严实实。然而，即便是在当时，人们也早已对烹饪食物的气味弥漫于整栋房子这

---

[1] 地理学教授，与西蒙·路易斯（Simon Lewis）合著了《人类世的诞生》（The Human Planet）。——译者注

一事实充满了担忧。1880 年，建筑师 J. J. 斯蒂文森（J. J. Stevenson）[1]写道："除非厨房本身通风良好，所有的气味和蒸汽都能被立刻排出去，否则肯定会飘满整栋房子。恶心的烹饪异味会飘到大厅和走廊，钻进最上层的卧室，连弹簧门和弯曲走廊等发明都不管用。"巴黎近郊的普瓦西（Poissy）有座现代主义别墅，名叫萨伏伊别墅（Villa Savoye），由瑞士建筑师勒·柯布西耶和其堂弟皮埃尔·让纳里特（Pierre Jeanneret）共同设计。为解决烹饪异味问题，他们将厨房安置在了屋顶上，希望借此来避免做饭产生的烹饪气味弥漫整栋房子的问题。[33] 自从抽水马桶（实际发明于 1596 年）于 19 世纪中期开始被广泛采用之后，驱散烹饪异味成为人们开始考虑的问题之一。[34]

时至今日，厨房和餐厅成为许多人会长时间待着的常用生活空间，因此我们也能越来越多地感受到来自食物的暗示，无论是从嗅觉上，还是从视觉上。这可能会在不知不觉中诱惑我们吃喝。[35] 不过别担心，发明插鼻孔减肥器（NozNoz）的创意设计师构思出了这款新颖（或者说奇异）的产品来解决这个问题。根据其使用说明，只需把已获得发明专利的橡胶塞小心地插进鼻孔，就可以挡住所有可能诱惑到你的食物气味。瞧！搞定。一项小型研究（据我所知尚未得到同行评审）的初步结果表明，让 50 岁以下的减肥人群佩戴由以色列拉宾医疗中心（Rabin Medical Center）研发的这款插鼻孔减肥设备，减肥效果能够翻倍。在三个月的试验期间内，佩戴这种插入设备的肥胖人群平均减重 18 磅（8.2 千克，约占人体总重的 7.7%），对

---

[1] 约翰·詹姆斯·斯蒂文森（1831—1908），苏格兰建筑师。——译者注

照组则只减重 9.8 磅（4.5 千克）。至于这种方法能否流行起来，还需拭目以待 —— 不过，我预感它应该流行不起来，但乐观一点，这并非抑制食欲的唯一感官调控手段。

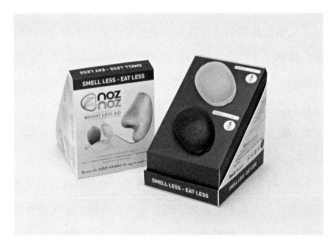

插鼻孔减肥器或许能对人的嗅觉进行有效的感官调控，防止你闻到身边诱人的食物气味。

贝克米勒粉真的能抑制食欲吗？

据肯达尔·詹娜（Kendall Jenner）[1] 所说，把墙壁涂成贝克米勒粉能抑制食欲。[2] 作为金·卡戴珊（Kim Kardashian）同母异父

---

[1] 美国女模特、演员，2007 年出演《与卡戴珊姐妹同行》。——译者注

[2] 这种粉红色有时也被称作"拘留室粉红"。基于美国科学家亚利山大·纽斯（Alexander Schauss）在 1979 年发布的颇具争议的研究成果，这种颜色被用于警察拘留室已有几十年之久，其目的是让吵闹的被拘留人员安静下来。

的妹妹，詹娜是目前全球粉丝量最多的 Instagram 明星之一（我上次查看的时候，她拥有超过 7500 万粉丝）。她在一场展览上看见一间粉色的绍斯厨房（Schauss Kitchen）[1]之后，便把自家起居室的墙壁也涂成了粉色。这可是件大事，至少对于 Instagram 的用户而言。但是，在大家扎堆囤积这种抑制食欲的粉色涂料之前，需要再次强调一遍，虽然关于该颜色抑制食欲的说法听起来确凿无疑，但并没有任何依据。

这并不是说，在特定情境中，视觉系统无法捕捉到特定的光波，因为它肯定能捕捉到。例如，视网膜锥体波长调谐最适于探测裸肤（不管是什么样的肤色）的血氧水平，而血氧水平则是情绪激发的晴雨表。[36] 粉红色，尤其是贝克米勒粉，作为社交信号或许有其重要之处，但或许并非厨房配色首选。研究者一直在努力证明这种颜色在拘留室等情境中对人类行为的影响，不过受试者反馈的结果也只能反映其短期影响而已。[37]

你见过发光二极管（LED）变色灯泡吧？一组灯泡有 24 种甚至以上的不同颜色，但为什么需要这么多颜色？如果你正纠结于此，那么让我来给你一点小小的灵感。阿肯色大学食物科学系副教授徐韩锡（Han-Seok Seo）等人的研究结果表明，彩灯确实可以被用于抑制食欲。这些研究者发现，在蓝色灯光照射下的男性受试者，早餐

---

[1] 一个研究人们对贝克米勒粉的心理和生理反应的互动性艺术作品。1978 年，亚历山大·绍斯博士的研究表明，在涂有该颜色的房间内待 15 分钟，受试者就会变得平静，身体力量减弱，食欲降低。——译者注

食用的麦片和小煎饼少于在普通的白色或黄色灯光下进食的人。不仅如此，在蓝色灯光照射下的男性受试者，虽然早餐吃的食物数量减少，饱腹感却没有任何降低。对于这个有意思的结果，一项可能的解释是蓝色灯光使得食物看起来没那么诱人。日本 Yumetai 公司出售的蓝色节食眼镜就是基于这一原理。[38] 但不知为何，蓝色灯光对食欲的抑制作用似乎只对男性有效。参与该研究的女性并没有被这一拙劣的"灯光伎俩"动摇，原因可能是她们更了解食物的成分。但是，在你急于为自家餐厅装饰彩色灯泡之前，或者在你购买蓝色眼镜之前，我觉得最好还是等一等更为全面的研究结果——证实蓝色灯光抑制食欲的效果能持续多久。

餐桌布置精美，真的能让食物更美味？

我的哥伦比亚籍岳父里卡多（Ricardo）人生中最后几次来英格兰的时候，有一次我和妻子决定带他去一家既时髦又昂贵的伦敦餐馆，尝尝新奇的分子美食。只可惜，我们原本想给 suegro（西班牙语，岳父）一场特别的体验，最终却因为餐馆粗糙的餐巾纸和餐桌没有铺上浆的白色亚麻桌布给毁了。里卡多是位著名的哥伦比亚建筑师，他一眼扫过粗糙的餐巾，双手一摸，一切都结束了：他享用美食的兴致瞬间全无。问题在于，他迈不过餐桌布置这道坎。我和妻子当时很苦恼，毕竟费了很多心思才订到座位，但最新的研究结果证明他做得没错，布置精美的餐桌的确能让食物更美味。

色彩纷呈的餐巾、桌布和环境布置都能对食客的情绪产生一定影响，道理与房间的色彩搭配一样。[39] 哪怕只是铺一块桌布，都能产生天壤之别。[1] 2020 年发布的一份研究结果表明，食客认为西红柿汤在有桌布时比没桌布时好喝很多。在这项研究中，好喝程度竟然提高了 10%，而进食量则增加了 50% —— 均是在多人一同就餐的正常社交用餐情境下进行评估的。该研究还对比了布置精美的餐桌和强度合适的灯光对进食量的影响。[40] 从习惯上来说，较黑暗私密的环境更适合用餐，原因可能是这种环境让我们回想起很久以前，彼时的史前祖先在外打猎忙了一整天，终于可以回到洞穴里的篝火前坐下休息，感受短暂的安宁。（相信我，这不是我瞎编的。）[41] 有趣的是，布置精美的餐桌确实比强度合适的灯光（介于浪漫黑和亮眼之间）对食物评价有着更为显著的影响。谁说餐桌布置不重要来着？

　　鉴于此，有哪些方法可以用来布置你家的餐厅，让一场特别的宴席显得真正特别呢？播放古典音乐让人感觉有品位、上档次，似乎是个不错的选择。柔和的灯光不会对宴席有任何坏处。不过，正如我在拙作《美味的科学》（*Gastrophysics: The New Science of Eating*）中所写，我强烈建议你一定要拿出手感最重的餐具，不管你准备了怎样的食物，这一点都绝对会让客人们印象深刻。如果一定要看电视，那就看诸如《唐顿庄园》（*Downton Abbey*）或《王冠》（*The Crown*）之类的电视剧。德国奥乐齐连锁超市委托思维实验室（Mindlab）于 2013 年开展的一项调查结果表明，观看《唐顿庄园》

---

[1] 席特维尔（Sitwell，2020），第 4 章。文中指出，桌布最早出现于中世纪的英格兰，在 1410 年的诗歌《伦敦销金窟》（*London Lickpenny*）中被首次提到，诗歌的作者描述了威斯敏斯特的一家餐馆，每当顾客走近时，"他们便开始铺展一块华美的桌布"。

（同类型的电视节目应该都可以）时，人们会觉得葡萄酒、啤酒和白兰地等的味道更雅致、更纯正。至少在与让受试者观看剧情设定地点为伦敦南部议会厅的情景喜剧《只有傻瓜和马》（*Only Fools and Horses*）作对比时，得到的是这样的结果。再次申明，这很可能是感官迁移的体现，就像前面提到的，好听的音乐会让布料纤维变得柔软一样。

你真的希望厨房静悄悄吗？

"像图书馆一样静谧无声的厨房"，这是 21 世纪初 AEG 厨房的广告中给出的承诺。着重从降低厨房噪音的角度来吸引消费者的注意力这一点是非同寻常的，但就像第 4 章中介绍的无声汽车一样，我觉得大家可能并不真正需要这样的产品。如果你了解到，看似寻常的家用电器设计中究竟蕴含着多少感官调控原理，想必你一定会大吃一惊。从冰箱门的关闭，到咖啡机的研磨、加热、排气，所有声音很可能都经过设计，才会像你"听起来的那样"。当然，某些水壶烧水时发出的噪音超过 85 分贝（相当于路面交通繁忙时的汽车鸣笛噪音程度，长期暴露于这样的噪音中对身体有害），无怪乎大家都抱怨电子产品噪音过大，想要它们安静一点。

无论你是否注意到，声音在产品体验中往往具有功能性。工程师或设计师有时会努力做到把产品运作时产生的声音消除，使洗衣机、搅拌机和真空吸尘器变成无声的，然而烦恼随之而来。问题在于，人们会觉得它不好用了。研究者发现，人们很难相信无声的真空吸尘器能像噪音略大的吸尘器那样吸除脏污。[42] 多年来，我的团队致力于改变咖啡机等厨房电器的声音，结果令人感到惊讶：仅仅通过改变咖啡机产生的噪音的锐度（即响度和频率曲线），就可能会改变人们对研磨出来的咖啡的粗糙度或苦度的认知。在高端厨房电器的市场上，设计适宜的冰箱关门声同样重要。事实上，冰箱门设计与汽车门设计的共同之处超乎你的想象。就冰箱门和汽车门而言，设计适宜的、令人感到关门后很牢靠的声音是关键。所以当你发现最心仪的新定制厨房比炫酷的新车还费钱时，或许也就不会感到稀奇了（我的妻子很乐于证实这一点）。[43]

独居

从 20 世纪 30 年代开始，厨房设计逐渐向打造高效的工作空间演变，这在旧时代的家仆消失之后成为尤其重要的考量。第二次世界大战以后，厨房从维多利亚时代不为客人所见的秘密场所，转变为许多人家里不可或缺的生活空间。它成了家庭的中心，我们在厨房里做饭、工作、休闲，以及进行诸多其他娱乐活动。[44] 时至今日，人们对厨房的态度似乎分成了完全相反的两派：一派选择在家里装修更好、更大的开放式厨房，另一派购买的新公寓中则根本没有厨房。说实话，连房屋建造师都对此心生疑惑。伦敦市长在 2006 年 8 月的《住房空间标准》（*Housing Space Standards*）报告中特别指出："关于厨房空间需要保留还是缩减（仍然保留放置厨具和烹制食物的空间，还是缩减至只留下微波炉用来加热食物就够了），是否需要扩大厨房空间（对于使用较多家电的家庭而言），一直众说纷纭。"[45]

"撤掉厨房"的发展趋势显然与单人独居家庭的兴起息息相关。许多独居者更愿意用微波炉加热预制的食物，或者点外卖、让商家直接送餐到家门口。的确，近几十年来家庭环境的最大变化之一，是独居家庭的持续迅速增多。例如，瑞典有 51.4% 的独居家庭（这项数据在欧洲占比最高），目前英国的该项数据是 31.1%。独居家庭的增多会导致孤独，与此同时，独自进餐的人也越来越多。因此，未来几年内最重要的挑战之一，是如何利用感官调控手段使独自进餐的人们实现线上多人共同进餐，最可能的解决方案是采用数字技术，把独自在家进餐的人们联系起来。在我看来，如何使这种线上虚拟效果显得更真实将是最有挑战性的难题之一。[46]

探讨完感官调控在布置客厅和餐厅方面的作用之后，本章接下来将视角转向能调动最多感官的房间之一 —— 卫生间。

洗个热水澡

现如今，每天都有足够时间去泡澡的人只占人口总数的 4%，76% 的人因快速、高效和省钱等理由选择淋浴。一份调查结果显示，英国三分之一的人每周泡澡的频率少于一次，五分之一的人坦言从不泡澡。[1] 许多人偏好淋浴，这一点完全可以理解，因为泡澡耗时更长。记住，选择淋浴的人一生中就已经有六个月浪费在了淋浴头下

---

[1] 我的外祖父就是这种情况。他每年只泡一次澡。但问题是，他也不淋浴。

面。六个月 —— 想想看！[47]

洗澡绝对是个人差异（更不要说文化差异）最大的领域之一了。许多西方人喜欢在早上淋浴或泡澡，而在远东地区（比如日本），人们通常在一天结束时洗澡。正如第 3 章中所探讨的，鉴于人们在一天结束时接触热水有助于睡眠，这或许并非坏事。北美洲的人喜欢强力淋浴，他们觉得英国人对泡热水澡的痴迷简直"违背人性"。为了避免北美洲的读者提出质疑，此处特别说明一下，英国人喜欢泡澡并不是因为英国的淋浴头喷出的水如同"涓涓细流"，至少跟北美洲的那种能把人"喷碎"的淋浴头相比，并不差。

接下来我要说的"泡热水澡"问题可能会引起争议，但我有必要承认，我是喜欢每天花很长时间泡热水澡的人之一。我非常赞同作家西尔维娅·普拉斯（Sylvia Plath）[1] 的一句话："一顿热水澡不能解决的问题肯定是有的，可惜我一样都不知道。"记住，伟大领袖温斯顿·丘吉尔也非常喜欢泡热水澡。他每天都要泡两次水温超高的热水澡，初始温度是 98 ℉（36.7℃），由他的测温助理专门检查。等温斯顿爵士安稳地浸入水中之后，再将温度提高到 104 ℉（40℃）。[48] 我想，更为根本的问题在于，为什么有些人会觉得泡热水澡很舒服呢？[2] 从健康角度来看，英国拉夫堡大学和美国俄勒冈大学的研究结果表明，泡热水澡不仅有助于降低血压、减轻炎症，还有助于燃烧卡路里。例如，一项研究结果表明，在不低于 104 ℉（40℃）的热水

---

[1] 西尔维娅·普拉斯（1932—1963），美国诗人，著有《钟形罩》（*The Bell Jar*）和诗集《巨人及其他诗歌》（*The Colossus and Other Poems*）。——译者注

[2] 我很好奇进化心理学家对此会作何解释。

中泡一个小时，所燃烧的卡路里相当于快步行走半小时的效果（准确地说，是 140 卡路里）。从热水的功效进一步来看，芬兰的一项研究表明，经常洗桑拿会降低男性患心脏病或中风的概率。[49]

从另一个极端角度来看，每天早上洗冷水澡对我们也明显有益。近期一项随机实验的结果表明，早上洗一个（从热水澡开始逐渐至）冷水澡[1] 可能对我们的工作表现和健康有利。具体而言，成年人连续一个月坚持每天洗冷水澡后，其自诉疾病减少了 29%。[2] 对比来看，经常锻炼能使员工因病请假的次数减少 35%。硅谷的技术创业者显然也加入了这个行列，越来越多的人坦言每天早上会冲凉水澡，以催生"积极应激"。[50] 比如百万富翁、推特创始人兼首席执行官杰克·多尔西（Jack Dorsey），据说他每天洗好几次冷水澡，中间穿插热水桑拿浴，以此来振奋精神。

暂且不论泡澡对健康的益处，随着越来越多的评论者试图引导人们减少用水量，近些年来这一洗澡方式逐渐受到了人们的质疑。（泡澡会消耗大约 80 升水，淋浴 8 分钟消耗大约 62 升水。[3]）到目前为止，评论者的主要建议是，住老房子的人在马桶蓄水池内放一块橡胶砖，以此减少每次冲水的耗水量；有些评论者则已经开始考虑能否通过感官调控的方式，来促使所有人都略微减少耗水量。让水

---

[1] 温度适宜的情况下，根据个人意愿决定淋浴多长时间，最后淋浴长达 90 秒钟的冷水澡。

[2] 在古罗马，泡澡是在几个加热的房间里穿梭，最后在冷水中浸泡。在现代，全球大多数桑拿房和浴场都保留了 *frigidarium*（拉丁语，冷水浴池）这一传统。

[3] 有些强力淋浴头可能耗费多达 136 升水（30 加仑），这使得这两种洗澡方式中哪一种更节省水的问题的答案变得不那么确定。

龙头的出水声音变大，或许是一种办法。一项研究结果表明，这一简单的感官调控手段让受试者确信水流量变大，从而可能有助于提醒人们注意耗水量。[51]

　　你有没有注意到，沐浴露和浴盐之类的东西都很香？要知道，房子的气味与私护产品的气味息息相关，每次洗完澡后，你都会觉得自己的头发丝滑闪亮，恰如毛巾被洗完后感觉更加柔软，这两种感受都受到了气味的影响。[52]同样地，在我最喜欢的一项研究中，研究者发现，润肤露中令人放松的气味才是祛除面部皱纹（虽然效果短暂）的关键，而非任何的活性成分。现在，我们已经梳洗干净，浑身散发着玫瑰香味，那就穿上鞋子去花园里逛逛吧。

2 感受大自然

我要坦白一件事：我以前是个非常调皮的家伙。从刚上学那会儿起，我就有在化学实验室顺手牵羊、扔臭弹、破坏公物的坏毛病。每次被抓后，佩恩老师就会用橡胶底帆布鞋狠揍我的屁股。我至今仍清楚地记得，有一天我拿着自己的 6 码运动鞋跑去校长办公室，佩恩老师怒吼道："那根本不算鞋"，然后脱下他巨大的 13 码鞋子，"轻轻拍打"我的屁股！一年又一年过去了，我的恶行逐渐变本加厉，直到那个决定命运的日子。当时我大概 13 岁，因为往另一个男生的脸上"泼"浓硝酸，最终在全校领导和教师面前接受公开鞭笞。在此，我要为自己辩解一下，原本我只是想趁化学老师不在教室，用瓶子给我的宿敌（就叫他 A. S. 吧）的身体留个疤。只可惜，我握的地方是瓶子的玻璃塞，瓶子在关键时刻脱手而出，摔在了桌子上，瓶子里腐蚀性极强的酸液溅到了那个同学的身上。至于我是否是由于这次的当众丢脸——那是鞭笞在英国被取缔之前，在我校的最后一次施行——而改邪归正，答案不得而知。但不管怎样，我的表现很快便有所改善。在大约一年的时间内，我的成绩逐渐从班级垫底攀升至名列前茅，然后……唉，后面的事情大家都知道啦。

事后看来，当时我的生活还发生了另外一个意义重大的变化：我加入了学校组织的定向越野俱乐部。我很快便对这项运动着了迷。几乎每个周末和晚上，我都会手持地图和指南针，在英格兰北部的树林、湿地和森林里跑步，寻找红白旗子打卡。[1] 如此一来，差不多每天我都能接触到韵味无穷的大自然。会不会正是因为我接受的多重感官刺激发生了变化，才使得我的行为向积极方面转变，并最终提高了我在学校的表现？当时的我并未朝这方面想过，但越来越多的研究证实了接触大自然给每个人带来的益处是多么深刻。

哪怕只是略微接触一下大自然，都能改善我们的心情、表现和提高幸福感。[1] 随着接触大自然的时间增加，其所带来的益处似乎也会以剂量依赖的方式相应增加。如此看来，多年前真正促使我弃恶从善，并让我的人生转入正轨的根源，并非那顿鞭笞导致的疼痛和羞耻，而是接触大自然。[2] 正如引言中所述，现代社会的根本问题在于，我们似乎丧失了与较为感性的那一面自己的联系。生活在都市中的人（如今占人口的大半）待在室内的时间越来越长，意味着大多数人都处在失去与大自然的接触及其所带来的多重感官益处的危险之中。正如马克·特雷布（Marc Treib）[3] 在一篇标题为《景观

---

[1] 定向越野算是一种室外定时寻宝活动，只不过没有宝物奖励。

[2] 这一点我恐怕永远也无法弄清楚啦，因为当我在牛津大学萨默维尔学院（Somerville College）做教导主任时，曾试图重新施行体罚，以此来进行对照实验，却（不出所料地）同像一致否决了。

[3] 马克·特雷布，著名景观和建筑设计理论家、加利福尼亚大学伯克利分校教授，著有《现代景观》（Modern Landscape Architecture）。——译者注

一定要有意义吗？》的论文中所说："现在或许是重新审视花园与感官之间的关系的恰当时机。"[2]

对于许多人来说，私家花园是接触大自然的主要场所。[1] 当然，公园、林区和森林这些地方也都可以。有意思的是，数据表明，尽管拥有私家花园的人越来越少，然而花园拥有者在园艺方面的支出却超乎以往。2018 年，拥有私家花园的美国家庭在草坪和花园零售方面的总支出高达 478 亿美元，创下了历史最高记录，平均每个家庭花费 503 美元，比上一年度增长约 100 美元。[3]

我打算在本章对大自然效应给人类带来的益处的证据进行一下综述。我在前面曾简单提到过家中摆放绿植的积极作用；接下来在第 7 章里，我们还将探讨几个世纪以来，某些医院特有的疗愈花园。不过，就本章而言，为了帮助你了解花园的益处，我会先从埃克塞特大学医学院（University Exeter Medical School）和皇家园艺协会（Royal Horticultural Society）的最新研究成果谈起。这项研究调查了英国大约 8000 个拥有私家花园的居民，结果表明，在使用花园的居民中，有 71% 的人自诉身体健康；而未使用花园的居民中，仅有 61% 的人自诉身体健康。这一差异（体现在精神健康度和活动水平两个方面）与高收入区域居民和低收入区域居民之间的差异一致。如此看来，无论是在私家花园里搞搞园艺，还是仅仅放松一下身心，花园都的确对我们有好处。[4] 对大自然效应的研究，源于北美洲著名社会生物学家爱德华·O. 威尔逊（Edward O. Wilson）极具影响力的

---

[1] 如果你有栋位于水边的房子就更好了，就像英国女演员安德丽亚·瑞斯波罗格（Andrea Riseborough）所说："生活在位于水边的房子里，是那么地恬淡悠闲。"

说法：人类是亲生命的，即我们对有生命的东西有着天生的亲和性。

大自然效应

几千年来，人类凭直觉知道接触大自然对自己有好处。早在两千年前，远东地区的道家就已经开始书面宣扬园艺和温室对健康的裨益。[5] 同样地，古罗马人也重视加强与大自然的接触，认为这能缓解噪音、拥堵及城市生活所带来的其他压力。[6] 纽约市中心公园（Central Park）的设计者之一弗雷德里克·洛·奥姆斯特德（Frederick Law Olmsted）[1] 曾在 1865 年写道，"科学研究证明，时不时地亲近宜人的自然景色……有益于保持健康和提升活力。"[7] 在近现代，许多浪漫主义诗人、小说家、哲学家和艺术家，通过带领人们关注接触大自然的愉悦，实现了个人的功成名就。事实上，2019 年 12 月芬兰航空杂志《蓝翼》（*Blue Wings*）刊登的一篇文章的副标题便深得其内涵："今时今日，真正的奢侈是接触大自然，并把感官重新调动起来。"

如今，日本和韩国的许多研究者鼓励人们进行"森林浴"（*shinrin-yoku*）。森林浴是指全身心地沉浸于身边的环境，关注大自然的景色、声音、气味乃至触感。[2] 森林浴者的压力水平较低，免疫机能也得以提高。[8] 提一个绝不应被嗤之以鼻的建议：当你进行森

---

[1] 弗雷德里克·洛·奥姆斯特德（1822—1903），美国景观设计大师，著有《美国城市的文明化》（*Civilizing American Cities: Writings on City Landscapes*）等。——译者注

[2] 不，不一定要抱树；但是抱树对你或许也有益啊！

林浴时，一定要试试正念呼吸法。值得注意的一点是，远东地区强调大自然对嗅觉的好处，即森林浴的重点在于，使人吸入一种名为"植物杀菌素"的挥发性物质。这种抗菌有机化合物是由树木释放的，含有阿尔法-蒎烯和柠檬烯等植物精油成分。相较之下，西方国家在该领域的研究，更多地关注大自然的景色和声音，与远东地区对大自然气味的关注形成了显著差异。

当受试者经历应激实验的刺激后，只需短暂地接触大自然，即可较快恢复。在实验室环境中，刺激受试者产生应激反应的标准方式是让他们完成特别困难的任务，并告诉他们，其他人大多都很轻松地解决了；或者让他们观看压抑的影片。经历过类似应激实验的刺激后，身处大自然环境的受试者，和身处室内环境的受试者相比，心跳速度和皮肤导电性——两者均为测试应激反应的生理指标——更快回落至基准水平。[9]

大自然的益处贯穿人的一生。话虽如此，生活在工业化现代社会的我们，几乎每个人都饱受"大自然缺乏症"（nature deficit）的困扰。[10] 让孩子们时不时地接触大自然，无论是在上课的时候去做一点点都市园艺，还是参加为像曾经的我那样不听话的孩子开办的户外拓展课程，都对他们极为有益。事实上，有证据表明，人人都应当更多地接触自然。2005 年，约翰·奥托松（Johan Ottoson）和帕特里克·戈让（Patrik Grahn）在《景观研究》（*Landscape Research*）上发表的一项研究成果指出，对老年人而言，在养老院的花园里待一个小时，比在室内待同样的时间更容易集中精力。

实验室中的情境就讲到这里，人们在现实世界的行为表现如何呢？在一项为期 6 个月的研究中，100 多万条提醒消息，在不同时段被发送到英国 2 万名受试者的 iPhone 上。受试者的手机卫星定位系统的定位范围达 25 平方米。无论受试者身处何处，无论他们正在做什么（当然了，希望他们不是正在开车），研究者开发的智能手机程序会要求受试者汇报当前的开心程度和正在做什么。研究结果十分明确：身处室外的受试者明显比身处室内的受试者更开心（根据研究者的说法，是非常开心）。此外，在设计实验的过程中，研究者对诸如天气、阳光、活动、同行者、时间和星期几等多种混淆因素都设置了对照。[11]

不过，此类关于现实世界的研究，存在因果关系方面的问题。例如，对于这些结果，我们可能会有其他解释，即相比心情好的时候，我们在情绪低落时可能不太愿意出门。但是，结合已发布的上百项经过严谨对照的其他研究结果来看，因果关系几乎是恰恰颠倒过来的。也就是说，正是因为接触了大自然，我们才对自身和所生活的世界有更加积极的看法。[12] 可大自然效应究竟是如何发挥作用的呢？是因为我们身在大自然中，所以导致人与人之间社会互动的机会增加了吗？还是因为运动锻炼和休闲放松对我们最有益处？又或者从更为根本的层次来看，正如威尔逊的“亲生命假说”所说的那样，是因为接触了动植物等活物的结果？根据该领域另一位重磅级研究者罗杰·乌尔里希（Roger Ulrich）的说法，大自然效应的核心在于使人从心理和生理应激反应中恢复。

注意力恢复理论（attention restoration theory，简称 ART）是解释为什么接触大自然能给我们带来这么多好处的理论之一。[13] 根据这一理论的主要支持者雷切尔·卡普兰（Rachel Kaplan）和斯蒂芬·卡普兰（Stephen Kaplan）夫妇的研究结果，相比都市环境，自然环境能更有效地辅助人们恢复注意力——他们称其为"定向注意力"（directed-attention abilities）。在他们看来，正如一些人所说的那样，大自然魅力十足，令人着迷，说明大自然实际上是以自下而上的刺激驱动方式来引起人们的兴趣。[1] 这使得我们重新充满自上而下或自主的注意力资源，即从定向注意疲劳中恢复（定向与自主的含义相同）。而当身处建筑环境时，人们试图在汽车、行人、广告等种种干扰中游走转换，这些注意力资源被更加频繁地调动，因而使人们更容易陷入疲劳或空虚。

为了给这一观点找到依据，卡普兰夫妇及其在密歇根州安娜堡（Ann Arbor）的同事开展了一系列深受同行认可的实验。在这些实验中，他们要求两组受试者分别在当地的植物园和市中心进行定时行走。受试者在行走之前和之后，都要填写一份情绪问卷。此外，受试者还要执行多种极费脑力的任务，比如把一串复杂的数字倒着说一遍。一周后，两组受试者调换路线，每个受试者行走地点的顺序都经过精心安排。实验结果表明，在大自然环境中行走，只提高了受试者的执行能力，即决策能力和安排任务优先顺序的能力；对于组成大脑核心注意网络的另外两个主要成分——警觉功能和定向功能，却并未产生影响。14 面向 12 位受试者展开的一项小型后续研究，

---

[1] 事实上，这与威尔逊关于亲生命性的定义也有一定联系："关注生命和类生命过程的先天倾向。"

采用另一组受试任务，让两组受试者同时分别观察并评估自然景物照片或都市景观照片，得到了同样的结果。我们将在第 5 章中对这类研究进行深入探讨。

值得注意的是，"亲生命假说"和"注意力恢复理论"对于大自然效应产生的根本原因，提出了略微不同的论断。根据"亲生命假说"的观点，身处活物之间对人类有益；而在卡普兰夫妇看来，身处对自主或定向注意力资源需求最少的环境之中才是关键。两种论述或许各有其道理。与此同时，还有一些研究者认为，接触大自然或许可以帮助人们减轻压力。[15]

目前为止，我们探讨了接触大自然的短期作用（无论是在私家花园，还是在别的大自然环境），那么接触大自然会对人产生什么长期作用呢？最新研究发现，人类的大脑会因居住地所临近的自然环境的不同而发生相应变化。为了证实这一有趣的结论，德国研究者扫描了 341 位来自柏林的老人的大脑，将扫描结果与其居住地一千米范围内的森林密度进行关联分析。相比生活在都市或城市绿地空间的人，生活在森林密度较高区域者的杏仁核完整度明显较高。[1] [16]（注：杏仁核是位于大脑中央的与情绪加工相关的一小块区域。）相反，居住在开阔绿色区域、荒地或河边的人，其杏仁核完整度与居住地自然环境之间并不存在这种联系。

---

[1] 解读这些发现时，需要注意一点，即森林密度较高的区域，正好处在城市郊外，估计也是较富有的人居住的区域。重申一遍，这其中的因果关系并不像这些研究论文的作者们所说的那样黑白分明。——译者注

你可能会问，既然接触大自然对保持健康和提升幸福感的效果如此明显，我们为何不肯多出门走走呢？即便不能经常进行森林浴，至少可以多去自家花园里坐坐，或者更进一步，搞搞园艺嘛。除此以外，还可以进行一些对人有益的其他活动，比如在当地公园里散步或慢跑。这一现象背后的原因，一方面与近年来许多城市的建设区域对自然栖息地的持续性破坏有关，这是毫无疑问的[17]；另一方面则是因为，与此相关的人类的情感预测能力有其局限性。[18]我们不擅长预测日常活动或重大生活事件（比如断肢或父母去世）会给我们带来什么样的感受；同样地，我们也不擅长预测接触大自然能让我们达到何种愉悦的程度。无需成为一名专业的心理学家，你也明白，在天气好的日子里出门散步，会比在地下甬道里行走更能让你有好心情，可我们并不擅长精确地预测开心程度究竟会提高多少。这种普遍存在的想象力不足现象，有助于解释为什么明明接触大自然的益处那么明显，而我们却不肯多出门走走。简而言之，我们根本不知道接触大自然能给我们带来多少益处。[19]

看得见风景的房间：分解大自然效应

用眼睛看，用耳朵听，用鼻子闻，用手触摸，种种接触、体验大自然的方式之中，哪一种最重要？有确切证据表明，单单用眼睛看大自然（即在没有其他感官暗示的条件下），就能极大地改善人们的身心健康。在宾夕法尼亚州一所医院开展的一项为期十年的小型早期研究结果表明，病房窗户正对着大自然景观（夏季落叶植物）的胆囊疾病患者，比病房窗户正对着砖墙的患者，恢复速度更快。[1] 20 同样地，在密歇根州某监狱开展的一项观察性研究显示：监牢窗户正对农田和森林的囚犯，所需医疗服务的次数明显少于监牢窗户正对天井的囚犯。通过这些案例，可以推测：受试者的眼睛能够看到大自然，是所观察到的这些正面健康结果的关键。21

用耳朵聆听大自然的声音，对身心健康也有益。当然，许多证据表明，接触噪音会对健康产生负面影响，我们称之为负面听觉刺激。22 用大自然的声音替代噪音，我们的心情无疑会很快好转。瑞典研究者发现，相比接触道路交通噪音的人，聆听大自然声音的人能更快地从数学测试的巨大压力中恢复过来。23 当新冠肺炎疫情突然袭来，许多报纸专栏作家开始在文章中提及封城时的小小乐趣，比如窗外的鸟鸣声不再被交通噪音所淹没。[2] 24

不过，令人更加感到震惊的是，人们可感知到的生物多样性越丰富（在这个案例中，是指人们听到的鸟鸣声种类越多），大自然声景给人们带来的的益处越大，人们的恢复力也越强。25 此类论述显然与威尔逊的"亲生命假说"不谋而合。但是，人类以室内为主要生存场所，所以我们如今在办公室、商场、机场、芳香疗法浴场等场所听到的任何大自然的声音，很可能都是用电子设备播放出来的。有些公司甚至开始尝试在开放式办公室播放大自然声景，以期减少

---

[1] 乌尔里希的这项研究成果发表在顶尖学术期刊《科学》(Science) 上，这些年被引用超过 4000 次。但有一点需要指出：在该研究中，各组只有 23 名病人。以今天的标准来看，这样样本量是非常小的。无怪乎乌尔里希在标题中使用了"可能"一词。

[2] 有意思的是，由于野生鸟类要与低频城市交通噪音抗衡，近些年来，鸟鸣声的音调已经变高了。

员工之间的相互干扰，给人以隐私感。

换句话说，我们越来越多地接触模拟化的大自然，这引出了后面将会继续讨论的重要问题："当我们尝试在中介式的感觉中枢里复制大自然时，有什么会被遗失掉？"当建筑师、设计师和其他从业者尝试通过预先录制好的大自然的声音、景色乃至合成气味，来使人从中获取大自然的益处时，这个问题就变得至关重要。不过，在我看来，在机场播放森林的声音，或者在玩具店里播放雨林的声音（我们会在后面的章节里再次看到这两个案例），听者很可能会认为，场景与声音二者并不协调。在这些情境中，耳朵所听到的与眼睛所看到的乃至鼻子所闻到的，没有明显联系，或者说联系并不紧密。多个感官输入的信息组合不协调，大脑便难以加工，因而很可能被大脑视作负性刺激，即人们不喜欢的刺激。

说到用鼻子嗅闻大自然的益处，我们很容易想到芳香疗法。想想薰衣草、柑橘、松树和薄荷等植物精油对人们身心健康的好处。你可能倾向把这些气味与食物联系起来，但从更本质的角度来说，它们其实是大自然的气味。不过，千万别忘了，有些大自然的气味也会很难闻，比如农田的肥料味。极为讽刺的是，虽然大脑倾向适应那些被我们归类为好闻或中性的气味（比如房屋的建筑异味），并因此失去对此类气味的感知，但大脑似乎从不适应那些被归类为难闻的气味。对于住在饲养场或垃圾倾倒场附近的人而言，这使得他们的处境尤其不幸。根据科学家们的说法，人类大脑认为，难闻的气味具有潜在危险性，所以会对其保持警惕，以便持续监控其源头；而当大脑将好闻或中性的气味归为无害之后，便会安心地将其忽视掉。[26] 我相信这对那些深受其害的人而言并没多大帮助，但至少，现在你对此有所了解啦。

关于用舌头品尝大自然的"味道"，这里也要稍微提一下。想想传统的药用植物园，比如伦敦的切尔西植物园（Chelsea），[27] 或者 2003 年大卫·增本（David Mas Masumoto）在其著作《四季五感：值得品味的东西》（*Four Seasons in Five Senses: Things Worth Savoring*）中为其位于加利福尼亚州农场中的桃树所写的挽歌。人类社会学家指出：在人类历史的长河中，99% 的时间都是在狩猎采集中度过的；与之相比，农业的存在时间不过是弹指一瞬，都市景观的存在更是一眨眼的工夫。[28] 因此，归根结底，大自然效应大概源于人类的内在驱动，正是这样的驱动促使人类祖先栖息于既能提供粮食（从而有了大自然的"味道"）又能给予他们安全感的环境。

最后，再说一说大自然的触感。这听起来可能有些匪夷所思，但触摸植物叶子（更不要说抱树了）确实会对成人和儿童的身心健康产生积极作用。[29] 经常进行园艺活动，是接触大自然的好办法，即便你被围于市中心也能做到。当然，园艺活动也是一项正念活动，它能让我们注意到周遭大自然的感官特点。确实，园艺师常常说，接触大自然令他们"陶醉"。其原因在于，人在观察植物生长时，刺激驱动的注意捕获可能为定向注意力的恢复提供了空间。[30] 既然说到大自然的触觉，或许我们应该停下匆忙的脚步，去感受微风的吹拂，让温暖的阳光洒在身上、让雨点落在脸上。换句话说，不仅是我们在触摸大自然，大自然也在触碰我们。

给大自然的诸多益处排序

在分别探讨了各个感官在大自然效应中的作用之后，我现在想进而讨论各个感官是否有层级高低之分。引言里曾提到过一个概念：人类是视觉主导的生物。这是不是说，用眼睛看大自然所带来的好处，就一定大于用耳朵听大自然所带来的好处？用鼻子闻大自然，效果好于用手触摸大自然？到目前为止，这类问题尚无法得到令人满意的答案。总而言之，这其实是个棘手的问题；拿一个感官与另一个感官对比，与拿苹果跟橘子对比是一个道理。不过，对我而言，更为重要的或者至少说更容易解决的问题是：如果以恰当的方式调动更多的感官，大自然效应的益处能否得到加强？同样，我们或许还要弄清楚另一个问题：多重感官刺激（包括看、听、闻和感）的模式是否一定要协调？抑或这可能并不重要？[31]

再具体点儿来说，当一个人一边在森林或公园里散步，一边用耳机听电子舞曲或者死亡金属音乐时，你觉得会有怎样的结果？聒噪的音乐，会不会中和或者在某种程度上干扰或削弱经由视觉产生的大自然效应？[1] 如果一个人整天戴着耳机，或者一直目不转睛地盯着智能手机的屏幕，那他还能从大自然中得到益处吗？每当我骑车穿过英国乡下，去几英里外的养老院看望我母亲时，我的脑子里总会想这些问题。这时候，我担心的主要是交通噪音和主路上的汽

---

[1] 更严重的是乡村和西部音乐，因为有证据表明，美国的自杀率与电台播放此类音乐的时长有关（播放时长越长，自杀率越高），至少斯蒂芬·斯塔克（Stephen Stack）和吉姆·冈德拉施（Jim Gundlach）的研究（1992）证明了这一点。

车尾气。这么多噪音和污染，会不会抵消我骑车经过美丽乡下时大自然所带来的益处？虽然没人能解答这个问题，相关研究却清楚地表明，人们对视觉景象的美感评价和记忆，会被交通噪音所削弱。

许多研究结果表明，如果正在观看美国国家公园图片的人，同时听到了道路交通噪音或直升机的声音，那他们对这些景观的记忆和美感评价会被削弱。许多有幸参观大峡谷（Grand Canyon）的人显然都曾深受这两种噪音之害。[32] 例如，一项研究结果表明，相比只存在大自然的声音的情形而言，如果混入了娱乐性机械噪音，人们对景观的美感评价会降低多达 30%~40%。并且大多数人都认为摩托车的噪音尤其刺耳。有研究表明，播放预先录制的鸟鸣声的种类多样性越高，人们对屏幕上显示的都市景观图片的美感评价就越高。[33]

这里需要记住一个关键点，即我们的各个感官之间无时无刻不在进行信息交互。前文已经探讨过，通过任何一个感官输入的信息，一定会影响、增强和（或）屏蔽其他感官输入的信息。我们对大自然的认知和反应也不例外。我们对特定环境的反应，只能通过评估同一时刻各个感官的反应来理解，后面的章节会列举更多这样的案例。但是，我们对大自然刺激的来源的认知也同样重要：我们所看到、听到、闻到或触摸到的，是真正的大自然吗？抑或那不过是数字化／人工合成的复制品？

自然分时

大自然有助于培养人们的生物节律。如果在室内待太久，多重感官刺激的模式在一天内基本保持不变，比如，若环境光线总是像早晨或黄昏时的光线一样明亮或昏暗，人们很快就会觉得难受。我们需要的是与大自然保持协调一致的感官暗示，比如能够让自身生物钟与大自然节奏保持同步的日间环境光线变化。出远门抵达目的地后，通过照射自然光线来调整时差就是这个道理。[1] 自然光的色调或色彩在一天内也会不断变化。摄影者深知，在下午晚些时候温暖的金黄色光线中拍摄人像，会比在清晨冷淡的蓝色光线中拍得更好看。[34] 确实，通过调节室内的彩灯来模拟黎明时的自然蓝光，可以极为有效地提高人的警觉性，也能够降低自杀率。[35] 由于我们生活在规律变化着的自然环境中，因而我们中介式的感觉中枢或许也应该模拟这样的自然环境变化。去花园逛逛的目的就在于此。

但除眼睛外的其他感官的自然节律又是怎样的呢？我经常对黎明时的群鸟合唱感到好奇，尤其是夏季早晨 4 点 30 分左右，太阳刚刚露头时，百鸟齐声歌唱。卧室外面那棵大树上喧闹的鸟鸣声对我的警觉性的影响和刺激，与清晨一缕冷淡蓝光的作用大致相同，但我有时希望并非如此。鉴于清晨与黄昏两个时间段的鸟鸣声截然不同，那么这两种大自然声音对警觉性的影响大概也会有差异（也就是说，重要的不仅是刺激的强度、音量或亮度，还有刺激的类型）。大公

---

[1] 在我刚刚开始我的学术生涯时，我在欧洲航天局（European Space Agency，简称 ESA，又译欧洲空间局）的宇航员工作站（Crew Work Station）上班，常常读到宇航员在冬季被困于洞穴或斯堪的纳维亚大北方，感受不到正常的自然环境日间变化。研究结果表明，在缺乏任何外部参考的条件下，人体的生物钟以 22.5 小时左右为周期，而非我们所预想的 24 小时。

鸡咯咯哒地叫会对我们产生什么影响？我倒想看看这种实验的结果。

大自然的气味也跟随时间的变化而变化：白天和黄昏更浓烈，夜间和清晨次之。那些只在太阳下山后才释放醉人香气的植物，如夜来香（也称夜茉莉），在相对无味（至少对人类来说如此）的凉爽夜晚散发的香气得以显现，正是这个原因。

很久以前，英国地主会在自家领地的房屋外面建造用墙壁圈起来的花园，目的之一便是留住他们（更有可能是他们的园丁）栽种的花花草草的醉人香气。然而，时至今日，这种做法已经没有多大意义，因为许多植物品种在经过有选择性地培育后，只剩下样子好看了（即色彩多样）。只可惜，如此一来，许多植物的香气就没有了，毕竟好看和好闻是要有所取舍的。大多数植物会通过这两种方式的其中之一来把最宝贵、最有限的资源用于展现自我，而不会同时使用这两种方式。[1] 许多人认为超市里的水果和蔬菜外观漂亮，味道却乏善可陈，也是同样的道理。

在 1995 年出版的《感官世界：历史和文化中的感官》（*Worlds of Senses: Exploring the Senses in History and across Cultures*）一书中，康斯坦茨·克拉森（Constance Classen）通过分析人们对玫瑰花的态度，将人类感官的进化过程制作成了图表。她在读完几个世纪的西方作家、诗人和园艺师的作品后发现，普利尼（Pliny）[2] 等早期作家主要从味觉

---

[1] 野兰花（即并非鲜花商店培育的品种）似乎是少数例外之一。巧合的是，这种花被选作斯蒂芬·凯勒特（Stephen Kellert）和威尔逊合著的《亲生命假说》（*The Biophilia Hypothesis*）的封面。

[2] 盖乌斯·普利尼·塞孔都斯（Gaius Pliny Secundus，公元 23？—79），世称老普利尼，古罗马百科全书式作家，著有《自然史》一书。——译者注

角度来描写玫瑰花，而现代作家则倾向强调玫瑰花的颜色及其他视觉属性。例如，艾莉西亚·阿默斯特（Alicia Amherst）在其 1896 年出版的著作《英格兰园艺史》（*A History of Gardening in England*）中写道："如果中世纪的花园主看到今日的玫瑰花园，一定会大吃一惊，形状之各异，色彩之多样，会让他们不知所措，然而那些最好看的玫瑰花，却失去了在他们看来是玫瑰花本质特征的东西——甜甜的香味！"

我的寓所（位于哥伦比亚热带雨林）

圣塔德西托，我的花园寓所

今时今日，许多人似乎跟我一样，大部分时间都坐在电脑屏幕前，或者被困在从一个会议前往另一个会议的通勤路上。但是，我娶了一个哥伦比亚人，并且有幸继承了位于波哥大（Bogota）郊外山林中的一座小 *finca*（西班牙语，庄园）。在这个云雾缭绕的热带雨林环境中，终极园艺是我每天的必修课。我每天都会花一部分时间除掉疯长的杂草，这是搞园艺最"极端"的情况。我们还会花大量时间培育水果和草本植物。我们种了许多平常人甚至都分不清的柑橘类水果（柠檬、橘子、酸橙和柑橘等等，种类多得超乎任何人的想象），以及我甚为骄傲的超辣辣椒和其他异域水果。我可以好几周都不出大门。这样的生活颇有彼得·梅尔（Peter Mayle）[1] 的风范。但是，观察、聆听、嗅闻、触摸和品尝大自然的益处如此强烈，你甚至能明显地感觉到这些益处在你身上所产生的影响。随着我沉浸在这座热带雨林"花园天堂"的日子越来越多，我的写作方式乃至思维方式都发生了变化；还记得前面提到过的剂量依赖吗？

不过，哥伦比亚郁郁葱葱的热带雨林环境无疑与英国乡村的环境大相径庭，于是引出了一个问题：从某种程度上来说，某一类型的大自然环境是否就比另一类好？海边是否比森林或花园要好？植物园对人产生的恢复作用是否强于野生灌木丛、大草原或丛林？这片哥伦比亚热带雨林对人产生的恢复作用，就一定强于牛津大学附近的河漫滩草地吗？如果你想要通过感官调控的方式模拟建筑环境中的大自然效应，就必须找出这些问题的答案。不仅如此，假设诚如日本作家谷崎润一郎在其美学散文《阴翳礼赞》中所说，日本人喜欢让花园里的树木阴翳幽深，而西方人喜欢平坦宽阔的草地，那么你还需要注意这种文化差异。

---

[1] 彼得·梅尔（1939—2018），英国著名作家，主要作品有旅游散文《普罗旺斯的一年》（*A Year in Provence*）、《永远的普罗旺斯》（*Toujours Provence*）和《重返普罗旺斯》（*Encore Provence*）等。——译者注

庆幸的是，研究者早已开始研究、对比人为整齐规划的绿地空间与自然排布的绿地空间对人产生的不同影响了。总体而言，他们的研究发现支持这样的观点：花园的布局越随意越好。[1] 这项研究还表明，人们对森林或苔原的喜好程度大于沙漠或草原，对植物园的喜好程度则居于中间。[36] 当然，根据"亲生命假说"，我们可能会认为植物园给人带来的恢复效果应当最好，能给人带来最深刻的益处，毕竟，如果种植得当，它们能为参观者提供的生物多样性要远远多于天然林地。不过，与此同时，还要考虑人群密度这个因素，因为如果人群密度过大，会抵消接触大自然所带来的益处。此外，我认为大多数植物园中的温室都缺少大自然的声音（即动物群）。最后，还有协调性的问题：动物声音是否要与植物景观相匹配？研究表明理应如此，不过很多时候事实并非如此。

我们盛赞大自然的功效的同时，当然也不能忘记动物可能极度危险，植物可能毒性极强。[37]（此时此刻我想到了狼蛛、时不时遇到的致命毒蛇，以及哥伦比亚的寓所花园里的植物叶子，如果不小心碰到的话，身上会长出疹子，让我痛痒难忍好几个星期）。由此看来，难怪人类既有对大自然的"先天性"偏好（亲生命性），也会有动物恐惧症——对那些形态、动作与蜘蛛和蛇类相似的动物的强烈恐惧感。动物恐惧症似乎反映了人类进化而来的某种防范心理，即对这些自古而来的威胁演化出的本能的恐惧或习得性厌恶。[38] 人类

---

[1] 18 世纪末期的英国景观花园、19 世纪的英国和北美洲"野花园"、20 世纪的日本散步花园都属于"布局随意"范畴，例如剑桥市圣约翰学院（St John's College）后院的荒地，我曾有幸在那里做过初级研究员。

感官的许多反应是中介式的、习得性的或依赖情境的，但正如戴安娜·阿克曼（Diane Ackerman）在其 1990 年出版的畅销书《感官的自然史》（*A Natural History of Senses*）中所示，人类对生命（至少对某类自然生物）的基本反应，无论是亲生命性，还是动物恐惧症，都基于我们的先天意向。[39]

虽然人们常常从进化论的角度来解释大自然效应（例如应激恢复理论），但值得注意的是，从认知流畅性的角度似乎也可以解释这个问题。

根据认知流畅性理论，大脑之所以觉得自然景观特别容易被加工处理，是因为其分形布局与人类视觉系统进化后能够加工的数据相匹配。[40]根据雅尼克·乔伊（Yannick Joye）和阿格尼斯·范登·贝尔赫（Agnes van den Berg）的研究："自然环境与自然要素的分形，在这一点上，体现得非常明显，即这些自然景观/形状均由多个按比例缩小的自身复制品所构成。"[41]以一棵树为例：所有树枝（从最大的到最小的）都是整棵树缩小后的形状。在实际生活中，这意味着，仅仅看到自然景观的某一个部分，就足以让我们想象到该景观的其他部分可能是什么样。换句话说，人在自然环境中往往存在深度认知预测和认知冗余，从而导致大脑加工流畅性的提高。相反，都市景观常常由彼此之间看似截然不同的刺激构成，各个刺激都在争先恐后地博取人们的注意，使得人们更难以理解某一景观的要旨。这一假设显然与人们能够高速加工处理并理解自然景观的结论相一致。由于较高的大脑加工流畅性往往与积极情感相关，正如洛夫·雷伯（Rolf Reber）等人在过去的 20 年间在众多出版物中所记录的那样，这可以用来解释为什么我们会如此偏爱无威胁性的自然景观。[42] 大脑的加工流畅性是后续章节中会反复探讨的概念之一。

调动感官感受大自然

关于大自然效应的因果关系，无疑仍有许多更重要的问题亟待解决。但是，现在要铭记的关键点在于，但凡要进行感官调控，就必须以人类对自然环境的反应和在几千年进化过程中形成的多重感官刺激模式为出发点。工作、锻炼、玩耍、购物和休闲的室内环境与自然环境之间的差异越大，人类的幸福感和生产力就越低。无论你是否相信"亲生命假说"，越来越多的科学证据表明，接触大自然，即便只是短暂的（或者说，只是微量的）接触，都会对人们的身心健康产生重大的恢复性作用（从相关证据来看，这并非夸大其词）。[43]

接触、体验大自然，无疑能改善心情，同时能减轻认知疲劳、认知压力和思维反刍。[44] 有些评论者则更进一步，颂扬调动多重感官与大自然进行正念沟通所带来的精神裨益。[45] 关键在于，人类通过调动所有感官来接触、体验大自然，以尽可能地保证大自然对自身多重感官的刺激平衡，或许是改善个人及所关心之人的身心健康的最佳方式之一。对于有幸拥有私家花园的人来说，走进花园是获得这些益处的绝佳途径。

不过，要明白一点，仅仅做到亲近大自然还不够，你还要调动所有感官去全身心地体验大自然，才能获得最佳效果。如果你不同意这个说法，那么请扪心自问：如果你去度假的时候，发现酒店房间并非海景房，或者无法看到迷人的乡下风景，只能看到凌乱不堪的内陆都市景观时，你会作何感想？[1]

　　无论户外空间是大是小，无论生活在热带还是温带气候区，记住一点：任何户外空间都能减轻压力，改善我们的身心健康。如此看来，难怪新冠肺炎疫情封城期间，英国的许多国家级报纸都在宣扬种点花花草草的益处了。但无论你在哪里接触大自然，不管是自家的后花园，还是当地的公园或森林，一定要尽量调动多重感官去感受。无论你是否意识到，相比你由此获得的社交、认知和情感方面的益处，这些努力和付出都是值得的。

---

[1] E. M. 福斯特（E. M. Forster）于 1908 年出版的小说《看得见风景的房间》（*A Room with a View*）里的核心情节。

3 睡得舒服最重要

　　无论你觉得睡觉是浪费生命也好，是每天的重要部分也罢，睡觉都比其他任何活动占据你更多的时间。平均来说，人类三分之一的时间都用于睡觉或尝试入睡。许多人无疑都曾听说过，玛格丽特·撒切尔（Margaret Thatcher）和罗纳德·里根（Ronald Reagan）等传奇人物每天晚上只睡四五个小时，第二天仍旧能够精神焕发，但这两位世界级领导人晚年都患上了痴呆症，或许并非偶然巧合。科学证据表明，人类每晚需要保证 7~8 小时的高质量睡眠（无论你想不想睡），才能防止诸多疾病的发生，这其中就包括痴呆症、肥胖症、癌症和心脏病。睡眠不足与现代人的 15 种主要死因中的 7 种有关，例如心血管疾病、脑血管疾病和糖尿病。[1]

　　如今，睡眠研究是一件大事。在北美洲和英国，有三分之一到三分之二的居民每天睡眠不足，许多其他工业化国家也存在同样的问题，因此把睡眠研究当作一件大事也就不足为奇了。[2]事实上，失眠症被视作第二大常见心理病症，仅次于慢性疼痛，目前，患有失眠症的人口占总人口的 33%，其中有 9% 的病人声称，每晚都入睡困难。[3]

从大众媒体的报道来看，人们目前的睡眠缺乏情况是前所未有的。许多著名的睡眠科学家也强烈支持这一观点。例如，出生于利物浦、现居住在加利福尼亚、著有全球畅销书《为什么要睡觉》（*Why We Sleep?*）的马修·沃克（Matthew Walker）认为，"睡眠不足已经成为一种流行病"，并且是"灾难性的流行病"。根据沃克的说法，1942 年每天睡眠时间等于或低于 6 小时的人的占比只有不到 8%；而到 2017 年时，这个数值已经攀升到了 50%。

睡得越少，寿命越短

夜晚睡眠时间不足 6 小时所造成的健康危害，着实让人胆战心惊。美国兰德公司（RAND）2016 年的一份报告指出，每晚睡眠时间不足 6 小时的人比每晚睡眠时间保持在 7~8 小时的人猝死的概率高出 13%。假设你的年龄在 45 岁以上，而且每天晚上的睡眠时间少于 6 小时，那么你患心脏病或中风的概率将比常人高出 200%。[4] 蒂尔·伦内伯格（Till Roenneberg）在顶级科学期刊《自然》（*Nature*）中写道，我们的睡眠时间比 50~100 年前的人平均减少了 1~2 小时。无怪乎美国疾病控制预防中心（Centers for Disease Control and Prevention，简称 CDC）声称，睡眠不足是"公共健康问题"。[5] 结合多方面的证据，我们很容易理解为什么与治疗失眠相关的财政开支会如此巨大——根据兰德公司的报告，各国与失眠相关的财政开支占其国内生产总值的数个百分点（占日本 GDP 的 2.92%，相当于

1380 亿美元；占美国 GDP 的 2.28%，相当于 4110 亿美元；占英国 GDP 的 1.86%，相当于 500 亿美元）。[6]

若人每周的平均睡眠时间增加一小时，则短期个人收入增长 1%，长期个人收入增长高达 5%。与此同时，2019 年活力保险公司（Vitality）发布的"英国最健康的工作场所"研究结果表明，个人收入与睡眠质量之间存在一定的相关性，年收入少于 1 万英镑的人里面，存在睡眠问题的人占 57%，而年收入超过 15 万英镑的人里面，存在睡眠问题的人只占 23%。虽然数据显示如此，但二者的因果关系并不确定。[7]

越来越多的人认识到晚上睡个好觉对社交和身心健康的重要性，由此催生了"睡眠健康"和"睡眠工程"等概念。但不管叫什么名字，其基本理念都是制定适宜的、循证的作息安排，帮助有睡眠问题的人获得必要的、恰当的睡眠。人的睡眠周期大约为 90 分钟，每个周期包括非快速眼动睡眠（non-rapid eye movement sleep，简称 non-REM 或 NREM）、快速眼动睡眠（rapid eye movement，简称 REM，即除了眼睛之外，其他部位全都处于麻痹状态）和慢波睡眠（slow-wave sleep，简称 SWS）等阶段。只有保证获得足够时间的慢波睡眠，才能达到巩固记忆的效果。

简单的睡眠调整方法包括加强锻炼和性爱等等。[1] 根据专家们的说法，睡前一两个小时不应饮食，这一方面是为了保持良好身材，

---

[1] 或者像哈佛大学医学院的科学家提出关于改善睡眠的建议时采用的干巴巴的说法："将卧室活动仅限于睡觉和性爱，或许有助于睡眠。"

另一方面则是为了改善"睡眠健康"。晚上饮酒也会降低睡眠质量，摄入咖啡因或其他刺激物的效果同样如此。[8] 大多数人早已知晓这些建议，却不知出于什么原因而选择忽视。因此，我想探讨几种可能有助于改善睡眠的感官调控方法。说实话，很多感官调控手段可以帮助我们缩短入睡时间、提高睡眠效率，让你第二天像脚底装了弹簧一样精力充沛。

说起来可能会让人觉得有悖常识，从行为学的角度来帮助人们改善睡眠的办法之一，就是在一段时间内限制人们的睡眠。牛津大学的研究者开发了一款名为"Sleepio"的改善睡眠的智能手机程序，实践证明，它对调整用户的睡眠模式和睡眠行为都极有帮助。这款程序帮助使用者记录睡眠模式，同时提供结构性睡眠时间表，在初期还会限制使用者的睡眠时间。这款程序取得了极大的成功，如今已在英国国家医疗服务体系中得到了实际应用。确实，认知行为疗法能够从长期角度治疗失眠症。当然，安眠药（即苯二氮卓类受体激动剂）也可以在短期内被使用，但是羟基安定（医生曾给我开过一次）等药物具有成瘾、引发记忆力下降、影响男性胸部发育和导致婴儿出生缺陷等副作用。我只是胸部发育有问题，看来实属万幸啊！此外，助眠药物还会导致错误的睡眠阶段类型，也就是说，这类药物无益于改善慢波睡眠。如果这些都吓不到你，那我告诉你，它们还会引发癌症哟。[9]

2018 年，睡眠健康行业的年产值达到了 300 亿美元，这一数字还会不断上升。承诺通过一系列煞有介事的神经科学感官调控手段来提高睡眠质量的公司如雨后春笋般出现，越来越多。

入睡

当你入睡困难的时候，有没有尝试过数羊？如果你的答案是有的话，抱歉地告诉你，这样做纯粹是浪费时间。至少我牛津大学的前同事艾莉森·哈维（Allison Harvey）教授的研究结果表明如此。长久以来，她一直在驳斥这个民间的说法。哈维要求一组失眠症患者在入睡时数羊，或者抑制脑海里的负面想法，结果发现患者的入睡时间平均延后10分钟。既然不能数羊，那你在失眠时应该想些什么呢？一项研究表明，想象宁静放松的场景，比如瀑布或者度假，可以帮助人们比那些没有收到这种具体指点的人快大约20分钟入睡。研究者对此的解释是，保持愉悦的精神状态会使失眠症患者产生足够的认知需求，防止他们沉浸于负面或容易引发忧虑的想法。[10]

光线扰乱睡眠

你睡觉时会握着手机或把手机放在旁边吗？这样做不好。根据2015年的一项对1000名北美洲居民的调查显示，71%的人睡觉时会握着他们的智能手机或把手机放在旁边；其中，3%的人握着手机睡觉，13%的人把手机放在床上，另外55%的人把手机放在方便够得到的地方。[11] 在解决许多人都面临的入睡困难问题时，一定要明白，睡眠场所的感官刺激因素不当很可能是导致入睡困难的原因之一。如今，人们常常把入睡困难的原因，归结为夜间暴露于人造灯光的时间越来越长，其中一部分是夜间盯着电子设备屏幕的时间增加。根据 2015 年的一项研究 [12]，睡前数小时内使用电子设备阅读电子书的人，比阅读纸质书的人入睡更慢，夜间睡意更差，分泌褪黑素 [1] 更少，生物钟更晚，并且次日的警觉性更低。[2] 鉴于 90% 的人每周至少有数个晚上在睡前的一个小时内使用电子设备，这些研究结果尤其令人担忧。人们越来越关注电子设备使用时间过长的危害，有些评论者甚至开始质疑电子设备生产商是否应该采取措施，保护我们免受电子设备发射的蓝光的危害——蓝光对人体尤其不利，因为它会误导大脑，使大脑以为到了觉醒时间。[3] 13

警告：开着电视睡觉与体重增加和肥胖症风险增加相关。这是北卡罗莱纳州国家环境卫生科学研究所（National Institute of Environmental Health Sciences）发布的一项队列研究的结果。在为期五年的时间里，研究者对 43000 位年龄在 35~74 岁的妇女进行跟踪研究，结果表明，相比夜间睡觉时不受人造灯光影响的人，暴露于灯光中的人的平均体重增加了 5 千克（11 磅）或以上。14 如此看来，人造灯光似乎扰乱或延迟了人体的自然生物钟，影响了正常的荷尔蒙分泌平衡。即便视觉刺激没有对自诉睡眠质量产生显著影响，即二者的因果关系并不确定，但这些结果仍旧表明，夜间入睡前和入睡后尽量减少灯光暴露可能对人体有益。因此，既可以通过增加所需的环境刺激源来实现感官

---

[1] 褪黑素是由松果腺分泌的重要荷尔蒙之一，它能帮助控制醒睡周期。白天时人体分泌较少，太阳落山后开始增多。

[2] 不过有一点需要指出：受试者需在发光设备的亮度调到最大的条件下连续阅读 4 个小时。

[3] 黎明时的蓝光波长与其他时刻的波长相比略有差异。

调控，也可以通过减少不必要的环境刺激源来实现感官调控。

至于具体的辅助减少夜间人造灯光暴露的感官调控手段，可以尝试以下几种方法。最为重要的是避免睡前盯着明亮的电子屏幕看长达 2~3 小时，即进行"电子宵禁"。但如果你像我一样，每天晚上必须使用多种电子设备，那你要么选择佩戴专门眼镜，要么选择下载一款能过滤蓝光的程序。有些移动设备可以设置夜间模式，在太阳下山时自动将显示屏调成较为温和的色彩。如果卧室确实需要灯光，可使用暗淡的红色灯光，因为这种颜色不像其他颜色那样影响褪黑素的分泌。[15]

人人都应该减少来自夜间灯光的照射，这一观念似乎与商业产品多多（Dodow）睡眠监视器的理念相悖。这款产品可以向天花板投射缩放的蓝色光圈，鼓励有睡眠问题的人尝试以类似冥想的方式调整呼吸，即在光圈放大时吸气，在光圈缩小时呼气。但是，虽然有很多新闻从业者使用过多多睡眠监视器，但并无确凿的科学证据表明这个小玩意真的能改善睡眠，至少目前我还未了解到。此外，短波蓝光似乎对睡眠尤其不好，但根据这款产品的研发者所说，它的亮度较低，不会影响睡眠。

甜甜的梦？

在我的研究生涯中，我花费了相当多的时间去思考牙膏的多重感官设计。有件事情一直让我觉得奇怪：大多数人在早上和晚上用的牙膏是同一款。在我看来，早上和晚上的生理需求及心理需求是截然不同的，毕竟早餐和晚餐的饮食就大相径庭。早上喝含咖啡因的饮品，睡前喝甘菊茶或其他草本饮品。不过，令人惊讶的是，很少有证据表明甘菊茶有改善睡眠的效果。[16] 很多人都知道，日间和夜间使用的面霜是不同的。那为什么不在早上和晚上使用不同的牙膏呢？薄荷的味道提神醒脑，无疑是早晨使人克服睡眠惰性的良品，但是到了晚上，当我们想要放松下来准备入睡的时候，你肯定不需要这种效果吧？[1]

睡觉有声作伴

你是否经常因为恼人的噪音而无法正常睡眠呢？环境噪音对许多人而言都是一个重大烦恼，尤其是对于居住在机场或其他交通运输枢纽附近的人来说，环境噪音会导致肥胖症，提高死亡率。根据世界卫生组织（World Health Organization）的数据，仅仅在西欧，扰民级别的环境噪音每年就会夺走 100 多万人的生命，其中大多是噪音所引发的睡眠障碍和睡眠紊乱所致。噪音不单单搅扰人的入睡过程，在人的睡眠过程当中也是个大麻烦。事实上，甚至有研究表明，夜间噪音对心血管健康造成的伤害可能比日间同等水平的噪音所造成的伤害更大。[17] 我个人最喜欢的解决办法之一是使用大自然的声音遮盖夜间烦人的背景噪音，比如海浪轻轻拍打沙滩的声音。如果这个办法不可行，那么收音机失调时产生的白噪音也能达到很好的效果（有些公司已经在出售这种白噪音发生器）。

---

[1] 在某些地方，牙膏有不同的口味，比如橘子味和酒精味。

有一次，我使用了这种收音机白噪音的感官调控方法，第二天早上刚醒来时什么声音都听不到，以为前一天晚上已经把收音机关了。过了几秒钟后，白噪音突然回来了。[1] 说到收音机，如果你的邻居喜欢将收音机的音量开得很大，你可以尝试将你的收音机调到同一个电台和相同的音量。这虽然不会改变噪音分贝，但你（或者应该说是你的大脑）会觉得身旁"静悄悄"的收音机比远处吵闹的收音机稍微容易被忽略掉。这种古怪的感官调控方法听起来有点匪夷所思，但我相信你至少可以一试。不过，前面曾提到，开着电视睡觉会导致体重增加，因此建议你买一个带有"睡眠"模式的收音机，它会在你睡着之后自动关闭。

近来，有许多非同寻常的助眠方式深受媒体追捧，比如用静静软件（Calm）聆听约翰·麦肯罗（John McEnroe）[2] 朗读《网球规则：一个爱情故事》（*The Rules of Tennis: A Love Story*）或《认真讲网球规则》（*But Seriously: The Rules of Tennis*）。不知道你对此有何看法，但我个人喜欢用 Pzizz，这是一款能播放大自然的声音、安抚音乐和引导人进入冥想的音乐的软件。还有一种潮流方式越来越受欢迎，即在线听伊娃·朗格利亚（Eva Longoria）[3] 和玛格特·罗比（Margot Robbie）[4] 等女明星录制的关于自发性知觉经络反应（autonomous sensory meridian

---

[1] 对这种特别现象的解释是，我们的大脑可能倾向于忽视持续的刺激源。早上刚醒来时，大脑的注意力通常需要数秒钟才能开始正常工作。

[2] 约翰·麦肯罗，美国职业网球运动员。——译者注

[3] 伊娃·朗格利亚，美国影视演员，曾出演《绝望的主妇》。——译者注

[4] 玛格特·罗比，澳大利亚演员，曾出演澳大利亚电视剧《邻居们》和电影《华尔街之狼》。——译者注

response，简称 ASMR）的内容。当听到别人窃窃私语或者轻轻摩挲纸张的声音时，有人会觉得颈部一阵颤栗，据说这种感觉有助于放松心情，使人逐渐进入睡眠状态。另外，YouTube 上的一些 8 小时循环播放的大自然的声音也可以帮到你。

睡一觉就有办法啦

想必之前很多人都听过这个说法，但是睡一觉真的能解决问题吗？《自然》杂志上一些有意思的研究表明，相比白天同等时长的睡眠或一夜无眠，夜间睡眠提高了人们解决顿悟式问题的可能性。这就是所谓的"啊哈时刻"。事实上，人在一夜安眠之后提出创意解决方案的概率能提高 3 倍。此外，我们还了解到睡眠与声音和气味的关联性。进一步来说，在慢波睡眠阶段，如果播放的声音和散发的气味与白天学习的内容相关，则有助于人们巩固记忆。但是，先别为这些研究结果而感到太过于振奋，因为这些研究里所涉及的学习内容都比较简单。因此，截至目前，尚无证据表明人可以在睡眠过程中学习一门外语，但提高词汇量显然是有可能的。[18]

睡个安稳觉

睡前一两小时进行淋浴或泡澡（泡全身或只泡脚）——哪怕只有短短的 10 分钟——有助于早点入睡。[19] 一篇系统综述和元分析文章的作者们所称的被动身体加热（passive body heating，简称 PBH）

对提高睡眠质量也有积极效果，即促进慢波睡眠。夜间洗浴的理想水温是 40℃~42.5℃（104 °F~108.5 °F）。只要掌握好时长，就能早入睡 8.6 分钟，或者说入睡时间提前 36%。温水淋浴或泡澡有助于引导血液在身体四肢间循环，从而降低人体核心温度（core body temperature，简称 CBT），生物钟会把这视作该睡觉的信号。注意，人类的体温在睡前及睡眠过程中会自然持续下降，在凌晨 4 点左右达到最低点。因此，任何有助于降低人体核心温度（约 1℃较为适宜）的方法，都算得上是好方法，因为这是驱动人入睡的关键参数。平躺下来的好处就在于此：这一姿势变化促使热量从人体核心向四肢扩散。

"脚部暖和有助于使人迅速入眠"，《自然》的一篇文章称，让脚部变暖一定有助于缩短入睡时间。这种感官调控手段之所以奏效，是因为双手、双脚和头部的皮肤是通过增加动脉血液流量来调节体温的最有效的皮肤部位。所以，从实际操作来说，如果你喜欢夜间抱着热水袋睡觉，倒不如放在脚底，这样能让你更快地入睡。至于头部，你可以试试暮纳（Moona）智能温控枕和配套软件。如果你更喜欢有科技范的，何不试试抱着手感较重、外形类似一颗花生、可以"呼吸"的 Somnox 睡眠机器人入睡？[20]

环境温度是影响睡眠质量的另一个重要因素。例如，如果环境温度上升到 30℃（86 °F），睡眠质量便会降低。如果环境温度从 18℃上升到 25℃（即从 64 °F 上升到 77 °F），那么睡眠时间会缩短 30 分钟。所以，综合以上研究结果来看，如果你想要睡得安稳，理想的睡眠环境应该是安静、黑暗、凉爽的。房间应该凉爽舒适（温度为 16℃ ~24℃，即 61 ℉ ~75 ℉ ），并且通风良好。佩戴耳塞或播放 "白噪音"，将听觉干扰降到最小。使用厚窗帘、遮光百叶窗乃至眼罩，尽可能地遮挡光线，因为光线是告诉大脑该醒过来的最强烈的感官刺激信号。[21] 近期出现的另一种改善睡眠的方法是摇动，就像儿童摇篮曲 "摇啊摇，宝宝睡着了" 里面所唱的那样。[22]

何不在床头柜上摆个盆栽？

在床头柜上摆放盆栽，也有助于改善睡眠。具体来说，某些室内植物不仅能帮助人们抵御感冒和支气管炎，还能帮助人们对抗失眠。[23] 例如，常春藤有助于消灭气载霉菌，短短数小时内就能把室内霉菌吸收大半。根据美国航空航天局的研究，芦荟最适于净化空气，因为它能整夜释放氧气，同时还能吸收和分解空气污染物，例如苯（许多清洁剂和塑料的成分）和甲醛（常见于多种油漆和地面装饰材料）。如果你碰巧看到马达加斯加散尾葵，那么你可能会知道，它是消除空气污染物效果最好的植物。散尾葵还能向空气中释放湿气，或许可以使患有感冒或鼻窦炎的人感觉呼吸通畅一些。[24] 据保守估计，仅在欧洲每年就有 99000 人因室内空气质量差而死亡，所以解决这一问题刻不容缓。[25]

你是夜猫子，还是早起鸟？

你是晚睡晚起型（上午十点多才起床），还是早睡早起型？睡眠模式因人而异，这一点越来越得到公众的认可。有些人天生就是夜猫子，这类人占人口总数的30%左右，有些人却天生是早起鸟，这类人占人口总数的约40%，剩下的人介于二者之间。早起鸟的生物钟略快于夜猫子。一些研究者与英国生物银行（UK Biobank）和基因检测网站23andMe携手，对将近68万人进行评估，为其中86000人佩戴活动监视器，监测其睡眠模式。通过分析全基因组数据，研究者共鉴定出351个与早睡早起相关联的基因位点。研究结果显示，在早睡早起型人口中，携带"清晨型"等位基因较多的5%的人，比携带同类基因较少的5%的人早起床25分钟。[26] 不过对于夜猫子们来说却有一个坏消息：熬夜与多种健康问题、情绪紊乱、表现欠佳和死亡风险升高具有相关性。

一些研究者致力于探讨能否用手段更全面的随机对照试验来调控夜猫子的感官，以此来调整他们的醒睡周期。事实上，仅仅采取对受试者进行有针对性的光线照射，将其醒睡周期提前，慎重调整其用餐时间、咖啡因摄入量和锻炼方法等手段，22个夜猫子受试者的习性就得以改变，其醒睡周期平均提前了两个小时，且总的睡眠时间没有缩短。[27] 从长远角度判断此类感官调控手段是否有助于降低死亡率，将是未来研究值得探讨的话题，当然，前提是能够说服夜猫子们继续参与该感官调控项目。无怪乎某大型制药公司有意获取23andMe的数据，以尝试重点根据人体生物钟规律去研发新的安眠药物。[28]

首夜效应

如果你也存在换了新环境后的第一夜入睡困难的情况，那咱们算是同病相怜。由于我经常需要出差到遥远的城市"传道解惑"（至少在新冠肺炎疫情暴发之前是这样），换新环境之后第一夜的入睡困难实在让我痛苦不堪。酒店很高级，床也超级舒服，可陌生的环境总是无情地让我睡不着。实际上，这是一种众所周知的现象，叫做首夜效应（first night effect，简称 FNE）。研究者早在半个世纪以前就发现了这种现象，但直到最近，才终于开始探究它背后的秘密。根据睡眠科学家的说法，每当我们尝试在陌生环境中睡觉时，大脑的其中一侧就会像守夜人一样保持警惕状态。就这一点而言，我们跟海洋哺乳动物和鸟类很像，例如海豚和鸭子。它们有时也会只用一侧大脑睡觉，而另一侧大脑保持清醒。举例来说，当被捕食的风险提高时，绿头鸭会在睁着一只眼睛的同时，用另一侧大脑睡觉。[29]

每当入住一家新酒店，或者第一次去朋友家过夜时，无论时差已然让人多么疲劳，我们都注定要忍受首夜效应所造成的痛苦。如今，这种进化而来的生理反应显然已经作用甚微，毕竟无论你住在旅客之家还是住在香格里拉酒店，衣橱里躲着虎视眈眈的掠食者的可能性都太小了。但是，大脑究竟用哪一种感官暗示来判断周边是陌生环境的呢？这个问题依然没得到解决。是气味，还是非同往常的噪音，抑或门的哐当声、管道的嗡嗡声？一个感官调控方法是在陌生环境中尝试再现自己家里的感官暗示。例如，出行时随身带一些你在家里使用的空气清新剂或床上用品香氛，这或许有助于调控你的感官，说服"守夜人"稍微放松警惕。对于经常前往某一地点的人来说，另外一个方法是每次都住同一家酒店，最好能住同一个房间（最佳的房间墙壁颜色是柔和的蓝色，一项对英国2000家旅客之家酒店的调查显示，蓝色是最有利于顾客睡个安稳觉的颜色）。[30]

耳塞是许多人正在使用的一种感官调控手段，它可以屏蔽背景噪音。我建议把耳塞紧紧塞入右耳。为什么？因为保持警惕的向来是左脑（至少一开始是左脑），而右脑则处于睡眠状态。因此，为了对睡眠进行感官调控，你应当尽量减少对处于警惕状态的一侧大脑的任何感官刺激的干扰，以免它频繁地唤醒你。你的心里或许会感到疑惑，既然保持警惕的是左脑，为什么我建议你要把耳塞紧紧地塞入右耳呢？因为我们的感官大多是对侧工作的。身体某一侧的感受，或者某一侧耳朵听到的声音，实际上都是大脑的另一侧半球加工的结果（至少最初是如此）。唯一非对侧工作的器官是进化较早的嗅觉器官，例如左鼻孔直通同侧的左脑，所以，现在你懂了吧！

下次你再换一个新环境入住的时候，如果耳塞和空气清新剂都不管用，也别担心，正如其名字所表达的那样，首夜效应的确只会持续一夜。过了第一夜，如果时差允许的话，你就能像往常一样睡觉啦。

睡眠剥夺

众所周知，初次为人父母的人，在孩子刚降生的头几个月乃至几年后都在忍受慢性缺觉。任何人在经历如此极端的睡眠剥夺后的感受，都会和《不眠大挑战》（*Shattered*）[1] 里的参赛选手一样。[2] 1959年，美国人彼得·特里普参加该竞赛，连续201小时（8天有余）没有睡觉，创下了世界纪录，但最终精神崩溃。《不眠大挑战》比赛冠军克莱尔·萨瑟恩（19岁，警察学员）连续178小时没有睡觉，把奖金收入囊中。[31]

从睡眠剥夺的相关文献来看，初为人父母者很可能会出现移情缺失，其参与社会互动的能力也会遭受严重影响。不仅如此，他们往往还极度易怒、急躁、无法集中精力，并且处于持续疲劳状态。[32]不过，对于初为人父母者来说，有一个好消息：许多经实验证明能够帮助成年人提高睡眠质量的多重感官调控方法，对儿童和老人的效果更佳。

例如，坚持每天睡前按摩，再加上薰衣草味的泡澡，不仅能提高婴幼儿的睡眠质量，增加婴幼儿的睡眠时长，还能改善母亲的心情，婴幼儿和父母的压力水平也都有所降低。鉴于孩子年龄较小的父母最常遇到的问题很大一部分都与睡眠有关（占20%~30%），因此针对此领域开发有效的感官调控手段就显得尤为重要。[33] 我曾连续多年担任强生公司的感官代言人，与全球各地的儿科医生和护士交谈，试图让他们看

---

[1] 2004 年第 4 频道播出的英国真人秀，在每组 10 个经济拮据的选手中决出不睡觉时间最长者，即可获得 10 万英镑奖金。——译者注

[2] 因担心可能会导致鼓励危险行为，《吉尼斯纪录》（*The Guinness Book of Records*）停止认证该纪录。但他们却仍然继续认证在活火山口上方走最长的绳索的纪录，真是挺讽刺的!

到通过实现新生儿和照料者多重感官刺激平衡来改善睡眠的重要性。[34]

与此同时，越来越多的证据表明，大多数学生也根本得不到充足的睡眠。从国家睡眠基金会（National Sleep Foundation）提供的数据来看，约90%的高中生睡眠时间达不到推荐标准，更严重的是，其睡眠时间正在逐年减少。有人认为，这会对学生的健康和学业造成严重威胁，而更令人担忧的是，这个过程是不可逆的。针对这种状况，一个经过实践检验的学业促进方法是延后学生的上学时间。[35]

对于那些上学时间尚未延后、长期遭受睡眠剥夺的青少年而言，还有一个办法能帮助他们每晚多睡43分钟：在睡眠的最后2~3小时内，每20秒闪一次类似摄像机的闪光（有点像非常缓慢的频闪光），再略微施以认知行为治疗。从斯坦福大学的一项随机临床实验的结果来看，这种方法不但不会打断孩子的睡眠，而且在实验开始后的短短一个月内，就能有效辅助其重设生物钟。此外，该研究团队的后续研究表明，相比初次研究实验中的每20秒闪光一次，若每8秒闪光一次，重设生物钟的时长将缩短一半。[36]如此看来，在延后上学时间得以实现之前，这或许是最好的办法。

就老年人（包括焦躁不安的痴呆症患者）而言，薰衣草的香味对改善其睡眠大有帮助。[37]对睡眠进行有效地感官调控对老年人来说尤为重要，因为所有证据都表明，年纪越大，睡眠时间越少。从一份文献的数据来看，50%的老年人都存在入睡困难或睡眠困难的情况。尤其令人担忧的是，安眠药原本只能被在短期内服用，但现实中许多老年患者却长期服用。

睡眠的气味

一项研究对 4 名老年精神病患者采取行为干预，其中 3 人服用安眠药的时间分别为 7 个月、1 年和 3 年。[1] 经过 2 周的基准检测后，4 名病人停用安眠药 2 周。但正如大家所预料，他们的睡眠时长平均减少了 1 小时（这被称为反弹性失眠）。但是，在这项研究的最后 2 周，研究者向 4 名患者的病房里释放薰衣草香气，神奇的事情发生了：患者的睡眠时长恢复到了原先服用安眠药时期的水平。面对这一令人震惊的结果，研究者想要弄清楚一个问题：针对老年人和体弱者的睡眠问题，相比安眠药治疗方案，气味接触（换句话说，就是对嗅觉进行调控）的治疗手段是否更经济、更安全？[38] 凯特·路易斯·菲斯默（Kate Louise Fismer）和凯伦·皮尔金顿（Karen Pilkington）对截至 2012 年发表的相关研究论文进行系统回顾后指出，对于人吸入薰衣草气味后的效果，应持"谨慎的积极态度"。不过，正如一切元分析那样，两人认为还需要进行更多的研究，以明确薰衣草在辅助人们放松和改善睡眠方面的有效性。早在几个世纪之前的剧作和小说里，薰衣草就已被用来辅助放松和睡眠，而我们目前却仍不能对此有确切的说法，或许这才是最让人吃惊的吧。[39]

未来的研究很可能不仅会证明薰衣草的主要成分——芳樟醇的药用功能，还会证明薰衣草香味具有心理学功效，这种功效与人们以往与薰衣草有关的体验息息相关。在一项支持第一种说法的研究中，摄

---

[1] 不过需要注意的是，该研究的样本数量非常小。

入大量咖啡因的老鼠，在嗅到汽化薰衣草精油后，活跃程度降低了92%。有意思的是，丧失嗅觉功能的老鼠并没有出现这种反应。[40] 在评估芳香疗法的作用时（比如薰衣草气味有助于睡眠和放松），存在一个问题，即相关研究者甚少说明所测试的薰衣草是总共将近500个品种的薰衣草里的哪一种。此外，人工合成的气味与纯天然精油之间是否存在重大差异，这一点也尚不清楚。

感官调控你的梦

你是清醒梦者吗？清醒梦者是指具有控制梦境这一非同寻常能力的人。清醒梦者知道自己在做梦，并且能对梦产生影响。有证据表明，大多数人在某个时刻都会做清醒梦。但是，越来越多的清醒梦者尝试对梦境进行感官调控，以提高清醒梦发生的频率。例如，释放气味是否会影响我们的梦境？多年来，研究者尝试过各种方法来影响梦的内容，比如往睡觉的人的脸上洒水，或采用光线、声音、震动乃至运动（让受试者在吊床上睡觉）等手段进行影响。尽管有许多新兴技术和手段似乎能够增强清醒梦发生的频率，但这方面的科学证据却十分不足。此外，证明这些感官干预有效的研究者往往把自己的研究成果用于商业用途，[1] 难免引人质疑这其中是否存在利益牵扯。倒不是说，这里面一定存在不道德的行为，而是要

---

[1] 售卖梦光智能眼罩（DreamLight）、链梦（DreamLink）、诺瓦梦仪（NovaDreamer）等产品，还有赫恩电子公司（Hearne）生产的、听起来很神奇的"梦境机器"（Dream Machine）。

先看到经过同行评审、严格对照的独立研究，才好向任何解决方案投入大量资金。[41]

古有闻鸡起舞，今有闻味起床

你讨厌大早上的闹铃刺耳地响个不停吗？如果讨厌的话，那你不是一个人。诸多研究表明，闹铃声是我们每天接触的声音中最不悦耳的声音之一。肯定有更好的唤醒办法吧？以前，唤醒工人的是工厂哨声；再往前，则是黎明的短波蓝光。在春季的英国，黎明的百鸟大合唱（如今越来越少了）曾是大自然持之以恒的唤醒方式。曾几何时，还有沏茶闹钟，其理念是被好闻的气味唤醒比被突如其来的巨大声响吵醒更能让人的心情愉悦。而如今，许多未来主义闹钟甚至能模拟黎明时的光线。[42]

现如今，被大多数年轻人用作闹铃的移动设备，具有很多不同的唤醒模式。[1] 2014 年，奥斯卡·梅耶食品公司（Oscar Mayer）为 iPhone 设计了一款限量版培根香味唤醒软件，在播放"滋滋"声的同时，其外设胶囊还会散发出煎培根的香味，引得喜欢培根的人对这款肉香软件趋之若鹜。这款关注嗅觉的感官干预软件共卖出约 5000 份，取得了巨大的市场成功，在媒体和网络社交平台上引发广泛关注。但有一点要知道，气味本身不太可能帮助你起床。这

---

[1] 截至 2011 年，近 60% 的 16~34 岁人群把手机作为主要的计时工具。（参阅 https://today.yougov.com/topics/lifestyle/articles-reports/2011/05/05/brother-do-you-have-time。）如今该比例无疑更高了。

与其营销活动的宣传语——"当想象力迸发，唯有肉香会引导你觉醒。"——恰恰相反。[43]

令父母们担心的是，不仅仅是气味叫不醒孩子，许多传统的烟雾警报铃声也根本叫不醒处在深度慢波睡眠的孩子。而个性化烟雾警报铃声的效果则会好很多。例如，在一项研究中，播放预先录制好的父母反复呼唤孩子名字的声音并且加上"快醒醒！快下床！快出门！"等指示时，参与研究的 24 个孩子全都起床；而当传统警报铃声响起时，仅有一半多一点的孩子起床。此外，相比传统警报铃声，根据个性化警报铃声而完成避难程序的孩子的数量要高出 2 倍以上，并且平均用时仅为 20 秒，而前者的平均用时则长达 3 分钟。如果真的发生火灾，这个简单的感官调控方法可谓决定生死。[44]

睡眠惰性

入睡不易，起床也难，一段持续时间很久的睡眠所产生的副作用，对人而言更是雪上加霜。这种现象叫作"睡眠惰性"（sleep inertia），有位研究者在 1968 年的《科学》杂志上生动地将其称为"睡醉"（sleep drunkenness）。这一现象对认知伤害的持续时间和严重程度，取决于你近期的睡眠状况以及你从哪个睡眠阶段醒来。正如大家所预想的那样，如果你是从深度慢波睡眠状态中醒来，那么睡眠惰性的影响会更为显著。有位《卫报》（Guardian）的评论者在谈及一款将人从浅层睡眠状态中唤醒的软件时说："动作轻柔、可爱，像美人鱼抚弄头发般将我唤醒。"一组研究者指出，即便你睡满了整整 8 个小时，睡眠惰性对认知表现的破坏，仍可在你醒来后持续长达 2~4 小时。[45]

如此看来，无怪乎许多人要借助咖啡来抵消这日复一日的警觉缺失。对那些出于各种原因而想要避免摄入咖啡因的人来说，好消息是如果你喜欢含咖啡因的东西，低因咖啡同样能提高你的反应能力。回到前面提及的牙膏，早起时满嘴的薄荷味泡泡，能否抵消睡眠惰性？我猜肯定能。或者你可以选用某家创业公司几年前推出的一款含咖啡因的强劲动力（Power Energy）牙膏。[1] 2013 年，高露洁棕榄有限公司也申请了一项咖啡味道牙刷的专利。使用香味浓烈的沐浴露或许也能帮你提神醒脑，但目前对这种嗅觉调控手段的研究尚不够充分。[46]

对于宇航员和驾驶长途航班的飞行员来说，睡眠惰性的问题尤为让人头疼。这两个训练有素的群体偶尔需要突然醒来，以应对飞行中的紧急突发事件。有人曾指出，2010 年印度航空快运公司坠机事件导致 150 多人死亡，部分原因可能是机长在飞行时打盹，醒来后做出了不当决策。从三英里岛核泄漏事故到切尔诺贝利核泄漏事故，再到埃克森·瓦德兹号原油泄漏事故（饮酒也可能是引发该事故的原因之一），乃至挑战者号太空飞船事故，都与睡眠惰性的问题有关。夜间值班的医生和护士，在刚醒来时所做出的决策同样也会受到睡眠惰性所产生的一些负面影响。[47]

除了可以喝咖啡提神外，辅助抵消睡眠惰性的另一种感官调控手

---

[1] 通过牙根吸收咖啡因的速度快于胃粘膜，但效果持续时间较短。

段与咖啡因无关，而是聆听旋律美妙的音乐。在一篇发表于2020年的文章中，一组来自澳大利亚墨尔本的研究者指出，醒来后聆听旋律美妙的音乐有助于抵消初醒时的警觉缺失。他们通过收集在线问卷的反馈结果，研究一组由50人组成的受试者以聆听音乐开启新的一天后睡眠惰性的影响程度。旋律优美的音乐明显胜出，至少与普通闹铃声相比的结果显示如此，这表明有节奏的音乐更能让人集中注意力。如果你想了解这些研究者在实验中所选择的音乐，那你应该试试1966年沙滩男孩乐队（The Beach Boys）的《美妙的共振》（"Good Vibrations"），或者1985年治疗乐队（The Cure，又称"怪人合唱团"）的《靠近我》（"Close to Me"）。如果你喜欢用古典音乐开启新的一天，可以试试贝多芬的《致爱丽丝》（"Für Elise"）或安东尼奥·维瓦尔第（Antonio Vivaldi）的小提琴曲《四季》（"The Four Seasons"）。[48]

黎明的阳光能唤醒人吗？

有相当丰富的文献资料表明，人在清晨时接触明亮的光线对个体身心健康和认知表现有积极影响。一项研究分别对比了明亮的人造晨光和单一蓝光对人的影响。在实验室中，当设定睡眠时长仅为6小时时，明亮的人造晨光对人的认知表现的积极作用只见于首夜，而随后两个夜晚的个体情绪和幸福感水平相对较高。相比之下，暴露于单一蓝光下的人，则显现出生理节律重设的迹象。有些思维前瞻的机场使用蓝色光线来迎接长途旅客。有些人还听过这种说法：用明亮的光线照射腿弯可以重设生物节律，很遗憾地告诉你，相关证据并不支持这一说法，所以暂时没必要脱掉裤子去让光线照射腿弯啦。[49]

坚持睡个好觉的良好习惯，对社交、身心健康的深刻影响越来越明显，早起少睡的思想终于开始式微。因此，寻找最佳方式来确保更多人睡得更久，同时将睡眠的功效最大化，将变得越来越重要。根据我的猜测，未来几年内，针对睡眠进行的感官调控手段将与认知行为疗法结合起来，把多重感官干预方法与不同的睡眠阶段联系起来的最新移动技术也将很快实现。确实，如今睡眠宝宝（SleepBot）、睡梦（Somnuva）、呼噜噜（Zeez）和辛巴睡眠（Simba Sleep）等睡眠软件已经声称能做到这一点。

更为硅谷少眠人（现在情况已有所改观）所青睐的另一种设备是欧拉智能戒指（Oura Smart Ring）。它能追踪记录多种生理数据，与之配套的应用程序会据此向使用者提出关于何时睡眠的建议。无怪乎走遍全球的英国王子哈利在 2018 年派驻澳大利亚时，就戴着这种戒指。推特创始人兼首席执行官杰克·多尔西（Jack Dorsey）对此也青睐有加。无论你是早起鸟还是夜猫子，但愿同类产品能够实现让所有人都可以优化或定制个人睡眠卫生的愿景。[1]

我们的睡眠还好吗？

在转向其他话题之前，有必要重新探讨一下：睡眠剥夺是否真

---

[1] 诺信健康（Lenus Health）2019 年发布的一项调查结果显示，四分之一的英国人已经在追踪记录自己的睡眠状况。

的到了前所未有的程度。这无疑是大众媒体和许多睡眠研究者的论调。当然，人人都在遭受慢性睡眠剥夺的这一说法，有助于新兴的睡眠调控行业的发展。许多人关注睡眠问题，睡眠不足对身心健康有害，二者都是明摆着的事实。但是，大多数人正遭受前所未有的睡眠剥夺这一消极观点，恰恰与史蒂芬·平克（Steven Pinker）[1] 等人的看法相反，即从多项指标来看，人们如今的生活水平大大好于以往。历史上不乏有名人抱怨睡眠质量差，比如亚里士多德、拿破仑·波拿巴和查尔斯·狄更斯。

关键问题在于，人们的睡眠状况是与总体乐观趋势相悖的领域之一吗？至少从牛津大学的一项最新调查研究来看并非如此。该研究仔细分析了 18000 余位英国居民在三个不同时间阶段内的睡眠日记：1974~1975 年、2000~2001 年和 2014~2015 年。研究结果表明，相比 20 世纪 70 年代，人们的夜间睡眠时间平均增加了 45 分钟。如此看来，情况或许并非像某些人所说的那样糟糕。此外，一项预注册的队列研究的最新结果也表明，夜间使用电子设备的时间长短对儿童睡眠时长的影响微乎其微。[50] 这并不是说多睡会儿觉对我们无益，而是提醒我们，与以前的人相比，我们的睡眠状况已经算好的了。所以，大家把手机和平板电脑放下，多享受一会儿睡眠吧。

---

[1] 史蒂芬·平克，世界著名认知心理学家、语言学家、科普作家，著有《人性中的善良天使》（*The Better Angels of Our Nature*）、《语言本能》（*The Language Instinct*）、《当下的启蒙》（*Enlightment Now*）等。——译者注

4 在 路 上

　　首先声明：驾驶是最危险的人类行为之一。我常常在心理课上对班里的女学生说，在大学读书期间，她们最有可能死于男友驾车。[1]但与此同时，驾驶也是几十年来少数速度没有变得更快的活动之一。[2]的确，全球日益增多的超大型城市中，目前的平均车速约为每小时9英里[1]，有人预测：到2030年，车速会降到大约每小时2英里。换句话说，到那个时候，走路或骑自行车都比驾车快。如此一来，无怪乎那么多驾车通勤的人会感到压力大了。[3]北美洲居民平均每天的驾车时长为1小时。[4]所以说，你想象中的开着新车行驶在一眼看不到其他车辆的空旷道路上——这是汽车销售商惯用的广告营销套路——实则与现实恰恰相反：我们更可能会被堵塞的交通困住前行的脚步，吸入车辆尾气，变得焦躁不安、灰心丧气。

　　购买汽车是许多人毕生仅次于买房的最大开支。因此，汽车制

---

[1] 英里，长度单位，1英里约合1.609334千米。——译者注

造商们把感官体验当成一门艺术去设计也就不足为奇了。从汽车的外观、声音、气味乃至触感全都经过精心设计，只为给顾客留下心仪的印象。话虽如此，随着新冠肺炎疫情的到来，人们对于公共交通工具的使用习惯发生了变化，加之电动汽车、混动汽车和半自动汽车的兴起，乃至无人驾驶汽车展露苗头，通勤方式也处于不断变化之中。说不定过不了多久，汽车都能飞了。虽然实现这些构想的技术难关正在被迅速攻破，但驾驶是反自然行为，人们面临的最大挑战是过不了心理这一关，所以究其根本是心理难关。人类的大脑显然还未进化到完全适应驾驶的程度，或许这正是许多人晕车的原因吧。

孰真孰假？

汽车是多重感官体验设计的典范——各方面的设计都是为了通过视觉、听觉、嗅觉乃至触觉向驾驶者的潜意识传达恰当的感受。从汽车引擎的轰鸣声，到车门关闭时令人安心的哐当声；从汽车钥匙给人带来的重量感，到令人心旷神怡的新车气味，这一切都是经过精心设计的产物。自第二次世界大战结束以来，为调控驾驶者的感官以提供最佳多重感官体验而进行的研究，恐怕远远超过其他领域。把感官调控发展成为一门艺术，或者说是一门科学，这在其他领域是绝无仅有的。事实上，只须认真思考一下驾驶者的多重感官体验是如何被调控的，你就可以举一反三，进而明白这些调控手段是如何被应用于其他领域的，比如引言插图里汽车和其他物品上的"笑脸"。[1]

我们先从"新车味"开始说起吧。新车的独特气味或许是世界上获得正面评价最多的气味之一了。这其实挺讽刺的，因为塑料内饰经太阳暴晒后会散发各种挥发性有机化合物，使得汽车"固有的"味道像鱼腥味一样难闻。核桃实木装饰和真皮座椅的日子早已一去不复返，除非你家财万贯。如今，"新车味"几乎都是在气味实验室里经过人工合成的。即便新车上真的有皮质座椅（往往只是薄薄的一层，徒有其表），其中也必然会掺杂合成牛皮的味道。汽车公司把打造适宜的车内气味视为重中之重。许多汽车工厂都配有专门团队，他们的职责便是确保汽车座舱里充满恰如其分的化学品混合物，使驾驶者收到新车时能闻到那股独特而令人愉悦、感觉物有所值的气味。这听起来或许有些奇葩，但真的有"最佳新车气味"年度榜单这种东西存在。

新车的气味根本毫无好闻可言。在我看来，没有人天生就喜欢新车味，之所以会有这种需求，是因为我们学会了喜欢那些跟"奖赏"相关的气味，比如食物所带来的味觉享受，比如汽车之类的昂贵物品所带来的附加价值。许多人赋予新车味的正向效价正是联结学习理论的有力证据。这一点应用得当的话，甚至能彻底转变用户体验。我平常最喜欢拿英国劳斯莱斯车主的轶事来做例证。他们把心爱的座驾送去中部进行保养或维修，把车取回来之后，他们会说：

---

[1] 在我的学术生涯中，有很大一部分时间花在了解汽车研究领域的知识和创新，并将其应用到包括从薯片到除味盒之类的产品设计上。

"哇！跟新的一样！"没错，爱车得到了精心调校，可能还被抛光打蜡，但关键的变化是那股新车味——皮革和木材混合而产生的气味，以再现 1965 年款古董级香水"银云"（Silver Cloud）的独特气味。这款汽车香水——容我斗胆称之为汽车香水——会在汽车公司将车交还给车主之前被喷入座舱。劳斯莱斯汽车车身制造厂 S. C. 戈登有限公司（S. C. Gordon Ltd.）总经理休·哈德兰（Hugh Hadland）曾说过："人们说不知道我们动了什么手脚，但是车在交还之后变得非同往常，更舒适了。"将来如果你要卖车的话，何不听听专家们的建议？给它来点新车味，无论谁开着它试驾，都更能勾起人们的购买欲。虽然按常理来讲，加不加新车味本不应该有什么差别，但所有的研究都表明，添加新车味之后，结果绝对会大不一样。[5] 感官调控，从每一种气味做起。

轰隆，轰隆：引擎声究竟有多重要？

高档汽车的车主希望自己座驾的引擎声能跟竞争品牌的汽车引擎声完全不同，汽车制造商对此再清楚不过，所以奔驰的引擎声必须不同于宝马或保时捷的引擎声。话虽如此，汽车工程学的发展却已经到了这样一个地步：汽车内外的声音可以被隔绝开来。在实际操作中，这就意味着车内的人完全听不到车外的声音。但这绝非驾驶者想要的结果（或者说想要听到的声音），也并非他们花一大笔钱所要达到的目的。他们想要听到引擎的独特声音，每一下轰隆声都让他们确信自己的钱花得值。无怪乎心理声学家要耗费大量心血来验证引擎声应该具备哪些特点了。[6] 应用到实践中，这就意味着在把车外噪音成功屏蔽之后，工程师还要花费几乎同等的时间来研究如何把引擎声放回来。因此，你听到的引擎声很可能是人工合成的。事实上，有人将其比作"假唱"。

2015 年，通用汽车公司提交了数项引擎数字声浪发声方法的专利，而大众高尔夫（Golf）的一些车型则加装了座舱引擎模拟系统（Soundaktor）。这些声浪传动器有助于增强引擎的轰鸣声。如今，工程师还开始给某些家用车增加轰鸣声，使驾驶者觉得自己的座驾更为强劲。[7] 例如，标致 308 GTi 具有多种不同的驾驶模式，如果驾驶者选择的是"运动"模式，引擎便会突然开始轰鸣。不仅如此，就连车内的背景灯也会从白色转为浅红色。仅仅依靠如此简单的感官刺激变化，真的就能让人觉得自己驾驶的车变得更加强劲了吗？从这项研究的结果来看，这种手段或许还真的有用。

一项让学生玩电动驾驶游戏的实验室研究表明，引擎声越大，车速似乎就越高。[8] 与此同时，在另一项研究中，将车内的实际噪音降低 5 分贝后，观看驾车视频的人对实际车速为 60 千米 / 小时的车速判断降低了 10%。[9] 这可能是因为他们把引擎噪音视作了车速的判断依据。或者说，在多重感觉整合的过程中，引擎声会直接影响人们对速度判断的视觉信号（比如景物掠过的速率）的认知。后一项研究还表明，红色汽车和红色火车确实比其他颜色的同类交通工具声音都更大。[10]

随着关于电动汽车的危害的争论持续盛行，越来越多的公众逐渐意识到我们所听见的汽车引擎声或许并非"真实的"。汽车静默无声看起来是件好事，尤其是在人们频频抱怨道路交通噪音的情况下，但要记住一点：无声也可能致命。实际上，电动汽车在低速行驶时基本上悄无声息，因此普通行人及其他特殊的道路使用者（包括视障人士）根本无法感知汽车的位置。2018 年发布的一份报告指出，相比传统的柴油汽车或汽油汽车，行人被混动汽车或电动汽车撞击的概率提高了 40%。[11] 由此来看，难怪如今许多国家都要求厂商要做到电动汽车在低速行驶时也能发出模拟引擎声。至于电动汽车的引擎声听起来究竟应该是什么样，这正是心理声学家和营销机构持续争论的问题之一。[1]

质量能听得出来？

车门的关闭声则是另一码事。车门在关闭时从来都不是静默无声的。不过，营销人员心知肚明，正是结实的车门在关闭时发出的"嘭"的一声给人带来的安全感，才使得展厅里的消费者确信自己的钱花得值，正是这样的声音，才使得双方乐于成交。大众和雷诺等汽车厂家花费了大量时间来设计车门关闭的声音。打造出引以为傲的绝佳车门关闭声之后，大众一次又一次地将其用于"像高尔夫不如买真的高尔夫"的电视广告中，因为他们坚信大众高尔夫独特的车门关闭声就是比其他同类车型的好听。这些广告暗示能让你听出

---

[1] 这让我想起电影《星球大战》（*Star Wars*）的布景师肯定面临过的问题：光剑该发出怎样的声音？

质量的差别。

但是，除了车门的关闭声之外，我经常说的另一个关于声音设计的案例，与三分之一的消费者去汽车展厅时的行为有关：轻敲仪表盘，聆听发出的敲击声。买完车后，正常人谁也不会再这么做，但是当消费者置身于展厅，盘算着该买哪一辆时，这个动作能决定是否购买。[12] 无怪乎某些汽车公司还要确保仪表盘在被敲击时能发出恰如其分的声音。谁也想不到，仪表盘的敲击声竟是推动汽车销售的重要因素。[13]

在高端奢侈品的消费市场上，任何一个产品细节都容不得丝毫大意。例如，在宾利欧陆 GT 这款车上，就连方向指示器的声音都经过精心设计，以模仿旅行钟的滴答声。之所以选用这一声音，是因为它有着深远的历史传承，蕴含着深厚的文化底蕴，与社会等级密不可分。

"让它在手心舒服地躺下"

触感也十分重要，想一想手拿车钥匙时的分量感就明白了。分量要恰到好处，对吧？正如前文所提到的嗅觉暗示和听觉暗示一样，触觉暗示也可以作为一类微妙的感官暗示来促成买卖。说到这儿，我想起大萧条时期罗伊·谢尔顿（Roy Sheldon）和埃格蒙特·阿伦斯（Egmont Arens）提出的观点。两人于 1932 年出版的《消费者工程学》（*Consumer Engineering*）一书中，提出的众多重要建议之一是，"让它在手心舒服地躺下"——原谅我用了双关语。鉴于这两位先驱研究者对汽车触感的重要性的看法，在这里有必要做详细引述：

手是仅次于眼睛的验收检查员，如果手做出不利判断，就连最吸引人的物品也不会得到其应有的认可。另一方面，触感舒适的产品设计若能赢得手部的认可，那么尽管大脑或许不曾流露出这种认可，手部的认可也会决定额外的购买。决定人们购买汽车的因素或许并非惯性滑行，也不是铬质配件，而是车门把手、方向盘、座椅套的触感。[14]

"你可以选择任何颜色，只要它是黑色就行。"据说这是美国汽车大亨、实业家亨利·福特（Henry Ford）的名言。[1] 但是，汽车颜色的重要程度或许超出你的想象。研究者通过分析200多万条在线汽车销售数据发现，人们购买其他颜色的汽车所支付的钱绝对不会像买金黄色二手车那样多。金黄色汽车——可能因为罕见——似乎更能保价（不过，我觉得在某些国家，这种颜色容易让人联想到出租车）。与此同时，对于不想引起交警注意的人来说，最好别选择红色，因为人们觉得相比其他颜色的汽车，红色汽车跑得更快，噪音似乎也更大。[15]

科技舞曲（techno）跟车速有什么关系？

然而，影响人们对车速的认知的因素，不只有汽车的颜色和引

---

[1] 这个说法并不准确，因为黑色实际上是无彩色，即没有颜色。该说法的出处也备受质疑。

擎声，至少一项让学生一边听不同风格的音乐一边玩电动驾驶游戏或模拟器的研究结果表明如此。你肯定能猜到研究结果如何：听快节奏科技舞曲的人比听更安静的音乐的人车速更快，也违反更多虚拟法律。[16] 不过，有意思的是，第一种驾驶者并没有在这种高度刺激的环境中完全忽略其他交通工具。相反，他们的视觉注意力范围变得狭隘，只关注汽车正前方的道路，也就是说，他们只是更倾向忽视周围的情况。[17] 基于这些发现，我们或许应该为美国的一项研究结果担忧。研究结果表明，许多年轻男性驾驶者开车时所听的音乐震耳欲聋，声音高达 83~130 分贝。[18]（当然了，也有可能是因为喜欢听科技舞曲的人恰好是喜欢随意超速的那种人。）

就调控驾驶者的听觉感官以促进安全驾驶而言，韩国现代汽车公司在 2018 年的日内瓦国际车展上指出，他们正在考虑给某些车型配置自动播放舒缓音乐的功能，以此减少路怒行为。如果汽车检测到驾驶者处于紧张状态，它可以通过自动搜索 Spotify 等在线音乐播放服务平台，播放一些"舒缓"音乐（或者应该称之为"安抚音乐"），同时它还可能会降低车内光线的亮度。[19]

让分心的驾驶者集中注意力

驾驶者在开车时打电话的这一行为会使交通事故的发生风险提高四倍，几乎相当于许多国家酒驾的风险概率。[20] 需要注意的是，手持电话这一动作并不是主要问题。无论电话是否手持，风险几乎相等。根本问题在于，注意力无法在眼睛和耳朵之间进行有效分配。

尤其让人揪心的是，人类的听觉注意力只关注耳朵所聆听的声音（比如移动设备播放的音乐），但视觉注意力却要关注前方的道路。而许多现代技术都存在一个问题，即允许不同的信息流通过不同渠道同时展现给我们。[1]

大脑很难把注意力同时分散到不同的地方，这实际上正是我在1990年刚开始学术研究生涯时所探讨的问题。21 我通过本科时期的一个研究项目发现，在嘈杂环境中，如果说话者所在的位置不同于其声音传出的位置，听者就比较难听清楚说话者的话。究其根源，是因为我们的大脑只关注从同一个位置发出的所有感官刺激信息，将视觉和听觉信息整合起来（无论是作为捕食者，还是作为猎物），从而更迅速地做出反应。只可惜，就我个人的经验来看，汽车工程师在设计交互界面和警示标识时，甚少考虑这些认知限制因素对人类注意力资源的限制作用。

21 世纪初，我有幸与利兹大学的莉莉·里德（Lily Lead）博士合作，把本科时期的这项研究从心理实验室环境拓展到了更为现实的情境中去。我们在高仿真驾驶模拟器中开展了一项研究，让受试者一边沿虚拟道路网里极为难走的路线驾驶，一边有选择性地重复两种不同位置发出的声音中的一种。受试者有时要重复从正前方位置发出的声音，忽视从侧方位置发出的声音，有时则恰好相反。受试者在聆听从正前方位置发出的声音时，执行驾驶和重复声音的双

---

[1] 如果你认为这跟驾驶者与乘客聊天没有区别，那你就错了。因为乘客能注意到道路状况，因而知道驾驶者何时需要更集中注意力，从而相应地调整对话或暂停对话。

重任务的能力，略高于聆听从侧方位置发出声音时的能力，这一差别十分引人瞩目。[22] 其中的意味非常明了：如果说话者的声音直接来自挡风玻璃的话，那么将来的驾驶者就更容易一心二用，从而也就能略微提高驾驶的安全性。可惜这个想法并未实现，因为它有一个缺点：虽然朝同一个方向看和听无疑更容易一些，但是当道路状况变差需要驾驶者投入更多注意力时，如果说话者的声音来源恰好与你所看的方向相同，你就更难以屏蔽掉说话者的声音了。[1]

"等等也无妨"

驾驶者在开车时发短信的行为是最致命的马路杀手。人们在发短信的时候，根本意识不到自己的目光究竟从道路上移开了多长时间。毫不夸张地说，这就是最致命的行为。有研究表明，开车时发短信导致事故发生的风险激增 23 倍。[23] 更严重的是，驾驶者自以为所有的状况尽在把握之中，但车内行为研究一再表明，开车时发短信的驾驶者将目光从道路上移开的时间长达 8 秒乃至更久。最让人担忧的是，当被问及此事时，驾驶者都坚信自己的目光只移开了一瞬间。通过以上数据，想必你应该理解了为什么我会经常参加各种会议，不断强调开车发短信的危害并寻求相应的法律修订了。忧心此事的并非只有我一个人。年轻人因开车时发短信出事故致残或致死的新闻一再被爆出，一些移动通信公司自身也发起了强有力的广告活动，凸显这种行

---

[1] 遇到难走的路时，许多驾驶者会调低广播声音或直接关掉，原因就在于此。

为的危害性，比如 AT&T 在美国发起的"等等也无妨"标语。然而，由于驾驶者在开车时发短信的行为仍旧存在，或许减少车内让人分心的科技产品所产生的影响的唯一手段，就是设计更为有效的警示信号来吸引驾驶者的注意力，无论刚收到的那条短信多么令人兴奋，都能引导其将注意力转回道路上。为此，在过去的二十多年里，我和牛津大学跨模态研究实验室（Crossmodal Research Laboratory）的同行们一直通过与一些大型汽车制造公司合作来设计开发增强型感官警示信号，以便更有效地调控驾驶者的大脑。[24]

例如，我们的研究表明，多重感官刺激警报比一次只能刺激一个感官的警报更能吸引分心的驾驶者的注意力。此外，如果多重感官警示信号能模仿人类大脑进化所能处理的刺激，即几乎同时从同一个方位传达多种感官信号，那么效果会更好。再次声明，绝大多数工程师似乎尚未考虑到这一点。

想想有人溜到你身后突然吓唬你，你被吓得一蹦三尺高的样子。我们通过一种新式警示信号记录了这一现象。该实验表明，只需在驾驶者脑袋后面发出声音，比如在头垫里安装扬声器，就能传达出比目前其他人所提出的任何方法更有效地引导驾驶者将目光转回路面的警示信号。但是为什么从这一区域发出的声音如此有效呢？这是因为人的大脑中有专门监控脑袋正后方区域的回路。除非照镜子，不然我们很少看到自己的这个区域，因此也甚少想起它。在脑袋后方 70 厘米（合 27.6 英寸，即认知神经科学家所说的"近后近体空间"）范围内发出宽频噪音，会激发自动的、无意识的防御反应。[25]因此，如果你想要调控驾驶者的大脑，让他们的目光重新转回路面上，那么这里就是传达警示信号的理想区域。

开车打瞌睡

开车打瞌睡是当今亟需解决的另一个重要问题。向你说明一下这个问题的严重程度：一项针对 1000 名澳大利亚驾驶者的调查表明，80% 的人报告称曾在开车时打瞌睡，20% 的人承认相对频繁地"开车打瞌睡"。[26] 在所有的交通事故中，有 10%~30% 是由于驾驶者开车打瞌睡而引发的。[27] 为此，我们需要能够有效地唤醒正在打瞌睡的驾驶者的警示信号。在那个曾经需要防范核打击的年代，美国军方资助过一些绝妙的研究，用以优化警报声音的设计。1963 年，赫伯特·奥耶（Herbert Oyer）和爱德华·哈迪克（Edward Hardick）发布了一项在大规模范围内研究后所得出的结果，该研究评估了数百种声音（包括雾角、高音喇叭、纯音乐和噪涌等）的警示效果。我个人最喜欢的是大象踩踏地面的声音和婴儿哭泣的声音，不过我得说一句，这两种声音最终都没有被采用。[28] 警报声有些效果较好，有些效果较差，但根本问题在于，某种声音越难听，其注意力攫取效果（又称警报潜势）就越好。[29] 因此，警报信号既要能唤醒正在打瞌睡的驾驶者，又不能像 100 分贝的高音喇叭那样难听，就成了难点所在。要知道，相比让那个年代的公众听到后要立刻赶往离其最近的核掩体的警报声音，开车打瞌睡的驾驶者听见这种警报声的频率会更高。在我们的研究中，我们把汽车喇叭声当作具有语义含义的信号，也就是既能激发人的直觉反应，又要能立刻被分辨出来。这种声音要做到能够有力地传达出这一信息：出现了需要驾驶者注意的状况。[30]

有人建议通过电击来唤醒正在打瞌睡的驾驶者。[31] 除此以外，还有人建议在智能交通系统检测到汽车逐渐偏离车道时——说明驾驶者开车时睡着了——晃动驾驶者的臀部。[32] 如今，越来越多的汽车通过晃动驾驶者的方式来传达信息或警报。虽然这听起来有些不可思议，但仔细想一想就能明白其中的道理。皮肤是人体最大的感觉器官，重量占人体总重的 16%~18%，但在驾驶中，它却甚少被用到。研究者已经尝试了与驾驶者有接触的各种物体表面的晃动，比如脚踏板、椅背、安全带和方向盘。

我个人非常喜欢的一项研究发表于 1967 年，研究者约翰·W. 森德斯（John W. Senders）让驾驶者开车进入测试车道，用面罩挡住他们的视线。驾驶者戴上面罩之后，森德斯开始用秒表计时，测算驾驶者直到需要再次查看路面状况之前能继续行驶多久。他还分别尝试了用耳罩削弱驾驶者的听力，用厚手套阻断触觉，以及用鼻夹阻断嗅觉。毫无疑问，与听觉、触觉或嗅觉被阻断后所能继续驾驶的时间相比，阻断视觉后能继续驾驶的时间要短得多。事实上，正是这项研究引出了后来的各种驾驶文献中都会引用的一个数据：驾驶90% 靠视觉。[33]

这项研究听起来已经够吓人的了，后来森德斯又找来波士顿的出租车司机在公路上重复这一实验，以评估专门技能的作用。这种研究也就在伦理委员会诞生之前的时代才能进行。不过我说话要当心一点，因为拿森德斯的研究开玩笑这事，曾经导致我跟他女儿闹得很僵。当时我正在剑桥给微软做演讲，没想到她就在听众席。上次跟森德斯联系时，他尚且身强力壮，年届百岁仍醉心于研究。直到 2019 年他逝世前不久，我们还通过邮件探讨这个古怪的科学问题。

利用大自然效应

不过，除了使用警示信号来有效地唤醒正在打瞌睡的驾驶者之外，我们还可以更认真地考虑一下车窗外掠过的风景对此事的作用。2018 年，英国公路局（Highways England）宣布，到 2021 年，将斥资 150 亿英镑，用以实现部分高速路和主要 A 级公路的改造，其初衷就在于此。他们认为，单调笔直的道路会导致驾驶者犯困。按照他们的逻辑，道路两旁的风景更美观有助于降低驾驶员打瞌睡的概率。换句话说，就是利用前面提到过的大自然效应来提高驾驶的安全性。但是在驾驶过程中接触大自然，究竟会对我们产生怎样的影响？研究结果明确显示，相比半都市环境或建筑环境，驾车穿行于大自然环境对人的精神状态的伤害会更小。

在一项研究中，驾驶者在观看一段在风景公路上行驶的短视频后，其投入无解字谜游戏的时间，比观看同等时长的在建筑环境高速公路上行驶的短视频后所能够投入的时间更长，说明他们在观看前者时不那么容易沮丧。[34] 而在另一项研究中，相比都市环境道路，驾驶者在观看有植物的道路风景后，其压力恢复速度较快，并且愤怒情绪、侵略行为和恐惧情绪都较少。[35] 话虽如此，有人可能会担心，驾驶者在开车时需要全神贯注地看着前方的路面状况，这样的话，路边风景再美，终究也只能变成背景。[36] 另一方面，为了减少建筑区域的噪音，道路交通管理者设计了"隧道"，然而在这种道路上行驶只会更加糟糕。许多人认为这是最让人难受的环境，充分说明风景对驾驶者是多么地重要。[37]

早在汽车出现之前，文艺复兴时期的建筑师莱昂·巴蒂斯塔·阿尔伯蒂（Leon Battista Alberti）曾写道，道路应当"辅以美景"。[38] 20 世纪 20 年代，塔科尼克州公园大道委员会（Taconic State Parkway Commission）根据这一提议，建造了一条长达 103 英里的公路，把纽约市和几座州立公园、卡茨基尔山脉（Catskill Mountains）和阿迪朗达克山脉（Adirondack Mountains）连成一体。这条路的不同寻常之处在于，它是为方便将来某一天在这条曲折蜿蜒的道路上的驾驶者欣赏美景而建造的。记者马克·希利（Mark Healy）在《纽约时报》上称，他沿这条路从韦斯特切斯特县开到哥伦比亚县的感受"如同梦幻"，而另一位作家则说它"像一张长达 110 英里的明信片，是我见过的最美的道路——一年四季都风景如画"。"塔科尼克没有广告牌，"希利说，"没有单调的休息区，没有收费站，没有防护栏，也没有货车。那里只有无穷无尽的树木——路两旁长满了树木，安全岛内长满了一簇簇的橡树、松树和枫树。"[39] 如今很难想象，有谁会疯狂到为这种项目花钱，我们只能为当初提出这个想法的人的高瞻远瞩所折服——它是在富兰克林·D. 罗斯福（Franklin D. Roosevelt）的指示下资助建造的。它代表着大自然持久的魅力，即便是从方向盘后面看到的大自然。不过，知晓一下风景优美的道路与乏味的道路上的事故发生率的对比也很有意思。

从 1938 年《美国高速公路和路边风景》（*American Highways and Roadsides*）的引文中可以窥见人们驾驶行为的变化，作者 J. L. 古贝尔斯（J. L. Gubbels）写道：

从 A 地到 B 地，省钱、安全又有意思的道路才是最好的。据说 65% 的高速公路都是为了赏心悦目而建的，而赏心悦目又分许多种。从 A 地到 B 地的距离究竟是 40 英里还是 43 英里，开车的人怎么会在乎呢？如果多出来的 3 英里能让他看到远处蜿蜒的溪流，能从山顶上望到一处宽阔的山谷，牛儿、马儿、羊儿在山谷里吃草，看到农民割草犁地，或者前方的路在一棵高耸的树下面悠然转弯，他才不会吝啬为这些美景所消耗的几分钟时间呢。[40]

由于都市环境不仅在视觉上给人的感觉与自然景观不同，在听觉和嗅觉上也不一样，[1] 因而，人们可能会想，刨除驾驶给人带来的其他任何乐趣，这些听觉暗示和嗅觉暗示是否真的会影响到我们的心情和状态？毕竟，相比沿着塔科尼克州公园大道在哈德逊峡谷驾车蜿蜒前行，当你被市中心的车水马龙困住时，灌入鼻孔的更可能是被污染的空气。与嗅觉暗示十分重要这一观点相一致的是，研究者指出洛杉矶的交通事故数量与空气污染等级相关。[41] 在其他条件保

---

[1] 唐纳德·阿普尔亚德（Donald Appleyard）、凯文·林奇（Kevin Lynch）和约翰·梅耶（John Myer）在 1965 年（第 17 页）写道："驾车给人带来的感觉主要是运动和空间方面的，二者持续发生。视觉是首要的感官，而非听觉或嗅觉……相比行人所能体验到的事物，对驾驶者而言，在开车时，声音、气味、触感和天气都变得没那么引人瞩目了。"

持不变的情况下，空气污染等级越高，人们遇到导致污染的车辆的可能性就越大，这样想来，这种相关性或许就不足为奇了。

反之，将车窗紧闭，空调开到最大档，即便是在芳香四溢的乡下行驶，人们也根本没办法闻到大自然的气味。几年前，一家英国汽车公司决定开发一款气味生成器，其中就有这方面的原因。他们的构想是用全球定位系统（GPS）定期检测汽车的位置，再给气味生成器下达指令，让它往座舱内散发出与汽车位置所在环境相对应的人工合成的大自然的气味。想象一下，当你开着车驶入森林时，松树的气味或者雨后的泥土香味扑鼻而来，那该是多么愉悦啊。多重感官完全协调一致，听起来真不错。

如果你觉得气味显示器的想法有些遥不可及，那就来看一下雪铁龙的做法：几年前，雪铁龙推出了 C4 车型，该车型配备了借助通风系统来运作的九种气味生成器。九种气味被分成三组，每组三种，分别对应"旅行""活力"和"安宁"。[42] 气味盒的前三次更换都是免费的，也就是说，直到六个月后驾驶者才需要购买新的气味盒。2014 年，奔驰也给一些新车型配备了气味生成器。[43] 不过，我的疑虑在于，说服人们去购买新的气味盒，估计会很难。[44]

当然了，不需要高科技设备，也能使汽车散发出人工合成的自然气味。驾驶者在后视镜上悬挂带有气味的纸板松树的做法，已有几十年之久，但是这个办法存在一个问题：我们的大脑能很快适应令人愉悦的气味或中性气味（比如第 1 章中提到的种种气味）。在刚刚打开车门的时候，你可能会留意到该气味，但我估计坐进车里之后，你大概就不会再去想这件事了。[45] 鉴于此，如果你想让驾驶者能一直留意到他们所闻到的气味，周期性地释放与风景协调的气味才更有效果。

每隔几分钟释放一次薄荷气味，有助于提高人们在重复性行为任务中的认知表现，对于单调无聊的行为任务而言，更是如此。[46]（之所以有底气这么说，是因为我曾是其中一项研究的共同作者。）因此，我敢大胆猜测，气味生成器终将被用于唤醒打瞌睡的驾驶者，而不是采用之前提到过的嘈杂难听的警报声音。释放令人精神振奋的环境气味（例如肉桂、薄荷、迷迭香、桉树或柠檬）既不会惹人生厌，却又有异曲同工之妙。

正常情况下，同时刺激两种感官的效果，总会好于只刺激一种感官的效果。有个日本团队曾尝试过用各种方式来刺激犯困的卡车司机：通过方向盘对驾驶者进行手指按摩；突然喷出一股氧气；释放葡萄柚香气；其中，最好的办法是让他们嚼碾碎的鱿鱼干。[1] 不过，参与该研究的9名卡车司机的口头报告表明，被给予的感官暗示越多，他们保持清醒的效果就越好。[47] 当然了，理想状态是驾驶者累了就应该休息一会儿。但是在他们能够停下车得到休息之前，稍微来点气味兴奋剂（也别忘了鱿鱼干）或许是调控驾驶者感官使之保持清醒的最有效办法。

依照与之相同的思路，有些研究者还研究了如何利用薰衣草等具有镇定效果的气味来减少路怒行为。[48] 释放具有疗愈作用的精油也能帮助精神紧张的驾驶者镇定下来，从而略微提高驾驶安全性。[49] 当然了，

---

[1] 不，我对这最后一种办法也持怀疑态度。

如果能遮盖住由于空气污染而导致的难闻气味，那就更好了。[50] 在驾驶者的座椅上添加一个小小的按摩装置，我相信一切都会立刻好转起来。

通过监控驾驶者的生理信号（即所谓的智能运输系统），可以了解驾驶员是否精神紧张、心情放松或者犯困。紧张状态有明显的表现：抓握方向盘过紧和（或）踩刹车过急。眨眼过于频繁，语调、声调发生明显变化，也都是观察驾驶员精神状态的有用线索。但是，我们要关注的不仅仅是驾驶员的声音。通过改变车载语音指示所发出的声音，也能提高驾驶者听从车载语音指示的可能性。如果驾驶助手的声音像 Alexa 或 Siri 那般温柔，与电影《全金属外壳》（*Full Metal Jacket*）中的军事演习教练那样大声喊出命令的声音相比，二者所引发的驾驶员反应或许会大不相同。[51]

险中求胜

说到底，无论采用哪种安全干预手段，真正的问题解决难点，在于风险补偿现象。有证据显示，人们倾向通过调整自己的驾驶行为，来获得某种程度的知觉风险。因此，一旦采用新的干预手段提高了驾驶安全性，例如强制使用安全带或防抱死制动系统，驾驶者便会开始冒更多风险，因为他们心知无论自己做了什么，汽车（大概）都会保护他们。[52] 我最喜欢的解决办法之一是一种有悖常识的做法：在方向盘上加装实体的或虚拟的尖刺。[53] 这会极大地提高驾驶者的知觉风险，从而让他们更加小心地驾驶。我真是个天才，对不对？

说实话，往方向盘上加装金属尖刺不太现实，那么还有别的办法来调整驾驶者的风险认知吗？几年前，我曾跟一家国际汽车制造商合作过这样一个项目。我们的目标是调控驾驶者的大脑，让他们心生恐惧却不明所以。办法非常简单：把一张吓人的图片投射到驾驶者那一侧的挡风玻璃上。这项认知神经科学研究表明，投射吓人的图片时——比如某个人翻白眼的照片[1]——即便只是投射一瞬间，受试者甚至没来得及看清楚，都能激发大脑的恐惧回路。[54] 只可惜，这个感官调控方法从来没有在实际中被操作过。不过，当国际新闻听说这个方案后，为我们提供了不少精彩的（或者说是丈二和尚摸不着头脑的）报道。

人为什么会晕车？"吓的。"

当汽车在稳定行驶时，身体会告诉我们，自己并没有移动；但其他感官会说，你的确在移动。我们对身体姿势和运动的感知（分别被称为本体觉和动觉）会告诉大脑，我们处于静止状态；但内耳的三个半圆形管道里四处流动的液体（即前庭觉）会告诉大脑，我们其实正处于运动状态。此外，感统失调（或冲突）也可能是摄取某些神经毒素的后果之一。因此，从进化论的角度来看，通过呕吐来排出潜在毒素是有道理的。[55] 话虽如此，为了从源头上防止晕车，最好的办法是眼睛一直盯着一掠而过的风景，寄希望于视觉能恪守本职，压倒其他感官传来的矛盾信息，并"说服"它们：虽然感觉

---

[1] 还有更好的办法：想象杰克·尼克尔森（Jack Nicholson）在电影《闪灵》（*The Shining*）"约翰尼来了！"的场景中所扮演的精神错乱的看管人的脸庞。

没在移动，但你的确在移动。[1]

大脑进化的时候并没有把驾驶考虑在内，许多人晕车的原因就在于此，尤其是当乘客把注意力集中在路面以外的事物上时，比如在车里看书。毕竟从进化论的角度来说，把上一顿的美食吐出来似乎不是什么理智行为。麦克·特雷斯曼（Michael Treisman）教授对这一明显的不良适应行为做出了有意思的解释，1997 年我开始在牛津大学执教的时候接手了他的实验室。[2] 在著名期刊《科学》上发表的一篇文章中，麦克提出一个推测：在晕车的人里面，有 25%~50% 是因为不同感官传达的信息失调导致的。

那些因为不晕车而洋洋得意的家伙们，等着瞧吧，等你开上半自动驾驶的汽车后，晕车很可能就会找上门了。设想一下：你坐在车里，等待汽车告诉你何时重掌方向盘（这种情况甚少出现）。这给认知工效学家提出了难题：驾驶者持久处于驾驶就绪的坐姿，但大部分时间却无所事事，感到极度无聊。56 但如果驾驶者进行娱乐活动，比如看喜欢的电影或电视剧，或许既能消磨时间，又能让驾驶者保持足够的警惕，以便在必要时重掌方向盘。然而，这又可能会创造出诱发晕车的理想条件，即人在移动的车辆内，关注除车辆

---

[1] 我一般不会晕车，但我清楚地记得大概十岁时，有一次从利兹前往伊尔克利（全程大约 11 英里），我面向后方坐在一辆没有窗户的货车车厢里。老天啊，抵达目的地时我吐得那叫一个狠啊！不过，就此事而言，我认为一方面是因为加减速模式非同往常（我是面朝后坐的），另一方面则是因为缺乏有关运动的视觉暗示。人生中那样的遭遇，有一次就够够的了！此后我再没犯同样的错误。病痛促使我们学习，而这种学习是应对病痛最迅速、最深刻的反应之一。

[2] 有的读者可能记得他并不是我在引言中提到的诸位教授之一。

运动之外的其他事物。不过也别灰心，据说有科学家提出了感官调控解决方案，并已经提交了许多项专利，通过智能眼镜向乘客的周边视觉发射光束，模仿车外的运动，从而有效地解决这一问题。鉴于到2035年时，无人驾驶汽车市场将能够为全球经济贡献630亿英镑，寻求解决晕车问题的方案或许势在必行。[57]

展望未来

如果说有一件事可以确定的话，那就是出行（也包括通勤）方式在未来的几年内将发生巨变。随着特斯拉（Tesla）在2017年推出的几款新车（包括目前最廉价的Model 3）上市，电动汽车已经随处可见。北美的几个州已将半自动驾驶合法化，而且在不远的未来，全球其他地方也将尝试推行类似的法律（尽管致命事故时有发生）。面临风云变局，无怪乎连汽车制造巨头也要斟酌：未来几十年内，继续生产传统汽车是否仍然还有市场了。时至今日，对个人交通行业的影响，很可能来自谷歌、苹果公司、nuTonomy、来福车（Lyft）或优步（Uber）等企业，而非福特或丰田等坚守传统汽车行业阵地的公司。[58]随着电气化、汽车共享和自动驾驶的纷纷兴起，汽车公司多年来斥巨资打造的传统品牌，越来越显示出处于劣势的局面。如果汽车运输行业越来越类似于网约车软件行业，它们或许还有挣扎求生的余地。[59]但不管怎样，汽车行业最成功的参与者显然需要弄明白，如何对驾驶者的大脑进行感官调控，因为人的大脑并没有进化到能开车去上班或去其他任何地方的程度。

5 谁上班不累啊？

对于劳累致死的人，日语中有个专门的称呼，叫 *karoshi*（过劳死）。鉴于过劳死的严重性，2018 年日本政府被迫制定相关法律，限制工人的加班时间：每月不得超过 100 小时，每年最多 720 小时。虽然这种长工时文化在日本可能比在其他国家更普遍，但在全球范围内，人们待在室内的工作时间要远多于待在其他场所的时间。例如，美国工人目前每周平均工时略多于 34 小时，相比之下，墨西哥工人的每周平均工时最多可达 43 小时，而德国工人的最少，每周平均工时仅有 26.5 小时。2019 年的一份媒体报道显示，英国的工时时长在欧洲排名第一，该报道的标题声称"长时间办公会让人感觉像经历'时差'一样疲累"。[1] 上述各国平均工时无疑存在巨大的个体差异，许多人自诉经常一周工作 60~70 小时。事实上，《哈佛商业评论》（*Harvard Business Review*）的一篇文章指出，高收入者人群中，62% 的人每周工时多于 50 小时，35% 的人多于 60 小时，10% 的人多于 80 小时。[2] 而对第一次世界大战期间每周工作 70 小时的女性弹药生产工人进行的分析表明，她们的产出并不比只工作 56 小时的工人高。[3] 斯坦福大学的经济学教授约翰·彭萨维尔（John Pencavel）认为这一点很讽刺。

如果喜欢长时间工作的人确实更多的话，那么这也不算什么坏事，但实际情况往往并非如此。事实上，多项调查结果表明，工人的压力水平和怠工程度已经创下新高。例如，盖洛普 2011~2012 年的一项调查显示，仅在美国这一个国家中，公司每年因员工分心和怠工而损失的生产力价值约为 4500 亿 ~5500 亿美元。该报告的作者指出："截至 2012 年年底，……仅有 30% 的美国工人对其工作保持敬业态度。"在剩余的 70% 的工人中，有 52% 的工人怠工，18% 的工人坦承消极怠工。与此同时，2017 年的一项调查报告显示，70% 以上的澳大利亚人认为工作给他们造成了压力。[4]

工作压力是造成当今城市社会许多非传染性疾病的主要原因，包括心血管病、抑郁症、肌肉骨骼疾病和背痛。虽然有些追求潮流的办公室开始尝试引入滑梯、攀岩墙（例如伦敦市摩天大楼主教门大街 22 号的玻璃攀岩墙）、卡丁车乃至靶场来试图解决这个问题，但许多员工说他们其实更希望得到支持和认可。[5] 按摩也是一种办法。佛罗里达州的蒂法尼·菲尔德教授等人的研究结果表明，午休时按摩 15 分钟，有助于提高员工在下午的注意力。有幸参与该研究的受试者在医疗研究领域工作，每天都能得到一次按摩服务，共持续五周。听起来真不错，对吧？[6]

工作场所的感官失衡

当你明白人类进化的目的并不是为了使我们将每天 90% 的时间都

花在室内时，或许就不会对这些不良反应感到奇怪了。研究表明，如此长时间地待在室内（即大多数人工作的场所），会引发一系列与感觉统合失调相关的健康问题。例如，在北半球的高纬度地区，季节性情感障碍是人们面临的主要问题。冬季的白天很短，对于在白天被工作占用、很少去户外的人来说，长期接触不到自然光很容易让他们陷入抑郁情绪。来看看其严重程度：据估计，仅在曼哈顿一个地区，就有多达200万工人因冬季缺乏阳光照射而受到负面影响。幸运的是，只需多接触模拟自然光的人造亮光，或者移居到阳光灿烂、气候温暖的地方，就可以解决这个问题。事实上，确保接触足够的光线，是提高工作表现和身心健康的最简单、最有效的感官调控手段之一。[7]

谁想试试"精益"设计?

随着时代的发展，工作场所的性质已经改变。例如，18世纪的英国工业家乔西亚·威基伍德（Josiah Wedgwood）认为工作场所应该保持清洁。办公室如今普遍采用"精益"设计，或许就得怪他。[8]不过，正如2019年《经济学人》（The Economist）杂志所指出的，办公室设计在不断变化：

20世纪初，在美国"科学管理之父"弗雷德里克·泰勒（Frederick Taylor）的倡导下，办公室布局模仿工厂布局，打字员和办事员坐成数排，由经理监管，以图效率最大化。到了20世纪60年代，较为灵活的办公景观（Bürolandschaft，德语）模式从德国跨越英吉利海峡传入英国。20世纪80年代，"格子间"被引入。而如今，开放式办公室和"公用办公桌"（hot desk）意在抹平阶级差异，提升自由度。[9]

病态建筑综合征这回事

1982年，世界卫生组织将病态建筑综合征定义为"在有室内气候问题的建筑物内，产生全身性、黏膜性和皮肤问题的症候群"。最常见的症状包括无力、头痛、眼鼻咽刺激症等。瑞典的评估结果显示，约12%的女性办公室职员和4%的男性办公室职员患有病态建筑综合征。本世纪初，病态建筑综合征导致英国每年经济损失约6亿英镑，相当于每家公司工资支出的2%。

西方国家有关病态建筑综合征的最早报道出现在20世纪70年代的石油禁运期间，当时，许多办公建筑的通风标准都被降低了。事实上，相比那些能够允许员工开窗呼吸新鲜空气的建筑而言，自然通风较少的密封办公室更容易引发员工的病态建筑综合征。通风不良极易导致办公建筑内家具和涂料释放的挥发性有机化合物的累积。在此类建筑中，由于每个人都在不断排出二氧化碳，所以，二氧化碳的水平或许也会超标。许多病态建筑综合征的爆发与空气污染和（或）空气中的"怪味"（即不习惯的味道）有关，但至于应该警惕哪些气味，多数说明中并未具体指出。[10]

近年来，有关工作场所病态建筑综合征的报道似乎确有减少。此外，由于其因果机制尚未明确，一些批判者怀疑，早期有据可查的病态建筑综合征的剧增，或许是集体歇斯底里，而非特定的环境因素引发。事实上，有人甚至质疑："病态"的究竟是员工自身还是建筑（即该症状可能因身心失调而引发）。不过，无论其诱因为何，凡是有助于降低室内空气污染水平的措施，都可能会减轻员工病态建筑综合征的症状，从而提高工作场所生产力（一项研究表明，员工的打字速度提高了 6%）。[11]

除了这些与光照缺乏、空气质量差和噪音过多（后面会详细探讨这个话题）相关的重大健康问题之外，还可以采用哪些手段来对工作场所进行感官调控，以保持员工的警觉水平，减轻压力，促进创意思维呢？根据本书前文所述，你肯定能猜到——许多研究正在关注把大自然带入工作场所的裨益。但在探讨这个话题之前，我想先解释一下影响工作表现和身心健康的环境所具备的几个基本感官刺激要素。[12]毕竟如果再抱残守缺的话，我们很可能会落得跟爱玛（Emma，办公设计公司范罗士的近期一项报告的成果）一样的下场。[13]

爱玛，未来的办公室职员：两眼通红，弯腰驼背，头疼欲裂，各种健康问题加身。根据"工作的未来"最新报告的说法，除非改变工作方式，否则许多人可能都会变成她这样。对法国、德国和英国的3000多名员工的采访调查表明，如果再不改善工作环境，将会有 90% 的办公室职员遭受上述问题的困扰，工作难以为继。50% 的受访者业已出现眼睛酸痛的问题，49% 的受访者存在背部酸痛的困扰，还有 48% 的人患有头痛。

空调也性别歧视？

关于空调温度设置多少度更合适这一问题，是存在性别差异的。尽管办公环境的温度过高会导致人的疲劳感加剧，但许多女性却对此不以为意。她们所面临的问题可能与之恰恰相反，即办公室空调温度通常过低，导致她们需要裹得严严实实才能感觉暖和。男性和女性对热舒适性的感知也有很大差异。一项研究显示，欧洲、北美洲的男性与日本的女性之间的差别最为突出，后者偏好的环境温度比前者（22.1℃，即71.8℉）平均高出3.1℃（5.6℉）。之所以存在这种差异，是因为男性的产热肌肉群普遍多于女性，因而新陈代谢速度较快（高出30%）。几十年前的建筑物指南是出于让11英石[1]的40岁男性的热舒适性达到最大化的目的而制定的，这对于女性办公职员而言是一件很不幸的事情。如今，许多受冻的办公室女性选择不再沉默。事实上，越来越多的人猛烈批判办公室空调温度调控中所存在的性别歧视这一现象。仔细想想，办公室空调温度调控还存在年龄歧视，毕竟人的新陈代谢速度会随着年龄的增长而下降，也就是说，年纪较大的职员或许更喜欢办公室的温度高一点。

现成的解决办法是提高平均温度，但就整个办公室的温度而言，恐怕没有一个能让所有人都满意的折中方案。不过，温度之争不仅仅是为了满足人们的热舒适性需求，办公室环境温度还会影响

---

[1] 英石，英国体重单位，1英石约等于6.35千克。——译者注

职员们的工作表现。一项研究在对 500 多位男性和女性进行分析后发现,当办公室环境温度较高时(16℃~31℃,即 61 ℉~88 ℉),女性执行数学任务和语言任务的表现较好,男性则恰恰相反。鉴于调高温度对女性执行任务的表现的益处大于对男性执行任务的表现的坏处(温度每升高 1℃,女性执行数学任务和语言任务的表现提高 1%~2%,而男性执行任务的表现只下降约 0.6%),因而该研究的作者进一步指出,如果男女混用办公室的温度升高,员工的整体表现会改善(前提是男女人数大致相等)。与此同时,尽管有上述论据支撑,许多办公建筑的能源使用效率低下却引发了人们对环境污染的忧虑,使得增加供暖投入越来越难以找到立足点。[14]

一些创新设计者正致力探究"暖色调"涂料或灯光颜色能否既降低冬季供暖成本,同时又维持人们的热舒适性。有限的证据表明,当人身处暖色调黄色灯光(而非冷色调的蓝色)之下时,即便环境温度较低也可以接受。尽管如此,这种由视觉诱发的增温效应(可提高约 0.4℃,即 0.7 ℉)在现实情境中究竟能起多大作用,这个问题仍然悬而未决。[15]不过,使用暖色调灯光或涂料的作用可能不只局限于增温,还会影响我们的情绪。[16]

短时间之内,办公室空调温度之争不会停息,许多高端汽车上已经开始配备的温控座椅或许是一个新潮的解决办法。研究者发现,红外监控设备可以被用于测量办公室职员的皮肤温度,从而有针对性地提高或降低空调温度,而这种个性化的热舒适性调控手段,使得供热、供冷费用降低多达 20%~40%。随着人们越来越注重提高办公建筑的能源使用效率,此类节省成本的干预手段显然愈加重要。[17]

谁上班不累啊？

你上一次在上班时犯困是什么时候？21世纪初对美国约30000名员工的一项全国代表性调查显示，针对"你是否在过去的两周内感觉精力不足、睡眠不好或者身体疲劳？"这一问题，近40%的受访者的回答为"是"。受生理节律影响，人的警觉性在一天中的不同时段是不一样的，许多人在上午后半晌和下午时会感觉困乏，尤其是当午餐比较丰盛的时候。心理学家认为，当警觉性处于中等水平时，人的表现最佳。所以关键问题在于，能否利用环境暗示来辅助调整（或者维持）我们的警觉性？[18] 研究表明，接触明亮的灯光和（或）聆听背景音乐都能对此有所帮助。例如，无论是在一天中的哪一时段，较为明亮的人工白光（即复合光）一般都能提高主观警觉性。《睡眠》（Sleep）杂志2006年的一篇文章指出，下午晒一会儿太阳（用特制灯也能达到与在户外晒太阳相同的效果，此处是指阳光灿烂的户外），有助于缓解午餐后产生的困乏感。[19] 与此同时，研究表明，播放背景音乐也有助于减轻厌烦情绪，使工厂工人和打字员的生产力提高了多达10%~20%。不过，想找到一首所有人都爱听的音乐并非易事，因此有人建议尽量通过耳机来播放符合各自口味的音乐。[20]

同样地，接触薄荷或柑橘类等具有提神效果的环境气味也是一种有效方式，而薰衣草等令人感到放松的气味，则可以让我们在感觉压力过大时镇定下来。说到这儿，如果你在开完会后觉得精神紧张的话，不妨试试改变办公环境的气味。这项简单的感官调控手段能帮助你转换心情。但是要注意一点，柑橘等宜人的气味并不能让你那乱糟糟的办公桌显得整洁（我的妻子倒是希望它能有这种效果）。[21]

　　许多人真正需要的是那种既能让人在午餐后的工作中保持警觉性，又能让人在下班时感觉心情放松的工作环境。人们对环境中感官刺激的需求处于不断变换之中，但环境特性却一成不变，这便是它辅助维持工作幸福感和生产力作用有限的原因之一。也就是说，虽然某种颜色的涂料能让你保持警觉性，但它或许并非你在准备下班回家时想看到的颜色。相比之下，智能灯光的解决方案则较为灵活，可以实现在一天中的不同时段不断改变环境刺激的模式。事实上，该领域中一些较为有趣的研究，关注的是前文所提到的清晨蓝光。接触这种短波蓝光（460纳米），哪怕只是很短的时间，都能提高一个人的警觉性和在许多任务中的认知表现。[22] 如果你觉得困乏的话，那么这个办法可谓对症下药啦。

　　十五年来，我与油漆和香水行业合作，评估环境对人的影响，制定多重感官策略来提高人们在工作场所的表现。"有没有哪种颜色的涂料能提高员工的生产力？"这是大约20年前我为多乐士涂料做调查时提出的诸多问题之一。针对颜色对智力表现等诸多方面的影响而进行的研究有很多。[23] 在牛津，长期以来，我们努力证明某种涂料颜色能显著提高人们在工作场所的表现，但最终发现，改变环境灯光或电脑屏幕的色度和亮度往往是更为有效的感官调控手段。较明亮的灯光无疑会营造出更具刺激性的环境。

　　与此同时，想要再现盯着彩色电脑屏幕对人所产生的神奇效果却非常困难——比如拉维·梅赫塔（Ravi Mehta）和朱睿（Juliet

Zhu）在 2009 年的《科学》杂志上指出，对着红色屏幕有助于提高编辑工作者的校对效果，而对着蓝色屏幕能够提高人们解决创意问题的能力。[24]

对创造力进行感官调控

提起创造力，我得说句心里话：我对自己受邀参加的许多商业创新研讨会都感到很失望。我承认，我的大部分咨询时间都是在豪华酒店的没有窗户的地下室里度过的，有时一待就是好几天。白乎乎的墙壁，尖锐的家具表面，没有窗户，没有自然光，更看不到大自然的影子，只能偶尔见到角落里无人顾及的毫无生气的盆栽。究竟是谁认为这样的环境能激发出创新思维？这类会议的组织者秉承一种错误的信念去做事：只要把恰当的人聚在一起，给他们足够的时间就可以了，会议的环境并不怎么重要。他们真是大错特错啦。

工作场所的物理特性对思维方式的影响超出我们的认知。单独来看，许多影响或许微乎其微，但一旦叠加到一起，它们就会对我们的行为表现产生巨大影响。例如，第 1 章中提到，如果你想让人们的意见达成一致，就安排他们围着圆桌坐；如果你想鼓励人们的思维天马行空，彼此沟通想法，那就把他们安排在天花板高的房间里。

我常拿这类商业创新研讨会的会议环境与新潮广告公司以及近来的硅谷科技公司的创意空间做对比。我大学时有位好友，他毕业后在洛杉矶一个模仿望远镜造型设计的标志性建筑物内上班。大约

25 年前，我还是个薪水微薄的年轻学者，有一天我去找他，对他的工作环境表示非常羡慕。我记得有间办公室被单独划出来一片区域，专供人们构思和进行创新思维，这让我深感震撼。温暖的加利福尼亚微风吹来，白色的落地窗帘轻轻飘动；白色软垫又大又软，一坐上去立刻就会陷进去；还有那份寂静。你很容易就能想象到，身处这样的环境中，人们的创意思维会得到多大提高（证据也佐证了这一点）。[25] 但是，该公司管理层对"寂静"的考虑或许并非完全正确，因为拉维·梅赫塔等人指出，稍微来点背景噪音（糅合多人谈话声的咖啡馆噪音、路边交通噪音和远处施工噪音）有时会促进创意认知。研究者通过进行 5 项实验后发现，内容完全一样的噪音声带，70 分贝的播放音高（比如淋浴或洗碗机的声音）比 50 分贝或 85 分贝的播放音高更能提高人们的工作表现。[26]

当然，有时也会出现过犹不及的情况。在谷歌位于苏黎世（Zurich）的一间办公室中，假滑雪道上空悬着一叶贡多拉，这间办公室显然是给员工们进行非正式会议沟通用的，但我个人并不觉得这项设计有多好。这里还要指出一点，WeWork 等公司推出的共享办公空间也往往采用在标准办公室中很少见的新奇造型。

饮品是大多数会议的必备品之一，咖啡、茶水和其他含咖啡因饮料似乎随处可见。事实上，调查结果表明，大多数员工希望开会时能提供饮品。这是为什么呢？一杯热饮真的能提高思考能力吗？在工作日时，许多人依靠咖啡或可乐等饮品刺激来提神，而一杯热饮和（或）含咖啡因的饮品则会促进小组协作。此外，对于尝试减少饮品开支的人而言，有一个好消息：仅仅闻一闻咖啡的香味就能改善我们的精神状态，前提是我们相信咖啡的香味能提神。[27] 对化学感官的调控比你想象得要重要得多。

开放式办公室

从专用隔间办公室（最多三个人共用）转为越来越普遍的开放式办公室，这是许多员工要面临的重大挑战之一。美国 70% 以上的员工如今都处于这种状况。[28] 决策者常说，这种布局既能削减成本，又能促进同事间的互动。然而，相关证据表明，事实恰恰相反。采用开放式办公室布局，往往会引起员工的压力水平升高、人际互动减少以及主观幸福感降低。[29] 员工们搬进开放式办公室后，疲乏、头痛以及与压力相关的疾病普遍增加。正如一份关于员工健康和工作表现的系统综述所说，"有充分证据表明，在开放式办公室场所办工，会降低员工的工作满意度。"无怪乎经常有新闻媒体发表相关文章，提出应对办公室分心问题的感官调控建议。[30]

最近，我所在的学院因建筑物石棉水平过高而突然关闭，使得我也亲身经历了一回开放式办公室所带来的不便。大多数教职工从老办公楼里的个人专用办公室临时搬进新的开放式办公场所，其负面作用显而易见：学生研究员的工作场所更偏远，且备受噪音困扰。有数据表明，在开放式办公室工作的人，因遭受干扰而平均每天损失约 86 分钟的宝贵时间。基于个人的这段短暂经历，我对此是完全相信的。与许多同事一样，我很快便开始了居家办公。事实上，本书的很多部分正是在家里写就的！在当时的情况下，居家办工确实是获得安宁与平静（更不要说隐私了）的唯一办法。

　　然而，并非每个人都可以有幸选择居家工作。随着学术界跟随大企业的脚步，发展所谓的"学术中心"，开放式办公格局逐渐成为大学的大势所趋。[31] 当然了，最终的理想状态是，我们会彻底摒弃开放式办公室，并在此过程中提高员工的幸福感和生产力。然而，从现实情况来看，这在短时间内是不可能做到的。开放式办公格局在短期内能降低成本，提高灵活度，使得会计很难抗拒它。

对开放式工作场所进行感官调控

　　如果你不幸将要在开放式办公室开始工作的话，首先一定要选择一张尽量离窗户近一点的办公桌，这真的有助于保持你的工作满意度。条件允许的话，还要选择那种能将你和同事分开的高隔间办公桌，来减少你周边任何的视觉干扰。[32] 在开放式办公室工作遇到的众多问题之一是噪音干扰，尤其是其他人说话所产生的噪音。不过，绝对的寂静几乎同样不利于工作，因为它非常容易使人感觉像在图书馆里一样压抑。鉴于 30% 的开放式办公室员工都对噪音等级表示不满，通过感官调控来解决噪音干扰迫在眉睫。在《有序：关于心智效率的认知科学》（*The Organized Mind*）一书中，丹尼尔·列维汀（Daniel Levitin）首先尝试使用耳塞，可把背景噪音降低多达 30 分贝。他还建议使用降噪耳机来进一步屏蔽周围的谈话声。更直接一点的方式，他建议你告知同事别打扰你，让说话太大声的人闭嘴！然而，不用我说，想必你也知道这样做会对你的人缘产生什么影响。[33]

已经在该领域投入实际运用的另一种办法是，在办公场所播放布朗噪音（brown noise）。[1] 其关键在于要保证音量既能够掩蔽周围人的说话声，又不至于太高，以免要大声说话才能实现沟通交流。然而，整天听这种类似于失调电台或通风噪音的声音，我觉得并非每个人都会喜欢。

人们尝试的另一种创新解决方案是播放大自然的声音。基于前文所述的内容，似乎有理由相信这种办法能奏效。2017 年，芬兰开展了一项研究，评估分别播放四种自然水流声景的其中一种声景与播放有规律的布朗噪音，对开放式办公室职员所造成的不同影响。四种大自然水流声景分别为：瀑布的声音，河水缓缓流淌的声音，河水潺潺流动的声音，以及河水的声音加上偶尔的鸟鸣声。77 名员工在每个听觉掩蔽情境中至少体验三周，所有声音均以大约 40 分贝的音量来播放（即不高于小溪潺潺流动的声音）。与人们所期望的结果相反，相比原本在办公室内使用的布朗噪音，大自然的声音并未提高员工们的主观声学满意度，也没有减少干扰。事实上，从多项员工主观满意度和工作表现的指标来看，布朗噪音的听觉掩蔽效果最佳。[34] 因此，从这些结果来看，布朗噪音虽然不好听，却可能是减轻大多数开放式办公室员工由于噪音干扰所产生的压力的最佳感官调控手段。

然而，这项研究的结果给我们留下了一个小小的疑问，至少我觉得有这么一个疑问：既然大自然的水声在其他情境中都能引起积极反

---

[1] 布朗噪音是经过滤后的伪随机噪音，比如失调电台或电视发出的声音，但其振动频率与人类说话的声音相匹配，而不是像白噪音那样在全频谱上均匀分布。

应，为什么在这种情境中不起作用呢？原因可能是在办公室环境中播放流水声并不协调。听者也许会觉得哪儿漏水了，或者厕所坏了，而不会联想到大自然。（也有可能是这种声音让他们总觉得有尿意！）对比之下，在户外播放此类水声，比如在某些研究中利用水声来掩蔽公园里的交通噪音，效果通常会更好（参阅第 2 章）。这可能是由于它们与大自然的户外环境更协调，或者至少听者会这样认为。

在阐明背景声音和噪音如何影响人类这一问题时，声音给人造成的心理意象与声波本身的物理特性同等重要。为了说明这一点，请允许我提一下 2016 年的一项研究。在这项研究中，瑞典的研究人员给三组参与者播放了同一种模糊不清的粉红噪音，中间穿插着白噪音。[1] 研究人员没有向第一组参与者告知任何信息，但对第二组参与者说他们听到的是工业机械噪音，对第三组参与者说他们听到的是大自然的声音，即瀑布声。有意思的是，自以为聆听大自然声音的参与者，其主观恢复力远远高于自以为聆听工业噪音的小组。此外，正如大家所预料的那样，对照组（即不知道声音来源的那一组）的数据居于中间。[35]

把大自然搬进工作场所

能够出门接触大自然的办公室职员，哪怕只是在午餐时段外出

---

[1] 粉红噪音在每个倍波程的强度相等，而白噪音听起来则较为刺耳，因为频率越高，声音越大。

与大自然接触几分钟的时间，其工作表现都会有所改善。接触大自然不仅有助于降低人们的压力水平，还可以提高人们解决创意问题的能力。然而，要记住一点：并非每个人都有时间或机会在工作日接触大自然。对于这些人而言，最好的办法是将办公桌置于窗边，以能看见大自然为宜，如有充足的自然光更佳。这两个因素都会对人们的主观幸福感和恢复力产生深刻的积极影响。[36]

假如这样做都不奏效的话，那么还可以通过哪些途径来把大自然的元素融入工作场所中呢？传统做法是摆几盆盆栽或张贴有自然景观的海报。在悬挂自然风景图画和（或）抽象艺术海报的办公室内，男性职员的愤怒和压力水平一般较低。[37]

至于是否在工作场所种植灌木这一颇具争议的问题，2014年的一项研究提供了目前最具说服力的证据，该研究表明绿色办公室比精益办公室对人更有益。在荷兰、英国的大型商业性开放式办公室开展的三组现场研究中，研究人员对比了同一办公室分别在绿色环境和精益环境下，员工对工作环境的主观满意度和客观生产力指标完成情况。结果表明，绿色办公室环境明显比精益办公室环境对员工更有益。[38]从雇主的角度来看，员工在绿色办公室内的办公速度提高了将近25%。与此同时，员工自诉感觉空气质量有所改善，并且专注度也有所提高。如此看来，这是双赢的局面。

塑料树何罪之有？

1973年《科学》杂志的一篇文章如是问道。文章作者近乎辩解地回答道:"我猜它们并没有什么大罪。用塑料树〔比真树〕更能让人感觉到自己在体验大自然。"[39] 但接触塑料灌木真的具有与接触鲜活植物同等的效果吗? 前者或许会给人带来心理方面的裨益[1]，但塑料植物无疑不能辅助净化空气。毕竟，室内植物或其根部微生物组成的微观世界（即栖息在土壤里的所有生命体）有助于消除许多挥发性有机化合物，这些有机化合物被怀疑是引发多种与室内空气质量相关的健康问题及病态建筑综合征的根源。

室内植物和（或）其根部微观世界还可以吸收空气中的二氧化碳，从而净化空气。例如，2007 年的一项研究表明，在自然通风的建筑物内，室内植物可将二氧化碳水平降低多达 25%，而在空调通风的办公室内，二氧化碳水平仅降低了 10%。然而，发挥作用的究竟是植物叶子本身，还是栖息于树叶或土壤内的微生物，尚且存在疑问。至于植物品种方面，据说略有香气的小型绿色植物最有助于改善身心健康。一定要留神办公室里的红花植物，因为它们虽然好看，但看久了却容易让人产生视觉疲劳。[40]

我还清楚地记得，有一天我拉了一车灌木去实验室时学生们的表情，他们显然以为我要搞心理战——介绍盆栽不是为了美学欣赏，而是为了"算计"他们，从他们身上多榨取一些论文。或许他们的担心是对的! 毕竟灌木提高人的行为表现的潜在作用不容小觑。从世界绿色建筑委员会（World Green Building Council）提供的数据来看，只需在工作场所加强通风，减少污染物，就能把员工的生产力

---

[1] 话虽这么说，但我尚未见到有关该问题的严格对照研究。

提高 8%~11%。[41] 效果如此显著，或许有助于解释为什么 2018 年年初亚马逊在西雅图市中心新开张的旗舰办公室看起来更像一座温室，而非普通的办公楼。球屋的三个玻璃穹顶内，共有 400 个品种、大约 40000 棵植物，以及坐落其中的亚马逊总部！[42] 如果说大自然效应也会过量的话，肯定是通过这种方式啦。

位于西雅图市中心的亚马逊旗舰办公室

大自然之美，尽在桌面？

许多办公室员工盯着电脑屏幕的时间远远多于其他事物，由此引发一个问题：电脑屏幕上显示的内容是否也能引发大自然效应？（想想 Windows 系统美不胜收的风景壁纸和屏保。）每当稍事休息再回到电脑前时，我都会看到似乎无穷无尽的自然美景屏保图片。我不禁心想，偶尔盯着这些图片看上几分钟，会不会对我有好处？当我刚结束一场紧张的工作会议，或者收到邮件说我最近的补助金申请或学术论文又被无情驳回的时候，这些图片是否有助于我恢复注意力，改变心情？我认为，如果看这些图片的时间足够长的话，肯定是可以的。[1]当然了，关键问题就在于究竟是看多长时间。

在最接近这个问题方向的一项研究中，研究人员要求受试者分别在观看电脑屏幕上一系列所谓的恢复性自然风景图片前后，执行认知任务和注意力任务，并以此来评估观看图片时间长短对受试者产生的不同影响。在第二轮实验中，为了对照练习所产生的影响，观看自然风景图片组的任何表现的提高，都会与观看都市景观图片或几何图形等中性事物图片的小组进行对比。多项此类研究的结果证明，观看电脑屏幕上的自然风景图片[2]确实有助于恢复注意力，受试者在多种标准测试中的表现均有提高。[43]

然而，观看此类图片最低需要多长时间才能对注意力恢复产生如此巨大的益处，目前尚未有准确数据。不过，一项研究显示，相比观看混凝土屋顶，观看被绿色植被覆盖的屋顶花园的时间不超过40秒，受试者的表现就有了明显提高。[44]尽管如此，观看自然风景图片究竟能给人带来多少益处，可能不仅取决于观看时间长短，还

---

[1] 关于大自然对人类的影响，现有两种理论较为盛行，其一是由乌尔里希最先提出的压力恢复理论，其二是由卡普兰等人提出的注意力恢复理论。正如第2章所述，这两个理论不可被视为互相排斥。

[2] 在一项研究中是6分钟15秒，而在另一项研究中是10分钟，每张图片显示时间介于7~15秒。

取决于屏幕的尺寸，因为另一项研究结果表明，屏幕越大，受试者的观看体验就越有沉浸感，从轻度压力源中恢复的速度就越快。在该研究实验中，受试者要在听工业背景噪音的同时，进行 16 分钟的算术难题测试。[45]

虽说让人盯着超大屏幕上的自然风景屏保看是件好事，但工作还是要做的，况且电脑屏幕大部分时间都要被一些不那么引人振奋的东西所占据。那么对于没办法坐在窗前的人来说，还有什么其他办法可以把大自然的益处引入工作场所中呢？从感官调控的角度而言，一个有趣的办法是在墙上放置一个虚拟窗户（即实时显示自然风景的屏幕）。这种做法能像真正的风景一样提高我们在工作场所的幸福感吗？西雅图华盛顿大学的研究者对此进行了评估。他们用窗户、高清电视屏幕和空白墙壁，分别对受试者进行轻度压力测试，并对比在三种情况下压力源对认知恢复的影响。结果显而易见：透过窗户看到外界的受试者，心跳速度能更快地恢复到基线水平；而观看显示同一场景的高清电视屏幕的受试者的恢复效果，并不比盯着空白墙壁的受试者的恢复效果好。[46]

众所周知，只有调动多重感官才能真正感受大自然，观看屏幕最明显的限制是人们往往只能看见大自然，却无法听到大自然的声音。2013 年的一项探索性研究（即只有少数受试者参与）的结果与此一致：在接触音画虚拟现实的大自然之后，人们会更快地从特里尔社交应激测试（参阅第 1 章）中恢复；[47] 而观看以虚拟形式展示的自然风景（比如寂静的森林），并不比盯着空白墙壁的效果好。[1] 该研究得出一个结论，这也是该研究的作者比较喜欢的结论：调动越多的感官来体验大自然，效果越好。[2] 这项研究并未解答悬而未决的问题，即究竟在什么情况下盯着数字格式的大自然会对人有好处——想一想前文提到的那项针对屏保的研究。

展望未来，我认为有必要把大自然的气味和触感也带入工作场所。毕竟，柑橘和薄荷等的气味不仅能改善人们的心情，还能提高人们执行多种任务时的表现。[48] 森林地被物的气味是否有助于实验室研究的受试者从压力中更快恢复呢？我认为是可以的。或者也可以喷一点土臭素，这是潮土油的重要挥发物，以雨后干土的气味而为人所熟知。

除此以外，何不在办公椅上搭一条有纹理的抱毯呢？从最低限度的好处来说，抱毯能够吸收一部分背景噪音。我喜欢往桌上放一些天然的物品，比如石头、松果、栗子或者一块树皮；这些有自然触感的东西，与办公环境内所有由人工制造而成的物品的光滑表面形成鲜明对比。我不知道触摸大自然是否会像观看或聆听大自然那样提高我们的主观幸福感，但这总算是我迈出的一小步吧。正如本书前文所述，对身心健康最大的益处源于感官协调。[49]

---

[1] 有意思的是，几个受试者甚至说他们觉得寂静的森林有点让人发怵。他们感觉有坏事要发生。

[2] 批判者可能会指出，研究人员没有评估人们在只有大自然声音条件下的表现。如果你想知道为什么北欧人如此热衷多重感官办公室设计，那是因为漫长而寒冷的冬夜会对该地区员工的幸福感产生巨大的负面影响。

创造力与共餐有什么关系？

许多最成功的硅谷科技公司——比如谷歌、皮克斯、苹果公司、雅虎和多宝箱（Dropbox）等等——至少有一个或许并非巧合的共同之处：他们都为员工提供餐补或者免费食物。不仅如此，员工通常都是在长长的共用餐桌前用餐的（仔细想想，有点像牛津大学和剑桥大学的餐厅）。如此慷慨的做法显然要付出巨大的成本，但这个成本已经经过决策者的精心考量。在一场酒店业会议上，谷歌食物总监迈克尔·巴克（Michael Bakker）是这么跟我说的：这种做法把原本可能不相识的人聚在一起，催生餐桌旁或咖啡座旁的偶遇。[1] 近些年来，创意工作场所的设计变化，与人们越来越认识到知识创新的重要性密不可分。50

一位评论者在《福布斯》（Forbes）杂志上指出，谷歌提供免费食物的战略目的"不仅仅是诱使员工留在工作区，更是要激发创新思维"。换句话说，其目的就是让人们互动！51 不过，如果某种食物太受欢迎，那么问题就来了。毕竟，谁喜欢在员工餐厅排老长的队啊？有意思的是，设计过日本诸多办公建筑的岛津公司（Shimazu）针对该问题提出了一个极具创意的解决方案。他们在不同时段经由通风系统向不同楼层释放食物气味，以应对小餐厅的午餐热潮。鉴于我们的食欲通常由食物的气味所引发，这或许是一项有效的策略。

---

[1] 随着越来越多的咖啡馆变成当今千禧一代员工的社交会面场所，有人提出了"coffice"（咖啡办公室）这一说法。

　　相比变着花样吃东西的人来说，每天都吃同一种食物的人更可能在信任游戏或劳资谈判中与他人达成合作。因此，提供食物也可以被用作推动商业谈判的战略手段。在贝伯森学院（Babson College）的拉喜米·巴拉强德拉（Lakshmi Balachandra）教授开展的一项研究中，132名企业管理专业的硕士生，就两家公司错综复杂的虚拟合资协议进行谈判。当一起就餐时，双方达成协议的合作费用比不一起就餐时高出了11%~12%，即670万美元。曾在康奈尔大学执教的布莱恩·万辛克（Brian Wansink）[1]等人指出，从共餐（即在一起就餐）获益的不光是创意人才；他们发现，共餐还会提高消防员的任务表现。[52]

　　一些开化的政治家如今也开始更加注重食物的重要性了。例如，在其担任国务卿期间，希拉里·克林顿（Hillary Clinton）引入了一套全新的食物供应办法，纳入其所谓的"巧外交"（smart diplomacy）政策之中。正如美国政府礼宾司副司长娜塔丽·琼斯（Natalie Jones）所说，食物之所以重要，是"因为棘手的谈判都是在餐桌上进行的"。[53]在与来访的国家首脑以及其他达官贵人用餐时，克林顿显然把餐桌当成了展示北美地方特产和食物烹饪的场合，同时又彰显出对异域味道和传统的敏感性，从而加深双方对彼此的文化了解。

　　共餐在工作场所的重要作用不可忽视。虽说天下没有免费的午餐，但忽视味觉感知在创造最受欢迎的工作环境方面的作用，是所

---

[1]美国康奈尔大学食品与品牌实验室负责人，著有《好好吃饭：无须自控力，三观最正的瘦身指南》。——译者注

有雇主都应避免的错误，对在知识经济和创意行业工作的人而言尤为如此。所以说，当你在思考该怎么做的时候，何不从这些大企业或者牛津大学、剑桥大学等学校（员工也有丰厚的餐补）那儿吸取一点经验呢？他们之所以能有今天的成就，肯定仔细考虑过员工所处多重感官刺激环境的各个方面。不过，关于工作就说这么多吧，因为有句老话（可追溯至1659年）说得好，"只工作不玩耍，聪明孩子也变傻"呀！

6 "买买买"的感觉

你是否曾经有过这样的经历：要去买一样东西，结果却带了一堆原本没打算买的东西回家？或者在线下单了各种各样的物品，最后发现自己其实并不需要而选择退货？你不用对此感到愧疚，因为责任可能不在于你。毕竟，零售行业可是将感官调控从艺术升华至科学的诸多领域之一。许多年来，大大小小的公司都在利用新兴的神经营销或者感官营销领域的最新发现来诱使我们买买买。[1]一旦把顾客引进商店的大门，或者进入他们的网站，他们就会想方设法地让顾客多停留一会儿，怂恿顾客买下超出需求量和价格更高的东西。归根结底，只要商家能够营造出迎合消费者的多重感官氛围，提供流畅的在线购物体验，似乎所有人都会变成拦也拦不住的购物狂。

无论察觉与否，这些对顾客行为产生的或细微或明显的影响很难被消除。有证据表明，大多数人根本不相信自己会如此轻易地被他人所左右；所有人都觉得，"半价促销""买一赠一""限时抢购"等拙劣的伎俩只能蒙蔽别人，自己绝对不会上当。然而我认为，人人都应该更加关注市场上的感官调控问题。25 年来，我与大大小小的商业公司和广告机构合作，无论是生产销售除臭剂、清洁剂，还是制造贩卖咖啡、服饰，这些企业都想诱使你多买一点。我对此心知肚明，[2] 但我显然并非头一个质疑营销的隐形力量的人。1957 年，凡斯·帕克德（Vance Packard，又译万斯·帕卡德）所著《看不见的掮客》（*The Hidden Persuaders*，又译《隐形的说客》）一书迅速走红，成为危言耸听的媒体典范。

自路易斯·切斯金（Louis Cheskin）和欧内斯特·迪希特（Ernest Dichter）等人开展动机研究以来，营销者对如何刺激消费者的感官这一问题的理解显然进展不小。这些早期开拓者最先意识到，可以通过在产品的商标、标签和包装上使用抽象颜色、图形的方式，来左右消费者的认知和行为。[3] 如果你没听过切斯金的大名，我就在这里稍微提一下，一般认为，是他引入了七喜商标中间的红圈。你大概从没想过这个红圈有什么用吧？[1] 切斯金还曾说服麦当劳保留其金拱门造型。

七喜商标中间的红圈究竟有何含义？

---

[1] 别着急，后面会告诉你。

时至今日，消费者神经科学——许多学者喜欢用这个名字来称呼神经营销——使得研究者能够直接窥视消费者的大脑，寻找被传得神乎其神的"购买按钮"。使用这种方法，完全不需要听消费者的自诉反馈。[4] 此外，机器学习和大数据分析也逐渐开始为探究人类行为的驱动因素提供一些有趣的洞见，而这些是一度被称作"麦迪逊大道营销魔术师"的切斯金在 20 世纪中期做梦也想不到的。[5]

牵着顾客的鼻子走

咱们先从超市说起吧，因为目前的大多数研究都是在这个情境中开展的。一方面，超市非常适于进行多重感官营销干预，因为顾客的感官会受到货架上陈列的众多产品的刺激；另一方面，大量低成本重复购买物品的行为也能为研究提供丰富的数据。制定会员制营销方案的人对此再清楚不过了。[1]（早在几年前，我就把所有会员卡全剪了。）说起超市里的感官调控，大多数人首先会想到的是许多超市的面包货架扑鼻而来的面包香味（据说是人工合成的）。[6] 然而有意思的是，据我所知，还没有人发表过有关该话题的研究成果。这并不是说没人做过研究，而是肯定有人做过，只是超市选择不发表结果而已。许多业内人士私下向我证实，他们所掌握的数据表明，此类环境气味对销量有巨大影响。

---

[1] 有趣的是，掌握数据者通常并非超市本身。我听说，许多连锁超市没有访问顾客会员卡消费数据的权限，不过我觉得这很难让人信服。

　　这里要澄清一点，无论是面包店里，还是超市面包货架上，刺激鼻腔的面包味不可能是人工合成的。这是因为，鲜面包味是截至目前就连化学家们都没能人工复制出来的诸多气味之一。当然，虽然气味是真的，但并不代表商家不会精明地通风散味，让你在刚走进门的那一刻或者当你恰巧从街边走过时闻到。《华尔街日报》（*Wall Street Journal*）的一份报道指出，在选择新店面时，帕尼罗面包店（Panera Bread）、肉桂卷面包店（Cinnabon）和赛百味（Subway）等连锁公司通常都会选择临近商场中心楼梯井底部的区域，因为这有助于自家食物独特的香味传得更远。不仅如此，这些连锁公司往往还会使用在法律允许范围内的最小动力的油烟机。肉桂卷面包店的烤盘不撒别的，只撒肉桂粉末和黑糖，以确保附近的人都能闻到这种促进食欲的香味。[7] 综上所述，我得说这些企业确实是在利用气味打开销路。[1]

　　荷兰研究者发现，在超市内释放人工合成的甜瓜香味，能使销量提高 15%。[8] 即使将安装一整套气味生成装置的成本，乃至经常更换人工合成气味盒的费用都计算在内，这项举措的投入回报率也挺高。[9] 因此，当你下次再漫步于巴黎乐蓬马歇百货公司（Le Bon Marché）、美国迪恩＆德鲁卡公司（Dean & DeLuca，现已破产，被美国全食超市公司和 Eataly 所取代）或者海威科姆特易购公司（Tesco）的美食区时，如果新鲜农产品和烘烤食物散发出的诱人香味引得你忍不住流口水，或许你可以停下脚步扪心自问：我是不是被人牵着鼻子走，买下了原本没打算买的东西？我个人坚信，许多公

---

[1] 为什么每次一走进百货商场都会先看到陈列的香水？或许这也是一种嗅觉营销？

共区域充斥的环境气味对购物行为的影响远远超出我们的想象——更不要说对我们腰围的影响了。

这与我几年前的体验大相径庭。那时我受英国著名巧克力连锁店桑顿巧克力公司（Thorntons）的邀请，为他们提供一些咨询服务。走进该公司的任意一家门店后，闭上眼睛，深吸一口气。你预想会闻到什么气味——肯定是巧克力味，对吧？奇怪的是，你根本闻不到任何气味，就好像自己并非身处巧克力店——或许是在手机店里？礼盒、什锦盒里的巧克力全都用玻璃纸包得密不透风，白白丢掉了嗅觉营销的大好机会。再对比一下一度称霸全球的糖果店——伦敦莱斯特广场的 M 豆巧克力世界（M & M's World）——里四处充斥的巧克力味。[10] 考虑到巧克力味是世界上最好闻的气味之一，桑顿巧克力公司的门店内居然没有这种气味，就更加显得令人意外了。[11]他们对我的建议充耳不闻（或者应该说是"充鼻不闻"），所以当我听说生产费列罗榛果威化巧克力的费列罗集团于 2015 年将其收购，而且门店数量和员工人数都在逐步削减的时候，我丝毫不觉得惊讶。

咖啡的气味是另外一种深受世人喜欢的气味，这种气味在零售行业被广为使用，而且范围不局限于那些想要增加咖啡销量的商店，比如巴诺书店（Barnes & Noble，美国连锁书店）、优衣库就与星巴克推出了联名款。[12] 一份行业分析报告指出，只需让驾驶者在加油站前院加油的时候闻到人工合成的现磨咖啡香味，加油站的咖啡销量就能提高两倍以上。[1] [13] 对于这种营销手段，我的爷爷无疑会举双

---

[1] 此类受行业资助的研究不能尽信无疑，因为在独立的嗅觉研究中，很少会出现这么好的效果。

手赞成，毕竟他每天早上都会在他的杂货店柜台后面的地板上撒一把芳香四溢的咖啡豆。当他从咖啡豆上走过去接待顾客时，顾客的鼻腔里将会充满"现磨咖啡"的香味。我在拙作《美味的科学》里，也曾提到过这个例子。由此看来，早在"气味感官"营销兴起之前，我爷爷就在无意中发明了行之有效的感官调控促销方法。

位于韩国首尔的唐恩都乐公司（Dunkin' Donuts）推出的"醇香电台"（Flavor Radio）广告，可谓这种营销手段的现代化创新。他们在首尔市的许多公交车上都安装了智能气味机，每当车载电台播放唐恩都乐的广告时，气味机便会识别出来，然后释放出咖啡香味。如此一来，乘客在公交站下车后，很快便会走进唐恩都乐的连锁店购买咖啡。有证据表明，这种多重感官营销策略确实行之有效：公交车站附近的唐恩都乐连锁店的顾客人流量激增16%，咖啡销量则提高了29%。[14] 因而这条广告能在著名的戛纳国际创意节（Cannes Lions festival，创意行业顶级年度颁奖庆典之一）上摘得令人艳羡不已的大奖之一，也就不足为奇了。不过，至于这条广告是否本轻利厚（以及是否合乎伦理），那就完全是另一码事了。

闻香识颜色

当闻到诸如草莓味之类的独特气味时，我们会首先看向与该气味源相关的物品，并且在闻到相关的独特气味或者听到相关的声音时便更快地辨别出来。[15] 由此看来，环境气味或背景音乐的作用不仅仅是影响我们的心情。感官营销也可以被用来将我们的视觉注意力导向特定的产品或品牌，这或许就是唐恩都乐"醇香电台"取得成功的部分原因所在。

但这种嗅觉营销手段并非所有人都赞成。加利福尼亚州推出"有牛奶吗？"（Got Milk）公益广告时，在全加州的候车亭都释放甜点的香气，以便从多重感官角度传播他们的广告。不过，该广告在推出数天后即被撤掉，因为它全然忽略了该州经常在候车亭睡觉的无家可归、食不果腹人士的感受。[16]

另一个仅推出一天就被撤掉的嗅觉营销广告，来自帝萨诺（Disaronno）利口酒。某个精明的人自以为让伦敦地铁充满其产品独特的气味——杏仁味——肯定会对销量大有好处。如果这条原本计划持续两周的"气味飘送"广告如期投放，杏仁的气味将会借由地铁通风系统被所有地铁乘客闻到。只可惜，英国受众最大的报纸《每日邮报》（Daily Mail）在当时恰好登出一篇文章，描述了恐怖活动的明显征兆。该文章告诫通勤者（尤其是地铁乘客），如果闻到杏仁味，千万一定要小心，因为与这款酒一样，氰化物也是用杏仁制成的！这也太背运了吧？[17] 同样背运的，还有当新冠肺炎疫情在全球暴发时深受其害的一个著名墨西哥啤酒品牌。[1]

几年前，我合作的一家伦敦营销公司决定让一辆出租车一边绕着首都满大街跑，一边散发出麦肯食品公司（McCain）即食带皮烤土豆（Ready Baked Jackets）[2]的气味。鉴于上述几次公关灾难，你

---

[1] Coronavirus（新冠肺炎病毒）；Corona（科罗娜啤酒）。——译者注
[2] 即食带皮烤土豆，冷藏的烤土豆，微波炉加热后即可食用。——译者注

应该能明白，在该广告没有出现任何差池的时候为什么我会松一口气了。该公司甚至还在候车站投放了一些 3D 荧光灯广告牌来释放"余味无穷"的烤土豆香味，使得在公交站候车的毫不知情的通勤者大感惊奇。[1] 正如一位评论者所说："每个广告牌上都有一个玻璃纤维土豆雕塑和一个神秘按钮，一按下去，土豆就会释放出'慢烤带皮土豆'的香味。"[18]

气味的作用远不止于此。一组意大利心理学家指出，特定气味对应的物体的大小也会影响我们的趋近行为（reaching behaviour）。他们发现，如果与我们所闻到的气味相对应的物体较小，比如一瓣蒜或一枚开心果，人体的运动系统便会自动做好去拿起较小物体的准备。相反，如果与我们闻到的气味相对应的物体较大，比如橘子，双手会更倾向于拿取较大的物体。[19] 不过，我尚未见到（换个更好的表述——听闻）哪个精明的营销者，把后者应用于其获奖广告中去，或许在珠宝店里释放花生的气味将会是个好的开端。[2]

跟着音乐动起来

引发担忧的不仅仅是超市里的食物香味。很少有人意识到，我们的购买和消费行为还会受到音乐节拍的影响。在一项被视为经典的

---

[1] 又跟芳香四溢的候车站扯上关系了！不过，相比前文提到的加利福尼亚州公益广告，本例中的气味释放需要人们的主动参与，如此便不会折磨躺在那儿睡觉的人啦。

[2] 开玩笑的啦！

研究中，洛约拉大学（Loyola University）营销学教授罗纳德·E. 米利曼（Ronald E. Milliman）对美国西南部某城市的超市人流量进行监测，并分析了该超市的顾客消费收据。这项持续九周的大型研究表明，相比快节奏（108 bpm）音乐，在超市播放慢节奏（60 bpm）音乐时，人们的支出提高了38%。许多连锁店随后将该研究应用于实践，不过却很少有商家愿意谈及此举意欲何为，而墨西哥烧烤连锁店墨氏烧烤公司（Chipotle）是少数进入公共视野的案例之一。

在随后的研究中，米利曼又指出，相比快节奏音乐，当餐馆里播放慢节奏音乐时，人们吃得更多，喝得更多，最为重要的是，花的钱也更多了（慢节奏音乐会让食客停留更久）。《商业周刊》（*Businessweek*）杂志上的一份报告指出，墨氏烧烤公司对旗下1500家连锁店播放的音乐节奏进行了周密掌控：当顾客人数较多时，播放节奏较快的音乐，以此提高顾客的进食速度，从而减少排队等候时间，同时提高翻台率。反之，当顾客人数较少时，则播放节奏较慢的音乐，激励顾客留下，以免店里看起来太空旷。就连该连锁公司的驻店DJ克里斯·戈卢布（Chris Golub）都说："在午餐、晚餐的高峰时段，要播放快节奏音乐，因为要提高翻台率。"戈卢布坐在该连锁公司位于纽约市的一家店里，观察顾客在听到他计划加入歌单的音乐时的反应。如果顾客随着节奏摇头晃脑，脚尖点地，他便知道这首音乐适合顾客的口味，然后将其加入歌单。[20]

你可能会觉得这跟电梯音乐（又称穆扎克背景音乐）有点相似，事实上的确如此。穆扎克背景音乐是指在商店、机场、酒店等公共

场所持续播放的独特背景轻音乐，通常是由乐器演奏。[1] 21

不过，从我的博士后克莱门斯·克内夫勒（Klemens Knoeferle）等人在 2012 年研究音乐拍子（快节奏：高于 135 bpm；慢节奏：低于 95 bpm）和调式（大调或小调）对购物者行为影响的结果来看，音乐拍子不能被单独拿来考虑。他们发现，米利曼所谓的慢节奏音乐提高销量，只有在播放小调音乐时才能实现，大调音乐对销量的影响不会因拍子的变化而发生变化。22

我个人最喜欢的一项研究成果——至少就消费市场上音乐对人的感官操控这一方向而言，是亚德里安·诺斯（Adrian North）等人在 1997 年首度发表的文章。23 他们在一家销售法国和德国葡萄酒各四种的英国超市中开展研究（这几种酒类的价格和干度／甜度相当）。在持续两周的时间内，超市里的扬声器都会播放法国手风琴音乐和德国民俗音乐，而且每天轮换一次。他们发现，当播放法国手风琴音乐时，83% 的购物者购买了法国葡萄酒；而当播放啤酒窖（Bierkeller）音乐时，65% 的购物者购买了德国葡萄酒。更为显著的一项结果是，只有不足 14% 的购物者说他们意识到了音乐对他们的影响。这些结果及诸多同类研究的结果表明，只需对背景音乐做简单改变，就能从根本上操控人们的选择，而且大多数人都不会有所察觉。

在这项著名的研究中，有几点值得深思。首先是样本量较小，只有 82 个购物者的销售数据，而且其中只有 44 人同意接受采访。虽然

---

[1] 目前为墨氏烧烤公司提供音乐流媒体服务的是慕德美迪传媒公司（Mood Media），原先叫作穆扎克集团。

研究数据挺好看，但实际上并不是这么回事。如今，由于心理学领域复现危机 [1] 频发，如果有人能对诺斯等人的开拓性研究进行更大规模的复现，那绝对是一件好事。结果顺利的话，还将有助于阐明当今的购物者是否仍像 20 世纪 90 年代的购物者那样容易受到操控。

其次，酒类是否应被算作特殊商品？毕竟，酒类区通常被视作超市里最琳琅满目（以及变化最频繁）的区域之一，所谓"动物商标"（critter brands，商标上使用可识别的动物的酒类品牌，比如长颈鹿、鸸鹋、蟾蜍等等）的兴起就源于此。虽然动物本身与酒之间可能没有任何关系，但人们认为，商标上的动物图案有助于购物者记住并再次找到上次喝得很过瘾的酒类，最起码他们不必像说绕口令一样说出艾特巴赫卡索瑟霍夫堡雷司令珍藏葡萄酒（Eitelsbacher Karthäuserhofberg Riesling Kabinett）和皮斯波特戈尔德晨温哥特葡萄酒（Piesporter Goldtröpfchen）等酒类的名称。假设你走进酒类商店买酒，你知道匈牙利的 Cserszegi Fűszeres 葡萄酒怎么发音吗？你可以去试试买一瓶这种酒，并把它的名字说准确了！唉，你别怀疑，这些酒的名字都不是我编的。[2]

酒类这种东西，除非以前尝过，否则在开盖之前你根本不可能知道它是什么味道，而一旦开盖，如果想改变主意却又为时已晚。

---

[1] 因近来心理学和神经科学领域许多较为时髦的研究无法复现而得名。

[2] 根据彼得·F. 梅（Peter F. May）在 2006 年出版的《玛丽莲·梅洛与裸露的葡萄：全球非同凡响的葡萄酒》（*Marilyn Merlot and the Naked Grape: Odd Wines from around the World*），这款琼瑶浆（Gewürztraminer）与伊尔塞奥利维（Irsai Olivér）葡萄杂交品种的正确读音是"Chair-sheggy Foo-share-us"。

在超市里的其他分区寻找熟悉的品牌或者通过感官决定是否购买都会更容易一些，比如判断农产品的成熟度。有些营销专家据此指出，就影响购物者消费行为而言，酒类产品可能是个特例。另一方面，有证据表明，背景音乐的种族归属也会影响我们对食物的选择。2017 年，新泽西州蒙特克莱尔州立大学（Montclair State University）的德布拉·策尔纳（Debra Zellner）等人发现，在北美洲一所大学的餐厅播放弗拉门戈舞曲后，西班牙什锦饭的销量上涨，而在播放意大利音乐后，帕尔玛干酪鸡排的销量上涨。相比流行音乐等其他类型的音乐，当播放古典音乐时，人们购买葡萄酒或外出就餐的支出通常会上升。这些研究与诸多类似研究共同表明所处环境中的音乐氛围会对我们的行为产生多大的影响。尤其是当你想到背景音乐或许是最容易被操控的环境因素之后，你会觉得这是多么可怕啊。[24]

阈下[1] 诱惑

我刚开始在牛津大学做学术研究的时候，一家国际连锁店找到我所属的实验室，想弄清楚——只是假设，你懂的——能否通过添加一些阈下信息来引导购物者购买特定产品。这种事情你应该非常熟悉：如"买可口可乐"或"自营洗衣剂买一赠一"等等。该案例中，客户的想法在于，把这类信息嵌入店内扬声器播放的背景音乐中，以

---

[1] 阈下知觉（subliminal perception）指低于阈限的刺激所引起的行为反应。刚刚引起感受的最小刺激量，称为绝对感觉阈限，而对于低于绝对阈限的刺激，虽然我们感觉不到，却能引起一定的生理效应。——编者注

此来推动销量。这样的要求或许受到詹姆斯·维卡里（James Vicary）在 20 世纪 50 年代发表的报告的启发：通过瞬时（即阈下）闪现暗示"买可乐"或诸如此类的屏幕图像，他提高了影院的可口可乐销量。[1]

不过，我们拒绝了那家公司。这并不是因为阈下感官暗示不能左右人们与饮食相关的行为（肯定可以），而是因为既要让目标信息的声音大到能影响消费者行为，又要让目标信息的声音小到不让消费者发觉，所能利用的空间太小了。事实证明，

秘密就藏在星标里。阈下符号信息的案例之一

相比日常生活中的嘈杂环境，阈下诱惑在严格控制下的实验室环境中较容易实现。在实验室里，呈现低于每个人知觉阈值的感官刺激要容易得多。就阈下启动而言，另一个要点是，人必须一开始就处于需求状态（比如口渴）。在荷兰的一项研究中，研究者成功地通过阈下方式引导口渴的受试者选择立顿冰茶（Lipton Ice），而非选择另一个品牌。25 当然了，每当谈及阈下营销时，都避不开其涉及的伦理问题。

在我看来，路易斯·切斯金给七喜商标中间加的那个红圈更有探讨意义。要知道，严格来说这个红圈并非阈下的（即并未隐藏起来），因为我们肯定都见过无数次了。然而，我想说的是，它在功能方面是

---

[1] 实际信息是什么并不太重要，因为事实证明，这不过是维卡里精心设计的一个噱头。他从未开展过该研究。

阈下的,也就是说,很少有人知道该符号向我们的潜意识传达了什么信息。正如该饮料本身一样,红色和圆形都与"香甜可口"相关。通过展示与"香甜可口"相关的形状和颜色,可以向消费者传达"香甜可口"的意象,从而在其大脑中启动"香甜可口"的味道。而当特定的味道或口味在大脑中被激发后,我们就更有可能去体验它。

看一看超市货架,你很快便会发现诸多类似的形状符号营销案例,而且有些甚至早于切斯金的研究,例如圣培露(San Pellegrino)矿泉水、喜力啤酒(Heineken)、纽卡斯尔啤酒(Newcastle Brown Ale)、三宝乐啤酒(Sapporo)和星牌啤酒(Estrella)酒瓶身上的星星图案。为什么商标上要用星星图案?因为一看到尖角形图案,我们就会想到碳化作用和苦味,所以这些符号也是针对消费者的阈下信号。在我看来,这些具有阈下功能的跨感官营销对我们消费的预期、选择和随后的体验的广泛影响超出所有人的预想。因为不管我们使用的是哪种语言,这些符号都能够在更为普遍的暗示层次上向我们传达其中所蕴含的信息。[26]

环境氛围

1794年,北美传奇营销专家菲利普·科特勒(Philip Kotler)在《零售业期刊》(Journal of Retailing)上发表了一篇探讨环境氛围的重磅文章,指出零售商不应再只关注其出售的实体产品,而要集中全力打造整体产品体验。他旁征博引(多半是奇闻轶事),论证许多零售公司之所以取得巨大成功,都要归结于其老板所打造的整体体验（或氛围）。科特勒把店铺的环境氛围分解为独立的感官要素，从颜色、灯光、音乐、气味乃至触觉等方面探讨该如何设计。虽然他超越时代，引领人们关注感官刺激对顾客体验（和行为）的驱动作用，但正如跟随他步伐的大部分营销者一样，他竟然未能明白各个感官之间是时刻互动的。[27] 店内体验或环境氛围绝少只由一种感官决定，相反，起决定作用的几乎都是各感官输入信息的总和。换句话说，环境氛围影响多重感官，必然伴随着相应的机遇和挑战。然而，截至目前的大部分研究都倾向于孤立地探讨各种感官暗示，比如音乐的响度或拍子，或者环境气味。咱们先来看一看后者。

嗅觉营销

就环境气味而言，食品店与服装店之间一个最明显的差别是，后者完全没有超市里的那种面包香味，或许皮革服饰除外。事实上，服装店的气味中最能与面包香味所对应的，可能要数购物者在路过纽约托马斯·平克（Thomas Pink）T恤展台时喷在他们身上的棉织物上浆的味道。安妮·芳汀（Anne Fontaine）古着女装店则会在顾客买单时给购物袋喷一点香水，通常还会在衣服上挂一个干花香袋。可可·香奈儿（Coco Chanel）位于巴黎的第一家店要求销售员用自家店里的5号香水从门口喷到试衣间，喷满整个店铺，以此来增加销量。[28]

2014年，葡萄牙服装品牌萨尔萨女装（Salsa）通过微型胶囊给自家的多彩牛仔裤增添对应的香味。有一家网站评论称："为了让女士们在今年夏天保持香甜气味，葡萄牙时尚品牌萨尔萨女装推出了充满水果气味的芳香牛仔裤系列。"[29] 蓝莓、橘子、柠檬、苹果和草莓的味道，在牛仔裤经 20 次洗涤后仍芳香四溢。在哥伦比亚上班时，我遇到的服装店增香方案来自服饰零售公司 Punto Blanco。他们在数家店铺内都放置了精品巧克力柜台，其目的不是要靠卖巧克力赚钱，而是要调动顾客所有的感官。优衣库和摩纳哥俱乐部（Monaco Club）等服饰零售商在店铺内引入咖啡售卖摊位也是出于同样的目的，大概还有鼓励顾客逗留的作用。

对于服饰零售商而言，好消息是如果店铺的气味符合顾客的喜好，服饰销量将会只升不降。不过，这里要强调一点：这种结果很可能是若干种不同的心理机制在同时起作用。例如，正如其他感官暗示一样，环境气味会激发趋近行为。一旦进入店里，宜人的气味可能有助于改善我们的心情——专家们普遍认为，人在心情好的时候，钱也花得多。此外，香味本身也会因为足够独特而成为一种标志性气味，即能够被人们立刻分辨出来，从而启动与特定品牌相关的联想。[30] 阿贝克隆比 & 费奇公司（Abercrombie & Fitch）旗下霍利斯特服饰有限公司（Hollister Co.）的独特气味便是一例。

与此同时，许多研究者指出确保气味与所售产品保持一致的重要性。嗅觉营销者不仅要考虑这些方面，还要考虑气味所对应含义的文化差异，即气味给不同的人带来的不同联想的差异。例如，法国和德国的购物者认为割草和黄瓜的气味既清新又提神，而墨西哥和中国的购物者显然倾向认为这些气味虽然是天然的气味，但并没有特别清新。[31]

尽管嗅觉营销存在种种挑战，近年来，消费者还是留意到了许多服装店的通风系统所释放的气味，比如飒拉女装（Zara）、维多利亚的秘密（Victoria's Secret）和橘滋（Juicy Couture）等，而雨果博斯（Hugo Boss）使用的明显是含有水果和柑橘搭配一点可可的气味。[32] 采用增味技术，尤其是委托定制香味，不一定会节约成本。想要寻求成本较低的嗅觉感官调控手段的人，单单在柜台上摆一束芳香四溢的花就已经很不错了。从芝加哥的阿兰·赫希（Alan Hirsch）博士初步的研究结果来看，当空气中弥漫着浓烈的花香时，受试者愿意为一双运动鞋多付 10 美元以上，而其自述购买意向提高了 80% 以上。[33] 与这些观察研究结果相一致，大城市珠宝店的顾客在喷有花香、果香或其他香味的柜台停留的时间，多于在无香味的柜台停留的时间。[34] 三星体验店（Samsung Experience）使用的是甜瓜香味，而索尼风格店（Sony Style）使用的显然是淡淡的香草和柑橘混合气味，伦敦的汉姆利玩具店（Hamleys）使用的则是能让孩子们的父母想起椰林飘香鸡尾酒的味道。[35]

岚舒（Lush）是备受欢迎的洗浴和私护产品连锁店，店铺遍布欧洲、北美等地。以我的体验来看，他们的标志性气味是鲜明而干净的花香味。不过，我不确定究竟是香味本身独一无二，还是气味过于浓烈，反正高街上没有与之相似的味道。岚舒的妙招是产品在出售时没有塑料包装，从而让产品的独特气味能散发得更远。某些品类的产品做嗅觉营销无疑比其他品类更容易变现。

保持清醒头脑

就触觉氛围的营造而言，最明显的要素或许便是环境温度了。

有些奢侈品服装店特意把店内温度调低，你有没有觉得很惊讶？否则又该如何解释一位记者在记录了纽约市多家服饰店的温度后，发现温度与价位呈反比关系？换句话说，奢侈品牌倾向把温度设置得低于服务普通大众的连锁店的温度。正如这位记者所说，"梅西百货（Macy's）的温度低于老海军（Old Navy），而布鲁明戴尔百货公司（Bloomingdale's）的温度低于梅西百货，波道夫·古德曼百货公司（Bergborf Goodman）的温度是最低的……换言之，价格越高，温度越低。以服饰店为例：波道夫·古德曼百货公司，68.3 °F（20.2℃）；布鲁明戴尔百货公司，70.8 °F（21.6℃）；梅西百货，73.1 °F（22.8℃）；摩纳哥俱乐部，74.0 °F（23.3℃）；李维斯商店（Original Levi's Store），76.8 °F（24.9℃）；老海军，80.3 °F（26.8℃）。"从温度着手来营造环境氛围是有道理的，因为最新研究表明，当温度较低时，人们会倾向于认为物品的价值更高；或者像日本诗人斋藤绿雨（Saitō Ryokuu）所说："优雅是冷酷的。"[36] 丽萨·赫雄（Lisa Heschong）在其 1979 年出版的《建筑中的温度愉悦》（*Thermal Delight in Architecture*）中指出，低温与排斥性的联系可能源于空调刚被引入美国之时，只有老板才能独享这种奢侈。

不过，购物体验所涉及的范围不只包括视觉、听觉、嗅觉和温度，员工与顾客、顾客与商品之间的肢体接触也是一个强大的营销工具。[37] 我坚信触摸的重要性远超我们的想象。接下来我们就谈谈人体最大的感官。

"请触摸我"

你见过商店里摆的"请触摸我"标识吧？如果你触摸了，那么营销者怂恿你购买的目的就达到了。乔安娜·佩克（Joanne Peck）等人在威斯康星大学麦迪逊分校开展多年的研究表明，即便只是单纯地拿起某个产品，或者只是想象触碰它，都能提高我们的拥有感。[38] 确实，当你看到具体的研究数据时，很容易就能明白为什么营销者如此热衷于让我们触碰商品。例如，现已被沃尔玛（Walmart）收购的阿斯达连锁超市（Asda）在报告中称，当他们把自营厕纸的塑料包装撤掉，让消费者能感受其质量时，产品销量增加了50%。同样地，盖普（The Gap）等服饰连锁店之所以能取得成功，很大程度上是因为他们巧妙地把商品放在高度适宜的触摸桌上，方便顾客走过时能随手触摸衣物。[39]

这很简单易懂，但居然有那么多店铺不得其道，你肯定会感到惊讶。例如，当我们组织一些来自零售行业的客户参观其他商铺时，经常会发现某些服饰连锁店的桌子距离地面只有十几厘米高。真应该有人告诉他们（此处是指这些店铺的经理，不是指我们的客户），我们做触摸或拿起的动作的难度越大，对所触摸或拿起的物品的喜欢程度就越低。影响虽小，但积少成多。[40] 消费者似乎确实认同触碰的重要性，因为在一项调查中显示，35%的受访者说手机的触感比外观更重要。与此同时，在另一项调查中，80%的受访者说他们会选择既能看到又能摸到的产品，而不会选择只能看到的产品。[41]

然而，这种现象不只存在于服饰销售行业。展示桌能让购物者体验所售卖的产品，并与产品互动，可谓配件店的重要部分。但你有没有发现，苹果商店内的 MacBook Pro 屏幕都是以同样的倾斜度（70°）摆放？这并非最佳观看角度，所以我要问了，为什么要这样摆放？根据一位评论者的说法，这是为了诱使购物者调整屏幕角度来达到更好的观看效果。当然了，要想调整屏幕角度，他们就必须接触产品本身。[42] 谁说营销者不狡猾来着？瑞典经济学家贝蒂尔·胡尔滕（Bertil Hultén）的研究表明，只需将店内灯光的亮度调低，就能提高购物者在宜家（IKEA）店内触摸玻璃器具的概率[43]，如果再加入一点宜人的香草气味，该类产品的销量就会猛增（增幅约为 65%，这是在连续两个周末对约 900 名消费者取样后所得出的数据。）阿贝克隆比 & 费奇公司的店铺灯光像夜店一样昏暗，香味浓烈，是不是也出于同样的考虑？

你是否用过铂傲（Bang & Olufsen）[1] 的遥控器？如果用过的话，你肯定知道它的手感特别重。那触感仿佛在说质量就是好。大多数人可能不知道，其中的很大一部分重量并无其他用途，只是为了让你觉得手感重而已。也就是说，除此之外，它没有任何作用。更值得注意的是，即便你知道它为何那么重，握在手里的重量感仍然能发挥其积极作用（又称光环效应）。如果你觉得自己不会被这些拙劣的伎俩所蒙蔽，请扪心自问：你刚刚花大价钱买来的酒、口红或面霜真的有必要那么重吗？这便是路易斯·切斯金所说的"感觉转移"（sensation transference）的范例之一。感觉转移是指触感会转移

---

[1] 多年来，这家丹麦公司出售了很多最时髦（也最昂贵）的豪华电子产品。

到对产品的其他感觉属性的体验和喜好上去。如此看来，由于我们总是本能地把重量与质量联系起来，所以才会不自觉地相信产品的包装越重，其质量也就越高。这大概就是包装重量与产品价格相关的原因所在。例如，我和同事贝蒂娜·皮克拉斯·费兹曼（Betina Piqueras-Fiszman）几年前在牛津开展了一项商店稽核，其结果表明，购买酒类产品时，消费者每多付 1 英镑，平均可多得 8 克玻璃。[44]

接触污染

你是否跟我一样，在一堆报纸或杂志中，从来不会拿最顶层的那份，而是从稍微靠下的里面选一份？新冠肺炎疫情暴发前，这种做法似乎相当不合常理，对吧？一般而言，每一份都是一样的，但许多人依然会这么做。研究人员观察到消费者做出这种略显异常的行为后指出，这或许反映了人们潜意识中对"接触污染"的恐惧。[45]也就是说，许多人完全不愿意买那些被别人接触过的产品。如此说来，"请触摸我"标识也有缺点？

回想一下你上回买新毛巾的情景。第一次使用之前，你会清洗吗？我真心建议你洗一洗，因为在你把它放入购物篮之前，它很可能已经被平均六个购物者触摸过了。[46]如果你想知道许多人触碰同一个表面之后会发生什么，研究者在麦当劳的八家英国分店中对点餐机器的屏幕进行拭子实验，结果发现了数人留下的粪便物质，这其中还不包括要点巨无霸（Big Mac）和薯条的人。[47]当然，考虑到人们吃快餐时几乎都是用手拿，这就更显得可怕了。恶心！我立刻就去洗手，再洗洗新买的毛巾！

多重感官营销真的能实现超加性促销吗？

最近几年来，某些自诩营销导师的人常常热情洋溢地告诉人们：只要商店里环境氛围的多重感官暗示组合得当，销量肯定能上去。不过，无论营销行业的文献怎样吹嘘，在我看来，通过恰当刺激消费者的感官来达到 1200% 的"超加性"[1] 销量提升，纯属痴心妄想。[2] 从该领域进行的严格对照学术研究的结果来看，整合视觉、听觉和嗅觉来创造多重感官环境氛围后，销量提升幅度通常较为微小，一般约为 15%。[48] 难道多重感官环境氛围并不像科特勒多年前所宣扬的那样有效？不过，换个角度来看，或许是因为店铺在此之前早已应用了诸多创造整体体验的策略。因此，在购物体验已然优化的前提下，想要在零售业现有的基础上再创新高，或许是难上加难。[49]

时至今日，感官间的互动早已得到公认，但究竟哪种特定的环境氛围暗示既能被视为各感官之间相互协调的结果，又不会在无意中使消费者的感官过载，这才是更为紧要的问题。例如，在一项研究中，受试者共体验了无气味、低刺激气味（薰衣草）、强刺激气味（葡萄柚）和无音乐、慢节奏音乐、快节奏音乐之间两两组合形成的

---

[1] "超加性"的概念最初源于神经生理学，指单个低效感官的输入信息在神经元中产生的认知或行为反应，有时可能远远大于所有单个输入信息的反应之和。引言中对此略有提及。

[2] 为免尴尬，我就不指名道姓了。

九种排列组合。当气味和音乐在对消费者的唤醒潜势上达到一致时，消费者对店铺（礼品店）环境的评价较为正面。购物者还会展现出较高层次的趋近行为和冲动消费行为，而且其满意度也有所提高。[50]

截至目前，在购物中心开展的少数研究中的一项研究，探讨了多重感官环境氛围领域的营销者所面临的潜在问题。莫琳·莫里（Maureen Morrin）和让−查尔斯·舍巴（Jean-Charles Chebat）对北美洲某购物中心的约800个消费者的计划外购物支出进行分析，结果表明，只播放慢节奏音乐时，可以将此类支出提高多达50%。相反，释放柑橘气味则导致此类支出的小幅度（不显著）下跌。然而，当同时播放音乐并释放香味时，该购物中心的此类支出大幅度下跌。在缺乏更多数据的前提下，很难说清该案例中出现了什么"差池"，但有一种可能的原因是听觉刺激和嗅觉刺激在某个层面（比如其唤醒值）互不协调。的确，慢节奏音乐会让购物者心情放松，而柑橘的气味却会唤醒他们。[51] 因此，具有唤醒作用的气味与让人放松的音乐相结合，可能会使购物者陷入困惑。大脑很难加工不一致的信号。[1]

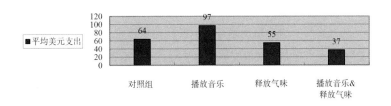

市场上的次加性范例

---

[1] 输入信息不匹配会引发加工流畅性不足，这往往被大脑视作负性刺激，即我们不喜欢相互矛盾的信息，因此它对销量的促进作用不大，莫里和舍巴的数据似乎就证明了这一点。

从增加感官触点数量的角度来说，在商店环境中引入更多的感官暗示是个好办法，但这也会增加感官过载的风险，一项让 800 人设想自己在商店内闲逛的研究便证明了这一点。假想的商店内分别有慢节奏音乐或快节奏音乐、薰衣草香味或葡萄柚香味，以及红色配色或蓝色配色。只要任意两个环境感官暗示的组合是相互协调的，结果便是积极的。然而，一旦将第三个相互协调的感官暗示刺激引入假想的商店内，便会出现负面效果。克里斯蒂安·洪堡（Christian Homburg）等人认为这种程度的刺激过高，即反映出某种程度的感官过载。当然了，在真实的商店情境中会有怎样的结果，仍需做进一步研究。[52]

灯光亮一点，音乐声小一点？

每次只刺激消费者的某一个感官的真正危险在于，单独使用某种气味能引起消费者的警觉或吸引消费者，然而一旦与大声播放的快节奏音乐相组合，或者与过于明亮的店铺灯光相组合，就会显得令人难以接受。组合使用感官暗示极易导致感官过载。[53] 当孩子们在像夜店一样黑暗的霍利斯特服饰公司或阿贝克隆比 & 费奇公司的商店里买得不亦乐乎时，他们的父母却站在店外，因为在店里的话，其感官深受聒噪的舞曲和刺鼻的香味折磨，父母所抱怨的正是感官过载。你不禁问自己，谁能受得了那种喧嚣？毫无疑问，这些店铺这么做的目的之一，便是阻止土里土气的老一辈人进店。正如阿贝克隆比 & 费奇公司首席执行官麦克·杰弗里斯（Mike Jeffries）在

2014 年所说："我们的营销对象是时尚的俊男靓女。除此之外，我们一概不想要。"[54]

然而，这独特而充满活力的欢快音乐也可能有助于提高销量。毕竟，从事饮食行业的人都明白，大声播放快节奏音乐可以将销量提高多达 30%。难道服饰行业不应也是如此吗？不过，正如餐馆员工一样，越来越多的服装店员工也经常暴露于有害的嘈杂音乐中，我们真的该为他们捏一把汗。[55]

气味和声音均可以被用于提高服饰和其他本身无味的产品（比如书籍和杂志）的销量。然而，目前尚无简单的手段来预测并预防消费者的所有感官在同时受到刺激时所产生的多重感官失调或过载。正因为如此，我才建议我的客户在自家的公司内部开展相关研究。只有这样，他们才能判断哪种手段最能提高自家客户群的销量，而不是依赖那些在其他时间和其他地点开展的研究。

你是否喜欢岚舒所营造的商店环境，而不理解那些关于阿贝克隆比 & 费奇公司商店环境的怨言是怎么回事？果真如此的话，那你可能就是个"感官瘾君子"。"感官瘾君子"是指渴求多重感官刺激的消费者。[56] 有些研究尝试探讨冲动型消费者和理性消费者之间的区别。例如，根据莫里和舍巴的观点，冲动型消费者可能更容易受背景音乐的影响，而理性消费者则更容易受气味的影响。非感官瘾君子，指闻到岚舒店铺散发的香味就躲得远远的，可能从未进过阿贝克隆比 & 费奇或者霍利斯特公司商店的人。对于他们来说，现在有救了。几年前，伦敦的塞弗里奇斯百货（Selfridges）推出休息室服务，方便感官疲劳的购物者从销售区各种激烈的多重感官刺激中缓缓劲。另一项举措是在下次出门购物前塞上耳塞，把商店的喧闹都屏蔽掉，或者你也可以尝试一下前文提到过的插鼻孔减肥器。[57]

品尝未来

对于许多食品行业的公司和相关营销机构而言，改善顾客在店内的品尝体验也是当前任务的重中之重。例如，2017 年我为该行业设计一项创新式营销手段提供了顾问服务，即尝试在超市中重新打造多重感官品尝体验。我们在特易购的几家英国分店的饮品区找了一些消费者，请他们戴上虚拟现实眼镜，然后试喝三种啤酒——健力士世涛啤酒（Guinness Draught）、啤酒花坊 13 拉格（Hop House 13）和西印度黑啤（West Indies Porter），与此同时，酿酒大师彼得·辛普森（Peter Simpson）的迷人的嗓音会贯穿整个品酒体验。每尝一款酒时，眼镜中都会播放特制的全方位音画展示，每一项元素都与购物者所品尝的啤酒相匹配。

至关重要的一点是，声音、颜色、形状和运动模式都经过专门设计，与试喝的啤酒风味匹配，以期改善试喝者的味觉体验。[58] 这场活动深受消费者的喜欢，也展现了将科技应用于零售业的众多途径之一。[59] 利用数字技术的最新发明来对消费者的多重感官品尝体验进行感官调控，相比让消费者用廉价而无质感的塑料杯喝一小口某种饮品的传统试喝方式，显得既高端又上档次。难道组织这种试喝活动的人就不明白，玻璃酒杯越重，消费者会越觉得里面的东西好喝吗？[60]

在线多重感官购物

21世纪初，常有人说，谁也无法说服消费者在线购物。客气地讲，这种说法如今已经过时了。[61] 然而，当我们在线购物时，根本没办法触摸或试穿服饰或鞋类，因此退货率高得可怕也就不足为奇了。2017年《金融时报》（*Financial Times*）的一篇报道指出，仅在英国，零售商每年因处理退货而损失600亿英镑，而在美国，业界因退货而造成的损失也逐年增加。当然，实体店也有退货，但在线购物退货率确实高出很多。[62] 零售商品定制盛行，或许有助于从某种程度上解决这个问题。毕竟，假如定制的耐克气垫跑鞋（Nike Air）或路易威登（Louis Vuitton）手包上有了你的姓名首字母缩写，要想退货可就难多了。

目前，许多数字营销者所面临的挑战是，营销策略只能针对一个或最多两个感官，即视觉，有时候还包括听觉。这些都是较为高级的理性感官。当然，科技专家和零售行业未来主义者早就做出承诺，说我们的电脑（最近又加上了智能手机）很快就将能够让消费者感受新款羊绒毛衣或丝滑睡衣的柔软质感。[63] 曾有人信誓旦旦地说，技术进步很快将能够让我们在线闻到想买的香水的气味，乃至尝到我们正犹豫要不要买的比萨饼的味道。想必不用我说你也知道，他们并未兑现自己的承诺。不仅如此，这种状况在短期内实现的可能性也微乎其微。想知道那些曾对我们夸夸其谈的公司的命运吗？大部分都在几年前破产，而且顺道卷走了投资人的风险投资。在谈到一家承诺给在线购物者提供产品嗅觉体验却最终破产的初创公司时，一篇文章如是说道："烧掉 2000 万美元是什么滋味？问一问数字气味公司（DigiScents）便知！" [64]

鉴于人们根本不愿意在线购买某些商品，让我们这些做营销的实在是羞愧难当。如果你不相信我，请扪心自问：你是否愿意在没有事先闻闻某种新款香水或刮胡水的情况下就买下它？我的回答是肯定不会的。由于相应的技术解决方案尚未出现，至少某些产品的在线零售仍会受到限制，因为以当前可预见的技术而言，要想在线打造完全的多重感官体验并不现实。相反，我们或许会见到更多的联觉营销（比如上文提到的健力士啤酒），以及打造更为独特的体验，即下文将描述的本章最后一个案例。

在线营销的前景

2018 年，我和同事与威士忌生产商格兰杰（Glenmorangie）紧密合作，开展了一个意在揭示数字营销未来走向的项目。我们确定了与该威士忌酒相应的苏格兰主题相关的 ASMR 最优感官触发因素。ASMR 是指聆听他人耳语或摩挲纸张时大脑所产生的放松反应。通过采访大量在线 ASMR 使用者，我们的研究最终确定的主要感官触发因素包括现实声音慢节奏特写和无背景声音。高音调的声音和结构也同样重要。随后，托马斯·特劳姆（Thomas Traum）、朱莉·韦茨（Julie Weitz）和克雷西工作室（Studio de Crécy）以受访者推荐的这些感官触发因素和其他刺激为科学灵感来源，给格兰杰的三款威士忌：原味威士忌（Original）、雪莉酒桶窖藏陈酿纯麦威士忌（Lasanta）和稀印威士忌（Signet），分别制作能使人想起该威士忌"独特风味、独特环境"的影片。

开始激发活动时，我们请消费者给自己倒一杯钟意的酒款，戴上包耳式耳机，然后在线观看相应的视频内容，通过数字中介的内容来激发食欲。这成为该公司的在线营销历史上最成功的广告活动。毕竟，遇到一款能让你的脊椎产生愉悦的战栗的饮品，并非常有之事。[65]

如同健力士啤酒的案例一样，格兰杰的广告活动表明，我们可以利用数字体验的最新发展，辅以新兴的认知知识，来调控居家在线购物或实体店内购物的多重感官体验。弄明白如何用数字技术传达、改善和宣传这种体验，将是未来感官调控所面临的最大挑战之一。

血拼至死

无论你是不是感官瘾君子，对于我们为什么难以停止购物，你现在或许都有了较为深入的理解。最为重要的是，感官调控学解释了为什么有那么多人会血拼至死。当你身处商店中时，从目之所视到耳之所听，从鼻之所闻到肤之所感，这些全都经过精心设计和（或）控制，以营造恰如其分的多重感官环境氛围。如此一来，我们在商店里就会待得更久，买的东西也会更多。这还有什么可奇怪的吗？

但无论你买了什么东西回家，千万记得洗洗手，以免接触污染。别提什么新冠病毒啦，想想快餐店触摸屏上发现的东西就够了。

7 感官疗愈之旅

先提一个问题：你会介意外科医生一边给你做手术一边听音乐吗？许多人可能从没考虑过这个问题，但大多数手术室中确实都会播放音乐。《英国医学杂志》（*British Medical Journal*）2014 年发布的一项研究指出，手术室中 62%~72% 的手术时间都会播放音乐——主要是古典乐。[1] 事实证明，音乐在手术室中和在餐馆的厨房里的作用一样，有助于缓解从事标准操作程序工作所引起的乏味情绪。在手术室，标准操作程序包括开展髋关节置换术等，而在厨房，则包括把一桶土豆或胡萝卜切成细丁等。由英国外科医生罗杰·尼伯恩（Roger Kneebone）和现代主义厨师约瑟夫·优素福（Jozef Youssef）共同执笔的综述指出，实际上，专业化餐馆厨房和手术室的共同之处超出你的想象。

大量研究表明，人的工作表现会受到音乐节拍的影响。鉴于此，我们自然而然地会想到，在听快节奏的音乐时，外科医生做手术的速度会不会提高？但重要的不仅是音乐的节奏，还要找对音乐类型。

不知道你怎么想，但如果我的外科医生一边听死亡金属，或者皇后乐队（Queen）的《又干掉一个》（*Another One Bites the Dust*），甚至REM乐队的《全世界都受伤》（*Everybody Hurts*），一边给我做手术的话，我的心里肯定会不舒服。对于喜欢做整形手术的人来说，如果你的整形医生歌单里有红辣椒乐队的《疤痕》（*Scar Tissue*）这首歌，那就有点不懂得照顾别人的心情了。[1]

虽说在病患群体中展开适度的对照研究受到伦理方面的限制，但事实表明，实习整形医生一边聆听个人喜欢的音乐，一边做猪蹄缝合手术，比没有任何背景音乐时做手术的速度明显加快。2 在该例中，播放背景音乐使得医生缝合伤口的时间缩短了8%~10%，同行对其缝合质量的评价也较高。卡伦·艾伦（Karen Allen）和吉姆·布拉斯科维奇（Jim Blascovich）面向50位男性外科医生展开的研究表明，相比没有任何背景音乐，或者被迫聆听研究者提供的音乐，如果允许外科医生聆听自己喜欢的音乐，其执行充满压力的实验任务时的心跳速度会略微加快，并且手术表现也有所改善。3 外科手术成本高昂，医院的会计自然会想到通过加快音乐节奏来降低成本。2005年，北美洲的医院每分钟的手术室费用超过60美元，这意味着只要将250例手术的时间平均缩短大约7分钟，就能节省10万美元以上。4 放在今天，节省的费用只会更多。

你是否记得一款名叫"手术"（Operation）的儿童电动游戏？可

---

[1] 请发挥你的想象力，找出更多不适合加入外科手术歌单的歌曲，就是那些谁都不愿意听到的歌曲。

怜的病人躺在手术桌上，玩家轮流用镊子把各器官和骨骼从伤口中取出来。迟早会有玩家不小心碰到伤口周边，导致这位昵称为"空腔萨姆"（Cavity Sam）的病人触电短路，蜂鸣器随即响起，鲜血从他的鼻子里喷涌而出。2016 年，352 人受邀在伦敦的帝国理工节（Imperial Festival）一边听三首歌曲中的一首，一边玩这个游戏。男性玩家在聆听澳大利亚摇滚乐时的表现，比聆听预先录制的手术室音乐时的表现要差（女性玩家并未出现这种情况），其在游戏中做手术的速度明显变慢，失误更多，表明他们较难集中精力。相反，聆听莫扎特的玩家则认为音乐没有那么分散注意力，但让人惊讶的是，他们做手术的速度并未加快，失误也未减少，这与论述"莫扎特效应"的相关文献的观点相互矛盾。[5] 至于这些有趣的研究结果会对外科手术团队所听的音乐产生何种影响，就要靠你自己来判断了。

在另一项较为严肃的研究中，专业麻醉师在报告中称，雷鬼音乐和流行音乐格外分散注意力。[6] 但无论选择哪种音乐，不一定会让在手术室里工作的每个人都喜欢，而且外科医生在选择折中的歌单时会产生紧张情绪。[7] 所以说，等你下次再去做常规手术的时候，一定要看看医生打算听什么，这真的会影响他们——和他们的同事——的表现。以上便是通过感官调控来影响医疗效果的案例之一。

医院越来越像高端酒店是怎么回事？

从出生到死亡，以及介于二者之间的某些时刻，每个人都与医疗体系脱不开关系。医疗体系一方面辅助我们的身体正常生长发育，一方面尝试应对人体生长发育过程中不可避免的问题。从传统角度来讲，无论我们处于人生的哪个阶段，医疗（相对于感官调控而言）总是第一位的。有意思的是，早在1974年，传奇营销者菲利普·科特勒就很有先见之明地指出：要将零售业的环境氛围营销经验，应用到精神病学家办公室的设计中去。[8] 最近，人们正尝试把"体验经济"的理念应用到医疗服务中去。此类探索在私营医疗体系中较常见，至少在英国是这种状况。不过，全世界的医院、医师、牙科医生、看护中心乃至整形外科医生，无论是公立系统的还是私立系统的，都越来越重视采用具备多重感官属性的手段对医疗行业所起的作用。确实，越来越多的医师把这看作其所提供的服务或体验的重要构成部分。在美国，一些医师的工资是由病患的满意度评分决定的。[9] 与满意度挂钩的工资已占美国医师年薪的40%以上，而且这个比例还将继续上涨。[1]

这样的侧重点转移，至少部分源于某些地区的私营医疗服务提供者之间的竞争日益激烈，因为当已经无法再向潜在顾客或利益相关者提供具有实质性差异的医疗服务时，比如更先进的扫描仪或更崭新的医疗设备，人们就会把目光转向提升患者体验的质量上去。相比传统医疗机构，这种体验上的转变在那些看起来像高端酒店的私营医院中更常见；或者正如2019年年初的一篇新闻报道的标题所说——"妙佑医疗国际：看似酒店，却是全球最好的医院"。[10] 该文

---

[1] 人们不禁会想，这是否与美国当前的阿片类药物危机有联系？毕竟，不给病患开他们想要的止痛片，必然会导致医师的评分降低。

指出，全世界都是奔着这家医院的患者体验质量而来的。但有一点需要指出，这里所涉及的体验质量并非只是搞好外观而已。患者的评分确实与治疗效果相关。[11] 因此，关注患者满意度这一举措，很可能既可以有效地提高医疗的质量，同时又能从长远的角度缩减开支。这一点非常重要，因为任何提高治疗效果的做法，都有可能使成本降低，从而让医院的会计笑逐颜开。

2016 年的一项研究分析了联邦医疗保险和医疗辅助计划服务中心（Centers for Medicare & Medicaid Services，简称 CMS）发布的 3000 多家美国医院风险调整后数据，结果表明，患者体验与临床治疗效果息息相关。该研究的作者称："从统计数据来看，住院并发症越少，患者体验的评分就越高。同样地，出院后 30 天内计划外再入院的概率越低，患者体验的评分越高。"[12] 次年发布的另一项研究，分析了美国 3767 家医院在 2007~2012 年这 6 年间的将近 2 万条评论，结果表明，良好的患者体验与医院的利润提高相关；负面的患者体验与医院利润降低的关系更为紧密。[13]

在前文中，我们曾深入探讨过接触大自然对提升幸福感的益处。借助隐藏在医院和护理机构中的疗愈花园，大自然早已被纳入医疗服务之中。事实上，早期的西方医院是用草药、植物和与世隔绝的花园来治疗患者的。许多年来，这些静谧的场所为患者及其家属带来了安慰和舒适。一项研究表明，老年患者在护理中心的户外花园里待一个小时，相比在他们最喜欢的房间里待同等的时间，其行为能力有更大的改善。[14]《科学美国人》（*Scientific American*）的一篇文章指出，最让人安心的花园会调动人的多种感官："能让人看、摸、闻和听的花园，安抚效果才最好。"这篇文章还强调，花园"在 20 世纪的大部分时间内，被视为对医疗无关紧要，如今却回归视野，重新被纳入大多数新医院的设计之中"。[15]

早在 1853~1856 年克里米亚战争期间，弗洛伦斯·南丁格尔（Florence Nightingale）就已提出，安静的环境（以及自然光）有助于患者的病情恢复。从下文中，你也可以看出，在对病房看护进行感官调控方面，这位心思巧妙的护士的想法确实超越时代。不过，乌尔里希在 1984 年发表论文称，住在看得见风景的病房里对一组外科患者的恢复有积极作用，正是这个极具影响力的发现，真正引起了现代人对"健康本源学"（salutogenesis）的研究。1979 年，"健康本源学"由阿隆·安东诺维斯基（Aaron Antonovsky）首次提出，该医疗实践强调有助于人体健康和提升幸福感的因素，而不只是关注引发疾病的因素（发病机理）。健康本源环境，是指环境氛围内的多重感官因素的特征都经过精心安排，以帮助患者康复。[16]

健康饮食

采取健康本源学手段的理论听起来简单，然而奇怪的是，当今医疗环境/体验中的感官因素对患者的幸福感起到的似乎是相反的作用。想一想医院病房里那些让众多病人睡不了安稳觉的背景噪音，[17] 还有每天因让病人倒胃口而被退回厨房的医院食物。一项调查结果表明，在英国国家医疗体系（National Health System，简称 NHS）下属的医院中，多达 70% 的食物被原封不动地退回。[18] 这是证明医疗服务差劲的两个最明显且最受争议的案例，其原因可能在于医院过度强调发病机理，却忽视了健康本源。对健康进行感官调控的主要目标之一，是辨识可能对医疗服务产生负面影响的感官因素，并尝试加以解决。就刚刚提到的两个案例而言，就是要尝试降低环境噪音水平，提高食物质量。[1] 19 这些解决办法在某种程度上看似稀松平常，但不代表它们不会对患者的幸福感带来全面的、有益的效果。

例如，英国国家医疗服务体系在英国六家综合性医院进行的一项为期两年的实验表明，只需每天给髋部骨折的老年患者多加一餐，并鼓励他们吃掉，他们的住院死亡率就下降了一半。没错，就是一半（从11%下降到5.5%）。看到这项研究结果后，整形外科主治医师多米尼克·英曼（Dominic Inman）感动地说："如果把食物看作一种非常廉价的药物，其药效是十分强大的。" 20 不过，在该实验中，营养师每天早上都会询问患者想吃什么，然后在其就餐时间坐下来陪着他们，并确保他们吃完。不过，提供此类定制服务的成本压力或许很快就会显现出来。而在美国，我的朋友克洛迪娅·坎波斯（Claudia Campos）博士及其同事开展的研究表明，按照得舒饮食法（Dietary Approaches to Stop Hypertension，简称 DASH）向多种族患者提供饮食产生了积极效果。这些研究者发现，从长远来看，严格遵守该饮食指南的患者罹患心脏疾病的风险大大降低。21

我们不妨来看一下这些年几种低成本的感官干预手段有效增加患

---

[1] 在抵制产生负面影响的感官因素的同时，越来越多的人积极尝试提供创新的感官干预方法——并且朝着多重感官发展。在某些案例中，此类干预手段甚至针对个人进行调整，比如定制营养。

者摄食量的案例。阿尔兹海默症和（或）失忆症患者难以区分食物和盘子，灰白色的医院食物——比如土豆泥、奶油色的酱、鸡肉和大多数鱼肉——盛在白色餐具上，他们根本看不出来。有研究表明，医院和长期护理中心使用高对比度的红色或蓝色餐具、刀具和杯具后，能将患者摄食量提高 30%。由此看来，近些年浮现出许多初创公司为公众提供此类视觉增强的餐具，其原因不言自喻。[22]

另外一个相对简单的、低成本的、适用于进餐时段的感官调控手段，是播放音乐或大自然环境声景，让那些过于焦虑而不肯用餐的患者放松下来。这种情况尤其常见于精神病患者以及越来越多的阿尔兹海默症 / 失忆症患者。有意思的是，早在 20 世纪 70 年代，北美洲的几家精神病医院就已通过播放《海鸥：休息与放松音乐》（ *Sea Gulls... Music for Rest and Relaxation* ）来实现这一目标。[23] 这种做法远远早于赫斯顿·布鲁门索（Heston Blumenthal）所创造的闻名世界的"海洋之声"（Sound of the Sea）菜式——一盘生鱼片和一个装在海螺壳里的 MP3 播放器一起被端到桌上，MP3 里播放海鸥的叫声和海浪轻轻拍打沙滩的声音。上述两个案例的目的，都是对用餐体验进行感官调控，不过，第二个案例并不是要安抚情绪焦虑的食客，而是要激发他们内心的积极怀旧之情。

几年前，我有幸为一个芳香增味系统的开发项目（后来获得大奖）提供过咨询服务，更确切地说，是一个能释放食物气味的闹钟。这款闹钟的名字叫作"奥德特"［Odette，得名于该项目中一位绰号为"奥德特的香水"（Odette de Toilette）的气味专家］，它会在可能忘记吃饭的用户家里每天释放三次激发食欲的食物香味。该产品在刚发布时共有六种香味，包括鲜橙汁味、杏仁果酱馅饼味、自制咖喱味、粉红葡萄柚味、牛肉炒菜味和黑森林奶油蛋糕味（这些都是针对目标年龄群体精心挑选的常见食物香味）。该项目的目标令人钦佩：帮助因营养不足而可能需要住院的早期阿尔兹海默症/失忆症患者，让他们能够在家里多居住一段时间。在这项为期十周的小规模试点研究中，共有 50 位失忆症患者及其家属参与使用该闹钟，结果表明，相比在该群体中常见的体重减轻现象，最终有一半的患者维持了体重，或者略有增重。这便是有可能帮助到需要营养的人每天多吃一点的低成本感官调控手段之一。[24]

健康环境：医疗的艺术与错觉

跟工作场所一样，能看得见大自然风景的病房，似乎也有助于外科手术患者的康复。然而并非每位患者都能享受到这种待遇，所以我们需要采取一些感官调控手段。[1] 盆栽有助于减轻压力，并且能让医院环境稍微地看起来不那么吓人，因此我们可以从这里入手。[25] 在墙上悬挂艺术品，也有助改善患者的治疗效果。英国卫生部（Department of Health）艺术与健康工作组（Working Group on Arts and Health）在 2006 年的报告中指出，艺术品"明显能够为患者、享受服务者和员工创造和提供改善健康、提升幸福感和体验感的重大

---

[1] 重症监护室（intense care unit，简称 ICU）中缺乏自然光，也会增加年老患者精神错乱的风险，对失忆症患者尤其如此。这种现象被称为"日落症"（sundowning）。

机遇"。[26] 我来举例说明一下：许多人在医院环境中会出现血压升高的情况，这叫做"白大褂高血压"（white-coat hypertension）。有意思的是，只需在诊疗室的墙壁上悬挂风景图片，患者的这种状况即可得到减轻。[27] 与此同时，患者在接触艺术品后，疼痛水平下降，临床治疗效果得到提高。[28]

艺术品的存在，可能正是越来越多的医院看起来像"高端酒店"的主要原因之一。不过，虽然公立医院财政紧张，无法像妙佑医疗国际一样拥有煊赫的艺术收藏——包括罗丹（Rodin）[1]、安迪·沃霍尔（Andy Warhol）[2]、戴尔·奇胡利（Dale Chihuly）[3] 等人的作品，但仍可以效仿采取此类简单的感官调控手段。1860 年，同样是弗洛伦斯·南丁格尔直观地指出艺术的疗愈功效：

> 美丽事物、事物的多样性，尤其是颜色的亮度……的功效根本未受到重视。形状、颜色的亮度如何对人产生影响，我们对此所知甚少，但我们明确知道它们会对人的身体产生实质性影响。物体形状和颜色亮度的多样性都有助于患者康复。[29]

医院墙壁上的艺术品不仅有助于调整患者对医疗效果的预期，而且能作为医疗手段的一部分。色彩疗法是从 19 世纪末开始流行起来的感官调控手段。在支持色彩疗法的人看来，只需让风湿病、炎症、

---

[1] 罗丹（1840—1917），法国雕塑艺术家，主要作品有《思想者》等。——译者注
[2] 安迪·沃霍尔（1928—1987），波普艺术的倡导者。——译者注
[3] 戴尔·奇胡利（1941—），美国玻璃雕塑师、企业家。——译者注

焦虑症、精神分裂症或其他精神疾病的患者接触特定颜色的灯光，就能达到治疗效果。其中一位支持者埃德温·巴比特（Edwin Babbitt）[1]指出，红色灯光可以被用于缓解身体疲劳和治疗慢性风湿病，黄色灯光可以被用于通便和治疗支气管炎，蓝色灯光可以被用于消除炎症……[30] 时至今日，虽然主流医疗职业人士认为，色彩疗法只不过比伪科学稍微强一点，但要记住，颜色和光线确实会对我们的社交、认知和情绪幸福感的诸多方面产生重大影响。回想一下：清晨的蓝光有助于使人保持警觉，而把拘留室涂成泡泡糖粉红色，据说能安抚焦躁的囚犯。[2] 画廊里的血红色墙壁或许能衬得风景画好看，但如果同样的色彩出现在医院里，恐怕其效果就唯有让人心生不安了。

由此看来，正如墙壁上的艺术品一样，颜色和光线确实也在医院设计中起着重要作用。[31] 的确，许多饱受好评的医疗机构的墙壁颜色都与诊室情境相符，追求的就是其对患者心理的作用。例如，在妙佑医疗国际，"连墙壁的颜色都经过精心选择，以激发患者的特定情绪——癌症诊断区采用的是柔和的蓝色、绿色和紫色，以激发患者的平静情绪，降低其压力水平。问诊室被涂成蓝色，因为该诊所的研究者发现，蓝色更有助于构建信任。"[32]

在说到医院的不同诊室情境为了达到特定的心理效果而使用不同颜色时，你是否想过，为什么手术服和病房隔帘通常都是绿色的？这种感官调控手段，有助于减轻手术室医护人员长时间盯着病

---

[1] 埃德温·巴比特（1828—1905），美国心理学家、色彩心理学家。——译者注
[2] 即第 1 章所说的贝克米勒粉。

人血淋淋的内脏而产生的视觉后效。当你长时间专注地看着某样东西之后，即使把目光转向别处，仍会看到所见事物的负面残像。而绿色与红色能形成强烈的对比，外科医生把目光转向别处后，他们所看到的内脏残像将会变成绿色。这个感官调控手段的作用是，当你看到绿色的表面时，此类残像被淡化，因而不会那么分散注意力。

若干病人饱受顽固慢性疼痛的折磨，而传统镇痛方法无济于事，就利用视觉暗示来改善医疗效果来说，更为引人瞩目的或许是心理实验室设计的一些多重感官错觉有望减轻此类疼痛。早有证据表明，感官调控在帮助幻肢疼痛或复杂性局部疼痛综合征患者（complex regional pain syndrome，简称 CRPS）方面，大有潜力。一种备受瞩目的心理干预手段采用了镜箱。这种视觉错觉——更准确地说，是多重感官错觉——被用于减轻截肢患者所遭受的幻肢疼痛，即许多截肢患者会感到被截掉的肢体产生难以忍受的疼痛。[33] 这些患者通常因为遭受了引发他们极大痛感的意外事故而接受外科手术截掉了相应肢体。如果患者对受影响肢体的最后记忆是它遭受疼痛，那么在某些不幸的患者案例中，这种痛感在截肢后仍会持续存在。[1] 因此，尽管受影响的肢体已被截断，但由于缺乏与之矛盾的感觉运动反馈，患者的大脑便难以更新这最后的印象。相反，患者很可能觉得幻肢疼痛难忍，常常像痉挛一样，想动却动不了。

镜箱的理念是利用患者完好肢体的镜像，让患者误以为截断的肢体已恢复原样。当患者移动完好的肢体时，他们会从镜像中仿佛

---

[1] 时至今日，经验丰富的外科医生会在进行截肢手术前先给患者打麻醉药。

看到被截断的肢体在移动。这种矛盾反馈促使疼痛的幻肢放松，从而减轻它所引发的疼痛。不过，后来的研究提出质疑：镜箱疗法虽有其功效，但这是对患者的感官进行调控——即让患者感觉自己被截断的肢体仍在——的直接结果吗？几年前，当洛里默·莫斯利（Lorimer Moseley）教授还在牛津大学执教的时候，他作为主要作者与我一起探讨了这种手段的原理：可能是让患者设想移动幻肢所引发的运动想象在起作用。[34]

利用镜箱错觉让断肢患者看到其幻肢

　　牛津大学的研究表明，另一种同样神奇的方式也能帮助减轻复杂性局部疼痛综合征患者的痛感。复杂性局部疼痛综合征通常在患者受伤后出现，比如意外事故导致腕部骨折。起初患者看似完全恢复，但在大概六个月后，其受伤的肢体会出现难以忍受的痛感。此外，受伤肢体往往还会出现肿胀的症状，并且医生发现该肢体比未受伤的肢体温度更低——这是该症状的标准临床测试结果之一。另外，止痛药一般不起作用，而当疼痛难忍到一定程度时，患者甚至会要求（或者说是哀求）医生做手术将其受伤的肢体截掉。我以前的导师乔恩·德赖弗（Jon Driver）教授，是促使我进入这个研究领域的领路人。几年前，他骑着脚踏车从高速公路桥上摔下来，导致腿部患上严重的复杂性局部疼痛综合征，使我真正见识到了该病症的可怕之处。

我与主导研究者洛里默·莫斯利合作，让十名长期遭受复杂性局部疼痛综合征折磨的患者用凹透镜——和颠倒过来看望远镜是同一个道理——观察自己受伤的肢体，使之看起来比实际的要小。结果令人震惊：仅仅几分钟内，这个简单的感官调控手段就大大减轻了患者的主观痛感。此外，作为该症状的客观量化指标，受伤肢体的肿胀程度也在几分钟内减轻。[35] 我们发表的其他研究结果表明，用橡胶玩具手让你相信你的一个手臂已经被替换了，也会带来相应的生理变化，比如受影响（或被替换的）肢体的温度迅速下降。[36]

医疗行业的一些从业者最初质疑采用视觉错觉来调控感官能否产生如此迅速的变化，但看到其他许多研究团队相继验证了我们的发现后，我们感到既满足又安心。[37] 因此，尽管证实此类解决方案的稳健性和持续时间无疑仍需长期的临床观察，但有一点已经明确：艺术和错觉在对医疗领域进行感官调控方面有着巨大潜力。不过，从许多方面的影响因素来看，该手段的终极问题在于患者对治疗效果的态度。

听觉健康

让我们回到医疗行业的听觉领域，因为这是目前出现问题最多的领域，也是出现某些最有趣的解决方案的领域。弗洛伦斯·南丁格尔在 150 多年前写的话鞭辟入里：“无用的噪音是最让人痛苦的，对病人如此，对健康的人也是如此。”[38] 正因为许多医院的视觉环境过于单调乏味，才导致医疗行业的噪音问题在患者的体验中显得更为突出。[39] 但凡住过医院病房或重症监护室的人都知道，里面特别吵闹，很大程度上是因为如今的病房里有太多的警钟、警铃和其他数字警报声。[40]

高分贝的噪音在白天就已经够让人心烦的了，到了晚上更是让人难以忍受。近几十年来，医院的噪音水平呈指数级增长。根据世界卫生组织发布的指南，医院病房的噪音水平，白天不得高于 A 计权 35 分贝，夜间不得高于 A 计权 30 分贝。[1] [41] 这里说明一下，A 计权 30 分贝的音量，相当于窃窃私语的音量。因此，医院的噪音峰值居然超过 A 计权 80 分贝——这相当于电锯的噪音音量，着实令人大吃一惊。[42] 在英国的一项观察性研究中，5 间重症监护室在白天的噪音达到 A 计权 60 分贝，高于 A 计权 100 分贝（相当于震耳欲聋的摩托车或手钻噪音）的峰值每隔两三分钟就能记录到一次。虽然夜间会稍微安静一些，但高于 85 分贝的噪音峰值每小时仍能监测到多达 16 次。

无怪乎那么多住院患者抱怨夜里根本睡不着。身患重病，夜间

---

[1] A 计权的分贝等级（即 dBA）是指声压经过计权，以模拟人耳的听觉特性。

还要每 6 分钟被噪音吵醒一次，患者的医疗效果肯定会受到负面影响。[43] 英国政府前任首席科学顾问戴维·麦凯（David MacKay）爵士的遭遇便是令人心痛的案例之一。在其住院期间，病房里冷酷无情的噪音逼得他痛哭不已。他去世前一天在博客上写道："病房里的各种灯、门开了又关，关了又开，特制机械床发出'嗞嗞嗞'的电子噪音和咣当声，一响就是好几个小时。"[1] [44]

噪音过大可能会有损健康这一点，不只体现在患者身上，操作人员也深受噪音的困扰，整形外科手术尤为突出。电锯、电钻和电锤一开，所产生的噪音的峰值往往会达到 120 分贝或以上，膝盖置换手术和神经外科手术更是如此。让我们来对比一下：军用喷气式飞机起飞时，后燃室的噪音会达到 130 分贝。噪音如此之大，可能会损害经常接触这些噪音的手术室工作人员的听力。不过，噪音对患者的伤害可能更大，虽然（但愿）他们听不到身边刺耳的噪音——因为手术期间按规定为其注射的麻醉药会麻痹其镫骨肌肉——正常情况下，这些肌肉会削弱人们对刺耳噪音的反应，保护耳朵免受损伤。[45]

许多人所熟知的另一种刺耳噪音是牙医的电钻声。[46] 如果有人能彻底消除那尖锐的嗡嗡声，或者给患者佩戴一副降噪耳机，或者让其看电影来分散他们的注意力，那么补牙的过程肯定不再那么令人心惊胆战。把噪音换成稍微好听一点的声音或许也能有所助益，阿德莱德大学（University of Adelaide）的塔莎·斯坦顿（Tasha

---

[1] 众所周知，夜里睡不好觉的患者，其康复速度很可能比不上那些利用夜间睡眠来恢复精神的患者。这里还要注意，患者恢复速度较慢可能还会导致成本增加。当然了，这个道理也同样适用于营养品（我说的是可口的营养品）摄入不足的患者。

Stanton）——曾在 2019 年到我位于牛津大学的实验室访问——主导的研究结果就佐证了这个建议。如果在患者针对僵硬的背部进行弯腰锻炼时，播放舒缓的悦耳音乐，相比门的嘎吱声，慢性背痛患者的柔韧性会提高。[47] 需要注意的是，尽管音乐和疼痛、运动无关，但无论你是背痛抑或臼齿疼痛，在进行疼痛难忍的康复训练时同步播放悦耳的音乐，都会使病情有所改善。

按照我的想法，要想减轻看牙的痛苦，还应该发明一种办法，既能让我把注意力从自己的口腔转移到别处，同时又能避免嘴巴在牙医看病时不自觉地闭合。过度关注或只想着疼痛或疼痛的部位，会使看病体验更加不舒服。相反，无论是通过大自然的风景或声音，抑或是让患者沉浸于其他事务中，从而把注意力从疼痛刺激或疼痛部位转移到别处，都有助于减轻患者的疼痛。[48] 为患者提供虚拟现实耳机，让他们在保持清醒的同时，把注意力从极为痛苦的手术程序（比如伤口包扎）转移到别处，很大程度就是出于这个原因。[49]

威尔士的一家医院最近也开始采用虚拟现实分心手段，使就医者在另一种极为痛苦的情境——分娩——中分散注意力。[50] 牛津大学纳菲尔德学院（Nuffield）麻醉科学教授艾琳·特雷西（Irene Tracey）是这么定义"终极疼痛"（在蒙特利尔疼痛量表上的分数为 10 分）[1]的："我曾经历过 3 次分娩，现在对'终极疼痛'的感受与生孩子之前大不相同。我的疼痛量级发生了翻天覆地的变化。"[51] 除了病房、

---

[1] 蒙特利尔疼痛量表（Montreal Pain Scale）又称麦吉尔疼痛问卷表（McGill Pain Questionnaire），是标准自诉量表，广泛用于衡量个人痛感的性质和强度。

重症监护室、手术室或牙医外科手术中的过度噪音以外，医疗情境中的声音还会对我们产生哪些影响呢？

音乐疗法

前文提到，播放音乐对外科医生开展手术有帮助，那它对患者是否也有好处呢？换句话说，音乐能否被用于缓解疼痛？音乐是止痛药，这个说法听来有些荒诞，但许多研究结果都表明，音乐确实能缓解疼痛。事实上，音乐在各个阶段的医疗服务的益处，都有令人信服的证据支撑，这不仅体现在前文提到过的外科手术过程中（获益者主要是工作人员），也体现在患者围术期的各个阶段。例如，音乐可以帮助患者在进行医疗干预前放松心情，还能帮助他们把注意力从各种痛苦的手术程序中转移到别处。音乐可以被用于安抚等待乳房活检结果的女性，也可以抚慰进行机械呼吸的患者。[52] 凯特·康拉德（Kate Conrad）等人发现，播放音乐有助于减少为了让患者达到预期的平静程度所需注射的镇定剂剂量。[53] 若干其他研究结果也同样证实了音乐的镇定功效和镇痛作用。[54] 已发布的几百项实验结果和大量考科蓝综述文章（Cochrane Review）[1] 都强调了音乐在医疗中的益处。

音乐不仅能帮助患者减轻焦虑情绪和压力，还有助于患者应对疼痛，从而可能缩短其康复时间。[55] 不过，在某些人看来，音乐是医

---

[1] 考科蓝政策研究院（Cochrane Policy Institute）发布的独立综述文章，被公认为鉴定特定医疗话题经验性证据（包括重大发现和零结果）的黄金标准。

疗服务中的非必要元素。为此，我们要给出充分的（声音）——不好意思，这是个双关语——商业案例[1]，比如爱尔兰的一家医院，就会现场演奏音乐。56 医疗主要关注治疗和预防（或者二者颠倒过来）疾病，而不是娱乐。因此，如果能对医疗体验的某些方面进行感官调控、降低成本和（或）提高治疗效果，并在彼此之间建立起联系，这将是把感官调控持续纳入医疗领域的关键。

展望未来，用不了多久，就会有人开发出一款软件，能够帮助患者选择与医疗情境匹配的音乐。你不禁要问：既然音乐对医疗如此重要，为什么在实践中，我们却往往采用为其他用途或场合所创作的音乐？[2]为什么不专门创作用于医疗的音乐？几年前，传奇音乐人布莱恩·伊诺（Brian Eno）在这方面做出过一些创新尝试：他为那些需要应对坏消息的人谱写了专用音乐，给萨塞克斯郡（Sussex）蒙蒂菲奥里医疗中心（Montefiore Hospital）的患者打造疗愈环境声景。57

妙手仁心

许多人处于"触觉饥渴"状态，而通过触碰、抚摸或按摩来刺激皮肤，对一个人的每个不同生命阶段内的身心健康都有益。此外，对于患者来说，接触或许尤为重要。多年来，佛罗里达的研究者、迈

---

[1] "充分的（声音）商业案例"英文原文为"a sound business case"。英文中，sound 既有"充分的"之意，又有"声音"之意，因此这里使用了双关语。——编者注

[2] 传统上与葬礼和悲痛相关的音乐是少数例外之一。有意思的是，无论任何地方，这类音乐通常都有着类似的声音特性，即是柔和的，且是小调。

阿密大学米勒医学院触觉研究所主任蒂法尼·菲尔德及其同事，发表了多项研究成果，证实了人际接触的疗愈功效。[58] 不过，科学界尚有许多人对此表示怀疑，原因之一是研究者们没有提出合理的神经生理学机制来解释此类研究结果。但这一现状已经开始改变了。有毛发覆盖的皮肤（即除了脚跟和手心之外的所有皮肤）是通过自身独有的感官系统来接受刺激的。在有毛发覆盖的皮肤中，近期发现的 CT-触觉传入纤维倾向于对缓慢而温和、速度相当于正常抚摸（约3~10厘米/秒，等于1~4英寸/秒）的触碰做出反应。触碰或抚摸皮肤不仅会使人产生主观愉悦感，还能促进催产素和阿片肽的分泌。[59]

　　人际接触有助于放松心情、改善睡眠、减轻疼痛和防治感染。不过，如今人们较为担忧的是，不得当的社交接触可能会适得其反，这在严格规定保持社交距离的当下显得尤为突出。另外，与不熟悉的人进行人际接触会影响人的情绪，所以人际接触也会对那些需要经常提供接触服务的人造成伤害，比如为患者做按摩治疗的护理人员。对此，可能的解决办法是把人际接触过程自动化，比如使用按摩机器人或者按摩椅，但有研究结果表明，模拟刺激的效果似乎不如人际接触好。截至目前，研究者尚不清楚其中的缘由。为了达到效果，或许接触机器或工具还需要像人类皮肤一样温暖（机器人一般都是冰冷的）；还有可能是因为人工触碰所蕴含的真实关切、在乎或同情等情感缺失了。当然，还有一点不能忘记：距离近到能触碰到的程度，相互之间肯定也能闻见气味。或许正是嗅觉暗示或费洛蒙[1]

---

[1] 费洛蒙，信息素，指的是由一个个体分泌到体外，被同物种的其他个体通过嗅觉器官察觉，使后者表现出某种行为、情绪、心理或生理机制改变的物质。——编者注

暗示与柔和、温暖的触觉刺激共同作用，才能带来最大的幸福感。[60]

在我母亲度过人生最后时光的那家疗养院里，护工会定期安排人带猫头鹰来让住院患者抚摸。很难说这么做有没有用，因为当阿尔兹海默症对我母亲的精神能力的影响越来越深的时候，我觉得她很喜欢这种跟大自然的定期接触。事实上，动物疗法如今在许多具有前瞻思维的医院和护理机构中的应用越来越普遍。触碰活物并与之互动，确实会给人带来一些亟需的心理慰藉。[61] 不过，鉴于大量切实可靠的科学研究结果证实触碰所谓有毛发覆盖的皮肤（无论是否真的有毛发覆盖）对人的健康确有益处，我们很难不去给予那些长期被忽略的区域应该得到的关注。换句话说，对于那些需要得到满足的人来说，刺激皮肤（准确地说，是刺激CT-触觉传入纤维）应当被视作生物必需品，而不是奢侈品。

气味感官疗愈

值得注意的是，就连释放香甜气味（比如焦糖味或香草味）这么简单的做法都有助于人们应对痛感。因此，气味也会在医疗行业领域中起到非常重要——却极少被人认可——的作用，比如芳香按摩以及遮掩刺鼻气味等等，都对患者有益。早在20世纪60年代，一位评论者就已提倡医院尝试"气味疗法"，即向病房内释放宜人的气味，以提高患者的安全感和幸福感。[62] 在澳大利亚的一项研究中，对比无气味、刺鼻的气味（如麝香）和虽好闻却不香甜的气味（如刮胡水）等三种情境，大学生在闻到焦糖味时，忍受冰浴（业内称之为"冷压测试")痛苦的时间明显变长。[63] 有研究结果表明，在给新生儿吃糖果后，他们能更好地忍受戳脚跟筛查的疼痛，而澳大利亚的这项研究就是以此为基础进行的。由此看来，甜味（无论是嘴里吃到的，还是鼻子闻到的）似乎具有镇痛效果，它既能减少新生儿的啼哭，也能提高成年人的疼痛耐受度。[64]

除了冰浴测试的案例外，如今还有许多研究结果表明，气味可以被用于放松心情和减轻压力。[65] 例如，当补牙中常用的丁香酚气味被橘子气味所取代时，女性做牙科手术的焦虑水平会下降。[66] 不过，这里要指出一点：并不是丁香酚气味本身会引起患者紧张，而是先前的牙科手术经历使得患者对这种气味产生了负面 / 紧张联想。[1] 也就是说，大脑很快意识到，该气味一般与不愉快的感觉有关，所以才会担心后面可能会发生的事情。[2] 不过，多去几次充满橘子气味的牙科诊所之后，橘子气味也会让人产生负面联想，因此最好的解决办法是，大约 6 个月（常见的牙科检查间隔期限）换一次气味。[3]

多重感官与治疗

对医疗行业进行感官调控的相关研究，通常每次只针对单个感

---

[1] 在第 4 章里，我们探讨过新车味之所以受人喜欢，正是因为它所激发的联想，即大额消费。

[2] 有意思的是，许多研究结果表明，女性比男性更容易受环境气味影响，说明女性对气味刺激的敏感度可能高于男性。

[3] 这种办法的缺点是，它没为医疗行业标志性气味的引入提供太多的空间。在许多商业情境中，比如酒店和商店，专属气味的应用越来越普遍，所以很快就会有公司为优质医疗服务供应商研制出独特的专属气味。那样的话，我很好奇美国或英国国家医疗服务体系中的医疗补助部门将会是什么气味。

官；而在现实环境中，多个感官信号往往会相互竞争，以博取我们的注意。因此，如果不同时考虑其他感官的反应，就没办法全面地考量调控单个感官的效果；但是当多个感官暗示组合起来时，往往又存在感官过载的危险。这或许有助于解释在一家德国整形医院开展的研究结果：在播放大自然声音的同时，选择释放薰衣草香味或选择播放纯音乐，降低了等待就诊者的焦虑水平，但当这些感官暗示叠加在一起之后，就完全没有效果了。[67]

依托多重感官训练（Snoezelen）的概念，人们精心打造了恢复性（或者说是让人心安的）多重感官环境。"多重感官训练"由荷兰语中的"探索"和"休息"这两个动词组合而成，指注重发展既能让人放松又具有刺激作用的多重感官控制环境的方法。该方法将颜色多样的图案和光线、气味、音乐以及多种触摸材料融为一体。[68]起初，多重感官训练是为了给有特殊需求的群体，比如脑部严重损伤的患者，提供既能引起兴趣又让人放松的刺激，但此后其应用范围逐渐扩展到了其他群体。有人认为，此类非结构性的多重感官环境会对不同患者群体的行为产生有益影响，包括产后妇女、失忆症患者和某些精神病患者，但现有研究对该说法的支持较为有限。[69]

因此，从某种程度上来说，我们又要回到19世纪的色彩疗法概念。光线和颜色无疑会触动我们，但很可能只有在多重感官的整体环境（涵盖视觉、听觉、触觉、嗅觉乃至味觉）下，才会产生最大的效果。

要知道，谁也挡不住我们下次再去医院进行拟定治疗时选择自己的疗愈歌单，身上带着让人放松心情的气味去牙科，为疗养中的心爱之人提供可以触摸的东西，或是用更好的方式——亲自触摸他们。对健康和幸福感进行感官调控，就从这些基本的做起吧。

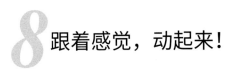

8 跟着感觉，动起来！

　　锻炼结果好不好，锻炼时是否精力充沛，真正的决定因素是什么？完全取决于我们的内在动机吗？是否可以借助别的辅助手段来提高锻炼的有效性？穿红色的衣服，或者闻薄荷的气味，这些简单的做法能对锻炼效果起作用吗？接下来，我们将揭示这个秘密：从根本上限制运动表现的，不仅仅是我们的肌肉、心脏和肺部，还有大脑。锻炼时，内驱力固然重要，但运动时所处的多重感官环境对我们的影响超出大多数人的想象。无论是室外的大自然锻炼环境还是如今随处可见的夜店主题健身房锻炼环境，通过优化锻炼环境，所有人都可以"推动"自己的身心幸福感走上正轨。

　　换句话说，感官调控可以优化锻炼环境，而优化锻炼环境能让我们从每次的锻炼中收获更多，或许最终还会使你更频繁地锻炼。有些感官调控手段非常直观，看一眼就能明白，比如聆听快节奏、响亮的激励性音乐，而有些手段则较为抽象。你是否曾想过，为什么职业足球运动员时不时跑到边线，喝一口运动饮料之类的东西，然后再吐出来？无论是从补充水分还是从补充能量的角度来说，饮料得咽下去才会产生效果吧？这个案例背后的真相超出你的想象：科学表明，有时候吐出来确实比咽下去更有效。这是在用严谨的科学方法调控足球运动员的感官，以提高他们的表现。不过，能从感官调控中获益的可不仅仅是职业运动员。

每个人都应当多锻炼，原因包含以下几方面：略尽绵薄之力，对抗越来越普遍的全球肥胖危机；通过有氧运动来提高我们的认知表现。[1]运动锻炼是应对许多现代疾病的有效方式。例如，锻炼有助于使人恢复精神；至少从近期发布的考科蓝综述文章的结果来看，锻炼甚至有助于降低罹患抑郁症的概率。曾就读牛津大学心理系的亚当·切克劳德（Adam Chekroud）近期发表了由他主导的一项研究成果，通过对120万余名北美居民的年纪、种族、性别、家庭收入和教育水平进行对照实验发现，相比不锻炼的人，锻炼的人自诉精神健康不良的天数减少了43%。[2]不过，尽管有大量、充分的证据证明锻炼对提升身心幸福感有益处，但也有研究表明，平均而言，大多数人的运动量根本不够。

从2008年英国健康调查（Health Survey for England）的数据来看，政府建议一周中要有五天进行不少于35分钟的中等强度体力活动，只有40%的男性和28%的女性达到了这个标准。美国的情况更加严重，目前仅有五分之一的成年人达到了建议标准。在老年人群体中，英国64~75岁的老年人仅有17%的男性和13%的女性达标。[3]截至2018年英国健康调查发布时，"27%的成年人自诉每周参与中等强度或高强度体力活动的时间少于30分钟，属于'缺乏活动'。"此外，该报告进一步指出："由于肥胖和身体质量指数（body mass index，简称 BMI）较高，半数以上的成年人（56%）罹患慢性疾病的风险增加、较高或非常高。"[4] 向更健康的生活转变刻不容缓，而感官调控便是解决这一巨大挑战的最佳方式之一。

室外锻炼和室内锻炼，孰优孰劣？

基于前文介绍过的大自然效应的各种益处，这个问题的答案似乎显而易见。毫无疑问，每个人都应当尽量在大自然环境中锻炼，而不是跑去像洞穴一样又黑又潮、汗臭味扑鼻的健身房中锻炼。然而，这种事往往是说起来容易做起来难。毕竟，75% 的欧洲人都住在城市环境中，他们根本没机会经常去大自然环境中锻炼。因此，如果说仅有的两个选项是在市中心环境中进行室外锻炼和在健身房中锻炼，或许后者确实最为合适。英国纯健身连锁健身房（PureGym）和动力健身（Energie Fitness）等健身房品牌越来越受人们的欢迎，市中心时刻都有新的健身门店开张。从这些来看，公众似乎早已做出了选择。《卫报》的一篇报道指出，健身行业在近些年呈指数级发展，英国七分之一的人都是健身房会员。[5] 最新报道表明，北美洲的许多城市也存在同样的趋势。[6]

不过，当你第一次走进一家新式风格的健身房时，你肯定会被里面的氛围给吓到。与灯光明亮的传统老式健身房截然不同，许多新式健身房里播放震耳欲聋的快节奏激励性音乐，氛围灯让人眼花缭乱，无论从视觉上还是从听觉上，都更像夜店或阿贝克隆比 & 费奇商店。[7] 这些健身房（或至少最好的那些健身房）承诺，向会员提供精心设计的多重感官环境，声称能帮助会员更好地实现健身目标。但是环境对锻炼动机乃至锻炼质量的影响，究竟有没有科学依据？哪种多重感官刺激最有效？从某种程度上来说，这完全取决于你想要通过健身计划取得怎样的结果。我们先从室内锻炼和室外锻炼的区别说起吧。

有研究指出，相比在室内跑步机上跑步，在室外跑步似乎更受欢迎，而相比在都市环境内慢跑，在公园里跑步更有助于精神恢复（具体而言，是情绪恢复）。[8] 丰富多彩的自然环境，有助于转移可能由体力运动而引发的负面情绪，从而产生积极的心理效果。来自该领域九项独立实验的一份系统性综述指出，已有基本充足的证据表明，在大自然环境中锻炼比在室内跑步对人更有益处。[9] 大家从这里应该看出来了，学者们不喜欢言过其实。

就恢复精神力而言，在大自然环境中锻炼或许效果更好；但如果你追求的是锻炼强度或持续时间最大化，那么健身房可能更有助于实现你的目标——至少在短期内是这样，部分原因在于，健身房为你提供了更为可控的感官环境。不过，无论多重感官氛围在我们锻炼时起到什么作用，更为重要的或许是，不管你选择了哪种健身计划，都一定要坚持下去。这方面的数据相当令人沮丧：将近一半的人在加入会员后的一年内就注销了会员。[10] 一些可能与此相关的轶事证据表明，如果锻炼活动是在大自然环境中进行的，我们或许更有可能长期坚持自设计划。[11]

分心乏力

许多人在锻炼的时候会看电视，把注意力从可能较为无聊的运动锻炼上转移开。为了让会员实现在野外分散注意力这一目标，英国戴维·劳埃德连锁健身房（David Lloyd）进行了一项奇怪的尝试。2018 年，该公司脑洞大开，让私教背着小液晶电视在野外环境中领跑，会员则紧跟其后。如此一来，会员就能一边亲近大自然，一边戴着无线耳机追最爱的电视剧啦（我真没开玩笑）。在这种特别的条件下，大自然效应是否仍然适用，实在引人深思。如果不适用，我觉得大家最好还是别自寻烦恼，乖乖地待在室内锻炼吧。英国公路竞赛协会（British Association of Road Racing）副主席罗兰·吉博德（Roland Gibbard）对此则更加直言不讳，称之为"徒劳的锻炼"，还说："我认为这样做很荒唐，完全抹除了在室外跑步的意义。站在跑步机上都比这强。"[12] 他说得太到位了。

当我第一次听说这件事的时候，我特意查了查这是不是商家的噱头。几天后，我看到另外一篇题为《最新健身趋势——穴居蛮女健身》的报道[13]，文章称，"基于一万年前人类自发采用的锻炼方法，像动物一样活动"的全新"祖传健康"运动将会大行其道。嗯……这让我更加坚定地认为它不靠谱。在我看来，有些人把进化心理学的理念和大自然效应玩得太过了。事实上，戴维·劳埃德连锁健身房的事，更像是由媒体主导的一场营销活动，并没有认真地尝试改变我们的锻炼方式。

除了把技术或娱乐融入大自然外，有些人还尝试把大自然（或虚拟大自然）引入室内。例如，伊利诺伊大学的阿特·克雷默（Art Kramer）让人们一边在室内跑步机上跑步，一边观看几个大屏幕上所展示的自然风景。还有人用虚拟现实头戴式设备来打造更具沉浸式的"室外"环境。[14] 无论数字图像是在大屏幕上还是在头戴式设备内显示，图像中的风景运动都会与跑步机的运动相连。[1] 感觉挺有意思，对吧？但问题仍然没有得到解决：在受控室内环境中锻炼的益处，能否与大自然效应的益处有效地结合起来？很可惜，正如弗洛伦斯·威廉斯（Florence Williams）在其 2017 年出版的《自然有办法》（*The Nature Fix*）一书中所说，这些高科技方案的早期版本存在诸多在发展初期普遍会遇到的问题。她试用了克雷默的实验室来运行模拟大自然的最新技术，发现噪音明显过大（底座有刺耳的嗡嗡声），而且监测器会突然重启。[15] 这两个因素都可能会破坏室内锻炼者在虚拟环境中的沉浸感。如果连最新技术都存在这样的问题，那么要想看到虚拟大自然在锻炼领域充分发挥潜力还为时尚早。

氛围音乐：跟着音乐动起来

在许多运动项目中，运动员的心情和紧张程度，与他们在运动场上的表现有着密切联系。一项研究结果表明，在高水平男性长跑运动员中，45% 的表现差异都与其心情和焦虑程度有关。[16] 鉴于针对精英运动和职业运动所进行的大量研究结果，无论我们这些普通人的锻炼强度是高还是低，同样的研究发现似乎也适用于我们。[17] 也就是说，在实际生活中，任何有助于放松或改善心情的感官调控手段，都可能提高我们的（运动）成就。在前面的几个章节中，我们

---

[1] 跑步者一个不小心，就很可能会从跑步机上摔下来。

探讨过多种多样的感官调控手段如何影响心情和唤醒水平，比如有策略地播放音乐和释放环境气味等等，但是除此以外，感官刺激还有一个途径，那就是让我们不去注意锻炼时可能感觉到的烦闷、疲劳和（或）疼痛。[18] 不过，我想首先说一说如何利用音乐来实现锻炼效果最大化。

就对锻炼活动进行感官调控而言，音乐或许是最重要的感官暗示。音乐能激励人心，甚至可以被用来调整我们的行为快慢，使之与音乐的节奏同步。不用猜也知道，响亮的快节奏音乐效果最好。音乐能极为有效地调节我们的心情和情绪，而心情和情绪又会影响我们的体力活动。音乐，尤其是与锻炼动作同步的音乐，会促使人体分泌减轻疲劳认知、促进积极情绪的荷尔蒙。许多已经发表的研究结果表明，锻炼时聆听此类音乐能提高运动表现，减少感知努力（perceived effort）。[19] 这类影响不容小觑。一项研究结果表明，相比锻炼时没有播放背景音乐的人，聆听法瑞尔·威廉姆斯（Pharrell Williams）《快乐》（"Happy"）的人自诉，他们喜欢锻炼的程度提高了28%。[20] 由此看来，无论是在室内还是在室外锻炼，何不选择最能激励你的音乐呢？不过，有一点需要提醒你：如果你恰巧身在一处风景秀丽的地方，那么音乐可能反而会减少大自然效应所带来的益处。

音乐不仅能在体育活动的进行过程中激励我们，还可以在大型赛事前为我们提振精神。三十年前，作为大学本科生，我经常去泰晤士河上参加运动，至今仍记忆犹新。大学八人赛艇比赛和夏季八人单桨比赛等大型赛事开始前，我的队友会围成一团，以此作为赛前团建仪式，而肌肉异于常人的北美教练多弗·塞德曼（Dov Seidman）总会大声播放类似电影《洛奇3》（*Rocky III*）中的插曲《虎视眈眈》（"Eye of the Tiger"）的音乐。这听起来可能有点荒诞，但别忘了史上获奖无数的游泳健将迈克尔·菲尔普斯（Michael Phelps），每当比赛前，他都会在游泳池旁边聆听快节奏、气势强劲的嘻哈音乐。既然音乐对他都有用，对我们肯定也有点效果吧？

说实话，我很难想象有谁能一边运动，一边听肯尼吉（Kenny G）的民谣或者清晨合唱。但完全没有背景音乐似乎也不行。当然了，这并不代表背景音乐的声音越大，效果就越好，毕竟有研究结果表明，许多人接触的噪音其实会损害他们的听力健康。[21] 要是有谁能提醒一下那些喜欢在动感单车课程上大声播放音乐的健身教练就好了。

以下研究结果均表明，音乐的声音越大，并不一定代表效果会越好。贡滕·克罗伊茨（Gunter Kreutz）等人指出，将电子舞曲背景音乐的响度从 65 分贝提高到 85 分贝后，佩戴测力计骑自行车的男性运动员（无论训练程度高低）的感知努力和实际表现均不受影响。[1] 相反，将音乐的节奏加快 10% 后，运动员骑自行车会更加卖力，速度也有所提高，并且更享受骑行过程。[22] 由此看来，如果你想要在健身房里，尤其是在进行耐力体育活动和强度较低的体育运动时，从音乐角度调控感官的话，节奏快但响度不太高的音乐最为

[1] 这里要指出一点：85 分贝远远低于许多动感单车课程中 100 分贝以上的响度。然而，受伦理限制，进行研究的科学家不得让受试者接触如此吵闹的音乐，因为这可能有损他们的听力健康。痴迷动感单车的家伙们，可长点心吧。

适合。[23]

至于在跑步机上的锻炼，研究结果再次表明，聆听响亮的快节奏音乐能提高人们的运动表现。[24] 对于跑步等有节奏的运动，聆听与运动节奏一致的音乐最有助益。[25] 托马斯·弗里茨（Thomas Fritz）等人的研究发现，"音乐生成渠道"是关键。也就是说，如果人们认为他们所聆听的音乐的节拍是由其自身行为所产生的，那么他们的运动表现就会提高。这些研究者给健身设备加装声音处理软件，让锻炼期间的动作控制声音的合成，产生与动作相对应的音乐反馈。不过，一旦引导受试者相信节拍是由他人控制的，聆听音乐的益处便会随之减少。几位研究者认为，音乐创作中的生成渠道能够改进行为，这或许有助于解释远古时期歌唱和音乐的起源，也有助于解释北美洲锁链囚犯独特的同步呼号。[26]

对于音乐，从节奏、响度到风格、类型，人们的喜好各不相同。[27] 鉴于音乐对个人表现乃至音乐偏好的显著影响，相信音乐流媒体服务商很快就会开始提供个性化歌单，帮助（甚至是保证）你在锻炼时更卖力，燃烧更多卡路里。事实上，Spotify 早已涉足这个领域。在我看来，这件事不用费脑筋也能想明白。调控感官，让锻炼变得更容易、更享受，谁不想要这样呢？

越来越多的文献开始探讨可听化（sonification）这一话题，即（比如向运动员）提供实时听觉反馈。听觉反馈有时比言语反馈或颜色暗示等反馈能更有效地提高人的运动表现。[28] 总而言之，从听觉入手或许是提高运动表现的最有效调控手段。此外，体育运动领域是精心选择的音乐能够比大自然的声音更有助于提高人的表现的情境之一。前文说过，聆听音乐会在诸多方面对人产生影响，比如转移注意力，调整个人行为使之与音乐拍子同步，以及改善心情等等。

不过，在许多竞技运动中，大家常听到的是运动员或观众发出的声音。这些噪音是否也会影响体育表现？更重要的是，能否对其加以调控，以提高运动员的竞争优势？

为什么网球运动员要大喊大叫？

你有没有想过，为什么网球运动员会在球场上大喊大叫？玛利亚·莎拉波娃（Maria Sharapova）、威廉姆斯姐妹（Williams sisters）、拉斐尔·纳达尔（Rafael Nadal）和诺瓦克·德约科维奇（Novak Djokovic）等人全都以此闻名（或臭名昭著）。[29] 在因药检未通过而跌下神坛之前，莎拉波娃喊叫的响度超过 100 分贝，同为网球运动员的格雷格·鲁塞德斯基（Greg Rusedski）曾说她"比 747 飞机还要吵闹"（不过我觉得，这要看人离飞机有多远）。[30] 这种噪音并非完全是因为运动员在球场上发力而产生的，或许还有其战略目的：提高对手听声辨位的难度。

在与德国耶拿大学（University of Jena）的同事合作的一项研究中，我们把电视上播放的网球比赛暂停在发球瞬间，以此来证实受试者对网球落点的判断部分取决于他们所听到的声音。相比调低球拍触球的声音，受试者坚信声音被调高后，落点会更深入对手的场地。受试者能清楚地看到击球动作，然后按要求在球场图纸上画出他们所认为的落点。换句话说，球拍触球的声音，其实与受试者判断落点的任务无关。然而，正如本书一再表明的，人的大脑忍不住会将目之所见与耳之所听整合起来，尤其是当这两个感官的输入信息属于同一类的时候。在这个案例中，两种信息被整合起来，以判断网球的落点。[31] 基于视觉信息和听觉信息的多重感官判断，往往比只依靠其中一种所做出的判断更加准确。大多数情况下，依靠两种感官确实比依靠一种感官要强，只不过在我们的研究中，我们故意调整了声音，造成视觉与听觉的信息冲突。这是研究感官及感官互动的科学家们最喜欢的做法。

既然在比赛中网球运动员改变不了球拍触球的声音，那么在击球时大声喊叫就是他们唯一的办法了。只要把握好时机，叫喊声就能干扰对手听触球声的能力，影响他们对落点的判断，从而使喊叫者从中得利。[32] 耶拿大学的同事随后进行的研究结果表明，叫喊声只会影响对手对网球运行轨迹长短的判断，却不会影响他们对角度的判断，说明这一判断过程基于多重感官整合信息，而不是基于干扰项。[33]

有些评论者在谈到喜欢大喊大叫的运动员时，会说他们耍花招，这也无可厚非。前世界排名第一的玛蒂娜·纳芙拉蒂洛娃（Martina Navratilova）更是直言不讳，说大喊大叫是"作弊行为，必须禁止"。[34] 换句话说，噪音的重要性远超大多数人的想象。2009 年，在温布尔登中央球场翻新的屋顶下打完卫冕赛后，网球界巨擘之一的安德烈·阿加西（Andre Agassi）表示："这儿太棒了。击球声大大提高了运动员的专注度。"[35]

不过，声音的重要性，不只体现在网球这一项体育运动之中。职业篮球运动员听到对手在场内移动发出的声音后，也能更好地判断对手的意图，[36] 不用我说，想必各位高尔夫球手也体验过完美开球之后金属球杆发出的醉人的嗡嗡声。听到这种声音，根本不用看球落在哪儿，都知道一定会落在好地方（以沙坑为前提）。然而，高尔夫球跟网球的竞赛方法不同，所以即使高尔夫球手掩饰触球声也没什么作用。如此一来，你还会觉得从来没听过职业高尔夫球手大喊大叫是巧合吗？

聆听观众的声音

大喊大叫的何止参赛选手啊，还有观众的咆哮声与之争鸣。大家常说主场有优势，但是这跟观众的叫喊声有什么关系呢？有意思的是，足球裁判的判决会受到观众叫喊声音高低的影响。声音越大，裁判警告犯规球员的可能性越大。[1] 当主场球员被对方犯规后，主场观众凭借人数优势，抗议声远远高于客场观众，这便是团队运动主场优势的原因之一。所以说，观众的叫喊声确实会影响球场内的动向。[37]

有趣的是，观众的叫喊声对裁判判决的影响，超出其对主场球员表现的影响。在一项研究中，几名德国足球裁判同时观看比赛录像片段，当录像的声音被调高时，裁判们亮黄牌的次数，多于声音

---

[1] 新冠肺炎疫情期间，团队运动只能关起门来自己玩，拒观众于千里之外。所以电视和电台节目播放比赛时，用的都是人工合成的观众噪音。至少对于喜欢这种声音的人而言，这是一种很棒的感官调控。至于主场优势和裁判的主场偏见在空荡荡的赛场内是否会消失，我倒是很感兴趣。有一点要指出，举行板球比赛时，在空荡荡的球场内播放观众噪音是为了球员考虑。

被调低时的次数。与此同时，一项研究通过分析过去 100 年间举办的所有欧洲拳击锦标赛赛事后发现，在两个拳击手旗鼓相当的情况下，57% 的击倒是由主场拳击手完成的。（注：击倒是两个拳击手相对能力的客观衡量标准。）而在由裁判裁决的回合制比赛中，主场拳击手技术得胜的概率上升到 66%，计分裁决中，获胜的概率则上升到 71%。[38] 如此看来，拳击比赛中的主场优势对裁判和评判员的影响，至少等于对拳击手本身的影响。事实上，相比举重和短道速滑等由客观表现标准决定成绩的体育活动，在体操和花样滑冰等由评委裁决的体育活动中，主场优势一般较为明显。

胜利的气息，成功的滋味

好闻的气味不仅有助于掩盖健身房里的汗臭味，释放适宜的精油还可以提高人们的运动表现。在由美国开展的一项研究中，在鼻子下方粘贴一张薄荷油胶带后，40 名运动员 400 米短跑的速度比没有粘贴时平均提高了 2.25%。而同样的气味对篮球运动员罚球投篮的准确度却没有影响（注：罚球是一项基于技巧而非基于力量或耐力的任务）。[39] 每当激烈运动过后，我们总会感觉腰酸背痛、关节僵硬，那么也可以通过感官调控来辅助恢复吗？可以把这当作一种"感官疗愈"。[40] 迄今为止，尽管有些关于芳香疗法的初步研究结果让人充满希望，但我认为尚没有足够的证据来为此类说法提供坚实的支撑。

我个人特别喜欢的另一项来自尼尔·布里克（Neil Brick）等人的研究指出，在锻炼时，按要求始终保持微笑的俱乐部级别长跑运动员，其体力运动的效率明显提高，预估跑步经济性增加超 2%。世界最快的马拉松运动员埃鲁德·基普乔格（Eliud Kipchoge）[1] 跑步时总是面带笑容，或许原因就在于此。[41] 至于顶级足球教练若泽·穆里尼奥（José Mourinho）阴沉沉的表情会对球员的表现产生何种影响，我们就不得而知啦。

用营养品和蛋白质保健品来增肌、加快运动恢复，已然形成了一项完整的产业链，但是想到味道在提高人的运动表现方面的作用，真正吸引我注意力的，是用功能饮料漱口对优秀自行车运动员的影响。[42] 研究表明，高能量的碳水化合物饮料能提高自行车运动员的表现。这个发现不足为奇，因为科学证明，功能饮料有助于耐力运动员补充糖原（储存在体内、能释放能量的一种葡萄糖）。[43] 但值得注意的是，大卫·琼斯（David Jones）教授等人后来发现，如果自行车运动员每隔 7~8 分钟将葡萄糖或麦芽糊精碳水化合物饮料含在口中，然后再吐出来（以免喝得太饱），那么运动员在 60 分钟实验中的表现也会大大提高。仅仅品尝几秒钟碳水化合物的味道，就能将自行车运动员的表现提高 2%~3%。团队运动的运动员在休息时间也是采用这种漱口方式，或许原因就在于此吧。

但是如果自行车运动员根本没有咽下去任何东西，又怎么会提高表现呢？难道并非功能饮料本身在起作用？（这里还要说明一点，直接将葡萄糖注射进血液没有任何益处。）[44] 其中一种可能是"预测

---

[1]埃鲁德·基普乔格，2019 年 10 月打破世界男子马拉松纪录，成为第一个在两小时内跑完全程的运动员。

编码"（predictive coding）现象，即大脑检测到口中的碳水化合物之后，便会预测能量输入，于是形成自证预言。经过耐力训练的运动员，能够根据胃部预期可用的能量来优化自身的表现。有意思的是，神经成像研究表明，与奖励机制和运动控制相关的大脑区域（包括脑岛、额叶岛盖、眶额皮质和纹状体）会因碳水化合物的味道刺激而全部发亮，从而略微提高锻炼的愉悦性，或者至少可以让锻炼变得更容易一些。[45]

至于内脏和（或）大脑最终能否识破这种诡计，那就需要看将来的研究啦。同样地，水平较差的运动员是否也能以同样的方式获益，目前也尚不清楚。不过，鉴于多项研究已经再现了用碳水化合物漱口的作用，算是给那些愿意调控味蕾的人开了一个好头。总而言之，这些研究证实了"中枢控制假说"（central governor hypothesis），即从根本上限制运动表现的并非肌肉、心脏或肺部，而是大脑。果真如此的话，我们就更有理由相信通过调控感官能提高运动表现。[46]

说到调控味觉，或许应该谈一谈口香糖。许多嚼口香糖的人相信咀嚼有助于缓解压力，但相关研究结果表明，起作用的是口香糖中的风味活性化合物，而非反复咀嚼这一动作。[47]不期然地，我们又回到了薄荷味（最受欢迎的口香糖风味之一）的益处这个话题上。但除了饮食，衣着也会对运动表现产生神奇的效果。

衣着的力量

诺贝尔文学奖获得者艾萨克·巴什维斯·辛格（Issac Bashevis

Singer）[1]曾写道："衣着的力量可真神奇啊。"想必这句话自有渊源。锻炼时的穿着确实会对运动表现产生重大[2]影响，但原因可能跟你所想的不一样。我们甚少关注自身的衣着，部分原因在于衣着一旦穿上身，其所带来的触感往往就被忘在脑后了。事实上，在我提起这个话题之前，你可能根本没想过自己的衣着带给你的感觉。然而，这种不显眼的触觉刺激被忽视，并不代表衣着对我们就没有影响。耐克等运动服饰品牌强调其服装产品的性能，认为选对衣着有助于顾客更好地实现其运动目标。但是，除了从功能上影响人们的运动技术之外，衣着还有许多更为神奇的心理作用。

英国足球神童韦恩·鲁尼（Wayne Rooney）的事迹为衣着颜色的重要性提供了轶事证据。这位效力于曼联的英格兰前锋如果不知道球队第二天穿什么颜色的球服，就会变得紧张不安。他的问题在于，客场比赛时，曼联有时穿红色队服，有时穿蓝色队服。他习惯在大型赛事之前的晚上，设想自己踢出完美的射门（他确实做到了），但为了设想在球场上的表现，他必须首先知道第二天要穿哪种颜色的衣服：

> 备赛的时候，我会跑去问装备管理员第二天穿什么衣服，比如红色上衣搭配白色短裤，袜子是黑色还是白色。然后在比

---

[1] 艾萨克·巴什维斯·辛格（1902—1991），美国作家，1978年获得诺贝尔文学奖，代表作有《傻瓜吉姆佩尔》（*Gimpel the Fool*）、《莫斯卡特一家》（*The Family Moskats*）和《庄园》（*The Manor*）等。——译者注

[2] 作者在这里用了双关语"material"。"material"既有"材质，材料"之意，也有"重大，重要"之意。——译者注

赛前的夜里，我就会躺在床上，想象自己射门得分或者发挥出色。这么做是为了设身处地，做好心理准备，形成赛前"记忆"。你说这是"内心演练"也好，是"做梦"也罢，但我经常这么做，一辈子都在这么做……次数越多，效果也就越好。你要清楚每个人的位置，一切了然于胸。[48]

当然了，球衣颜色这种无关紧要的事情，肯定影响不了射门得分的次数，尤其是对那些不如国际前锋鲁尼一样高产的普通人而言，但这其中的逻辑可能恰恰相反：这位英格兰顶级足球运动员之所以如此高产，或许正是因为他每次都会在赛前进行感官备赛——换个词来表达，就是感官调控。

可能在一些人看来，鲁尼的"内心演练"只不过是带有迷信性质的赛前仪式罢了。然而，越来越多的证据表明，至少对于那些达到俱乐部级别的运动员而言，进行感官想象和运动想象比简单地多加练习更有益处。毕竟，作为内行人士，他们早已身经百"练"了。有研究结果表明，赛前设想自己在球场上投篮得分的篮球运动员会有更好的表现，其罚球命中率高于把同等时间用于赛场练习的球员。[49]

衣着颜色除了具有让运动员在内心中演练的作用之外，某些特定颜色还会影响接触性运动选手的表现。例如，身穿黑色队服的职业冰球队和美式橄榄球队，会比身穿其他颜色的球队更有攻势。此外，球队在换穿黑色队服后，其被判罚的次数会立刻上升。[50]采用舒展姿势也会影响人们对力量和行动倾向的感知，[51]两相结合，你就能明白，为什么新西兰国家橄榄球队全黑队（All Blacks）要在赛前跳哈卡舞了。如果你以前好奇这个岛国的橄榄球队怎么就能经常做到世界排名第一，现在知道了吧，全靠彻底的感官调控。

眼见为红

在一项经常被引用的研究中，达勒姆大学（University of Durham）的人类学研究者分析了四种男子格斗运动在 2004 年雅典奥运会中的所有比赛：拳击、跆拳道、古典式摔跤和自由式摔跤。在奥运会上，这四种竞赛的选手被随机分发到蓝色或红色比赛服。身穿红色比赛服的选手获胜的概率略微高于身穿蓝色比赛服的选手，但这个差别的意义重大。此外，正如大家所预想的那样，在比赛双方实力相当的格斗竞赛中，颜色的作用最为明显。但如果技能差异过大，则比赛服颜色对结果没有任何影响。在这种条件下，能力无疑是制胜法宝。[52]

此外，这一组研究者还探讨了在另一种竞技运动——足球——中运动员的表现。这一次他们分析了 2004 年葡萄牙欧洲杯的所有比赛，初步证据表明，经常穿红色队服的五支球队，其身穿红色上衣时的表现，略好于身穿其他颜色队服时的表现。不过，这一项分析的样本量相对较小，但随后的一项对 1946~1947 赛季英国足球联盟赛况的系统化长期分析提供了证实性证据。[53] 身穿红色队服的球队始终比身穿其他颜色队服的球队表现稍好。事实上，英国联赛的各个级别的比赛都呈现出同样的结果，红衣球队获得联赛冠军的可能性也更高。在客场作战时，球队有时必须穿客场队服。以此为基础，研究者证实，起决定作用的恰恰是队服的颜色，而非球队本身的素质。也就是说，"红衣"球队只有在主场时（客场时不穿红色队服）才会有超出预期的表现。[1]

受队服颜色影响的不只是球员，裁判也会受其影响。在一项研究中，来自德国明斯特大学（University of Münster）的研究者，截取数条 4 秒钟的跆拳道比赛视频片段，利用图像软件更改了拳击手的护具颜色，将同一段视频做成两种版本，一种是拳击手身穿红色护具，另一种是身穿蓝色护具，而 42 名经验丰富的裁判给前者的评分比后者平均高出 13%。[54] 鉴于用能见度差异来解释红色效应的理论已被推翻，这种最让人意外却似乎普遍存在的红色效应，更可能是由心理作用或荷尔蒙所引发。[55] 另外，这种由颜色带来的影响，并不仅仅局限于体育竞赛中的结果，有证据表明，红色还会影响人们在其他许多情境中的表现，比如用红笔进行智商测试等等。有些研究者据此得出结论，"眼见为红"可能会激发人的回避动机（avoidance motivation）。[56] 这里的关键在于，微妙的感官暗示会影响职业体育比赛的结果，并且没有理由相信这种感官影响只局限于高水平运动员。

一如既往地，这类发现通常都有严谨的进化论依据做支撑。[2] 从本质上看，人们认为，红色及其色度是进化过程中与支配地位、觉醒和攻击相关的重要信号。正如鲁塞尔·希尔（Russell Hill）和罗伯特·巴顿（Robert Barton）所说："在许多种动物群体之间，红色

---

[1] 当然了，前文提到的"主场观众的呐喊声"也要被考虑在内。

[2] 说实话，我有时候会想，还有进化心理学家解释不了的东西吗？

是性选择的、基于睾丸素的雄性气概象征信号。"由此看来，身穿这种颜色的衣服，或许会欺骗你或对手的大脑，使之认为你更有优势，因为占优势的雄性动物一般都肤色较红，而处于服从地位或担惊受怕的动物的肤色则较为苍白。与此观点相一致的是，2004 年奥运会的接触性体育竞赛中，在女性选手中并未出现红色优势。[57] 与可见光谱中的其他颜色相比，人类的三原色视觉系统似乎对跟皮肤泛红或泛白相关的暗示更为敏感，这进一步证实了"解读"肤色微妙差异的能力的重要进化意义。[58]

美国军方也曾开展过衣着方面的研究。尽管放在今日可能让人难以相信，但某些营地竟一度认为穿红色内裤能让被紧紧擒抱住的士兵壮胆……只可惜（果不其然），这根本没用！想必你已经猜到，严格对照的科学研究无法给这种感官调控提供任何支撑。[59] 基于本章所讲述的内容，我们可以做出推断：由于对手看不到内裤的颜色，所以这种策略才不管用。超人内裤外穿，让全世界都能看到，原因或许就在于此。仔细想想，这办法还不赖嘛！

不过，对于寻求提升自信的人来说，最新一批新奇但（可能）正确的"具衣认知"（enclothed cognition）领域的科学研究，提供了一个很不错的办法。[60] 他们的理念是，衣着影响我们的思维。当然了，衣着也会影响他人对我们的看法。从一项流行的科学研究的结果推断，如果你穿着超人 T 恤衫进行举重运动的话，即便其他人都不知道你这么穿，你仍会比穿其他衣服时表现更好。这项支撑研究表明，身穿超级英雄服饰提高了学生的自尊感，也提高了他们自认为能举起的重量。顺着这个逻辑往下想，穿上蜘蛛侠 T 恤衫，会不会提高人的攀岩能力？不过，有一点要记住，"超人效应"（superman effect）虽然常见于媒体报端，[61] 但至少据我所知，同行评审的期刊杂志中并没有发表相关研究的文章。所以说，鉴于当今科学界的再现危机，以及前文红色内裤的零作用，还是别急着穿上你最爱的超级英雄服饰去爬附近的悬崖了。

最佳锻炼效果

本章的大部分研究都是每次只调控一个感官，那么展望未来，整合多种感官调控手段将会是一个很有趣的话题。薄荷味提高运动表现的功效，能否与快节奏音乐结合起来？研究者系统化地同时调控多个感官的输入信息，判断其所带来的表现增幅或耐力增幅是否更大，这种研究在将来是多多益善的。我个人是相信益处很快就会叠加起来。

虽然暂时不必花钱去买红色内衣，但认真选择一下在拳击或足球等竞技体育运动中所穿衣服的颜色，肯定是有好处的。虽然这不一定能让你超常发挥，但总归能让你在面对旗鼓相当的对手时拥有一点竞争优势。毕竟，只有通过感官调控，我们才能真正有希望实现锻炼效果的最大化。无论是为了身体健康，还是为了心理健康，道理都是一样的。用葡萄糖漱漱口，如果你不觉得尴尬的话，再穿上超人服装，说不定真的能提高表现呢。

9 我感到，我爱你

美容在当今可是一项大产业，毕竟爱美之心，人皆有之，对吧？然而，通过阅读本章，你将明白，吸引力并非化个妆、喷个香水那样简单。从本质上来看，吸引力其实是一个多重感官概念。[1] 但就传达美感而言，你认为哪种感官更为重要？人们究竟是如何调动眼睛、耳朵和鼻子来审视潜在配偶的？男人和女人动用感官的方式完全一样吗？如果不同的感官提供的信息相互矛盾，又该如何处理呢？举个日常生活中的例子：假如你遇到一个人，貌比潘安或者美若貂蝉，但是身上的味道不好闻，你会有怎样的感受？本章将探讨此类有趣的话题。

根据进化心理学家的理论，人都会被适应性所吸引，这里所说的适应性是指进化适应性（evolutionary fitness）。外表健康的人更具有吸引力，这是因为，就生殖潜能而言，他们更具生物学前景。然而，基因是天定的，我们没办法做太多干预，或许只能埋怨自己的父母。不用想也知道，提高吸引力的感官调控手段，都以彰显（夸大）或掩饰不符合进化适应性的自然信号为出发点，前者包括使用口红、眼线、高跟鞋、红色衣服和提胸胸罩等等，后者则包括使用香水、除臭剂和刮胡刀等等。但与整容、注射肉毒杆菌等手段不同，本章所列出的秘法效果持久，能年复一年地发挥作用。[1] 奇怪的是，对个人判断影响最大的感官暗示，却往往被我们忽略了。不过，在探讨这一点之前，我想先谈谈经过实践证明能够提高吸引力的一个简单的感官调控手段。

唤醒

提高对他人的吸引力的最有效的办法之一，就是勾起他们的兴趣。慢着，你别想歪了！这种做法的理念在于，人们往往不善于找出使自身兴致盎然的根本原因。我们倾向于错误地将兴致盎然归因于此时此刻与我们正在进行互动的人，而非真正引起我们的觉醒状态的环境刺激。例如，在一项发表于 1974 年的社会心理学经典研究中，² 加拿大研究者请来一位年轻的女记者，让她在几名年轻单身男性过桥的时候，去找他们填写一份简短的问卷。该研究共选用了两种桥：一种是让人心惊胆战、晃晃悠悠的吊桥，另一种则是较为坚固的桥。当问卷填写完成后，女记者会撕下问卷的一个角，写上自己

---

[1] 如果你认为肉毒杆菌只应用于人体，那你就想错了。2018 年，一场骆驼选美大赛取消了 12 个沙特阿拉伯骆驼主人的参赛资格，因为他们为了让自家的明星骆驼嘴唇更好看，竟然给它们注射了肉毒杆菌（www.theguardian.com/world/2018/jan/24/saudicamel-beauty-contest-judges-get--hump-botox-cheat）。

的名字和电话，请受访者过几天再回答一些问题。研究者想要知道后续打电话的受试者人数是否受其当时所过的桥的影响（按照他们的预想，相比在该研究中所涉及的科学，受试的年轻男性对尝试约会采访的记者更感兴趣）。[1] 结果显而易见：吊桥上的 18 位男性之中有 9 人打了电话，而另一座桥上的 16 位男性中仅有 2 人打电话。[2]

其他研究对比了乘坐过山车的受试者，发现也存在类似的由唤醒引发的吸引力效果。³ 此外，观看具有唤醒效果的电影，也会增加伴侣之间的亲密行为。⁴ 大家可能会想，车上音乐震耳欲聋的年轻男性赛车手，是否也采用了同样的策略？不过这个猜测仅限于直觉，并没有经验证据支撑。毕竟，正如嘈杂的音乐一样，危险驾驶本身也很可能会唤起车内其他人的兴趣。假如以最初的的吊桥实验结果为依据，赛车手或许会竹篮打水一场空，因为错误的唤醒归因仅对年轻男性有效，对年轻女性不起任何作用。不过，假如在你下次坐飞机时，身旁是位魅力十足的人，我建议你先按兵不动，等遭遇乱流（越严重越好）之后再主动出击。如果你别有用心的话，也可以带约会对象去看恐怖电影。

我的同事、维也纳大学教授赫尔穆特·莱德（Helmut Leder）的研究表明，聆听音乐所产生的唤醒作用也常常被我们错误归因。莱德等人请来受试者，让他们对专门拍摄的异性陌生人的中性表情照片打分，分别在两种情境中进行：一种是无背景音乐，另一种则是

---

[1] 正如本章后文大多数其他研究一样，该研究关注的是异性吸引力，因为从历史角度来看，这是该研究中的大部分内容所涉及的领域。

[2] 用一句不太正经的双关语来说，"吊桥"上的那些人可谓被"吊足了胃口"。

播放 19 世纪钢琴音乐，但欢快程度和唤醒水平各不相同。相比无背景音乐的情境，女性在聆听音乐的情境中给男性照片打出的分数更高。此外，女性聆听唤醒水平高的音乐这一行为，对异性的面孔吸引力和约会合意性评分的影响最大。[5] 不过，在这项研究中，男性受试者的评分未受音乐影响。

我不禁想，这些结果是否有助于解释年轻人如此热衷于聚会的原因？聒噪的动人音乐（想想前面提到的年轻男性赛车手）是否稍微提高了男性的吸引力，从而推动社交互动？很有可能。[6] 另外，跳双人舞也有帮助。[7] 进化心理学家早已指出，跳舞是择偶行为的一部分，[8] 对于那些想要提高舞技的人来说，究竟该如何做呢？好消息是，许多严谨的科学分析如今提供了"晃动身躯"来实现舞步吸引力最大化的秘法。[9] 不过，有一点要记得：男人和女人在对异性的追求这一点上，是不一样的。

男人想要吸引女人，一定得注意：颈部和躯干动作的多样性和幅度最重要——对了，还有右膝盖移动的速度。（"什么？"你会问。至少我不会因为向来摸不到跳舞门道而伤心。）动作变化越多，幅度越大，效果越好。女人明显把这些信号视作异性身强体壮、精力充沛的基因特质。与此同时，当男人评判女人的舞蹈质量时，臀部扭动（哥伦比亚歌手夏奇拉对此表示赞同）、非对称性大腿动作和中等程度的非对称性胳膊动作的次数越多，他们越喜欢。面对舞池里的潜在配偶时，如何调控对方的感官？这回你知道了吧！不过，下次有幸的话，要记得，正如潇洒的舞步助你一臂之力那样，音乐或许也起到了同样的作用。

研究者还探讨了在迪斯科舞厅（或俱乐部）情境中的性暗示行为。从一份启发式分析的结果来看，排卵期（即月经周期中最容易受孕的一个阶段）的维也纳女性在不带伴侣出门时，衣着会较为前卫。[1] 10 而在排卵期时，女性的面部也被认为更有吸引力，11 这或许有助于解释为什么职业舞女在排卵期收到的小费比月经期高出两倍。12

然而，起到唤醒作用的不仅仅是摇摇晃晃的吊桥和扣人心弦的音乐。[2] 在我年轻的时候（比现在年轻很多的时候），我常常会给关系非常亲密的幸运女士做辛辣的食物。我承认，截至目前尚没有机会对此进行数据分析，而且我担心这项实验的样本量太小，可能不足为凭。[3] 不过，在我看来，女士们吃了我最拿手的泰式绿咖喱酱或香辣番茄意大利面后，会出现皮肤泛红、出汗、心跳加速和瞳孔扩大等常见反应，并且她们的大脑往往会乱成一团浆糊。也许深受"火热"煎熬的她们，会把这些非同寻常的身体反应（或者应该说是症状）归因于富有魅力、殷勤的大厨，而非吃进肚子里的美食。这种美食诱惑策略在很多时候似乎都很管用。事实上，正因为收效甚好，我还把它作为我的众多顶级秘法之一，在给赫斯顿·布鲁门索的情人节电视节目《浪漫菜单》（Recipe for Romance）做顾问时广而告之，造福广大民众。

---

[1] 该研究的结果应该也适用于其他地区的女性。如果你想知道研究者究竟是怎样评估女性服装是否前卫的，他们写道："我们用数字分析的方式，根据女性选择衣着的皮肤展露程度、服饰透明度和松紧度来判断。"

[2] 亲爱的老婆大人，请跳过这一段！

[3] 仔细想想，或许我不应该称之为"实验"，否则大学里的伦理委员会一定会追着我索要伦理审核证明！

"爱情的模样"

潜在伴侣的哪些方面吸引了我们？正如前文所说，是进化适应性。我很抱歉把话说得这么没有情趣。但进化心理学领域的专家学者们进行了几十年的研究后，得出的就是这个结论。对两性而言，无论性取向如何，对方面孔的两侧越对称，对他们的吸引力就越大。[13]左右对称是进化适应性的一个重要标志。人们之所以喜欢左右对称，不仅仅是因为这看起来令人感觉舒适，还因为它象征着对方是潜在健康的配偶。相反，面孔或躯体不对称，往往意味着对方曾遭受过负面的环境影响。也就是说，他们的健康受损了。不对称源于年龄增长、疾病、传染病和寄生虫感染，而在我看来，这几样里没有一样是让人舒心的。如果我能把你的面孔两侧变得更对称，别人就会认为你更有吸引力；就这么简单。[1]

微笑是一个人身体健康的象征，因此也被视作吸引力的其中一个方面。[14] 2010 年的一份报告指出，1952 年美国职业棒球大联盟（Major League Baseball）选秀照片上，笑容灿烂的人的寿命一般比笑容僵硬的人寿命长。[15] 人们常说，在其他条件相同的情况下，越幸福的人活得越久，但该研究的结果一发表，便引起了人们对这个说法的质疑。不过，医学杂志《柳叶刀》（*Lancet*）发布的一项在大规模

---

[1] 不过，可惜的是，同样的办法却不能被用于合成更有吸引力的嗓音。将不同嗓音的频率平衡之后，只会得到刺耳的噪音。

范围内展开的研究结果显示，对全英国 70 多万名女性进行分析后发现，在对照总体健康和睡眠质量等因素的情况下，没有证据表明幸福感本身会增加女性的寿命。[16]

如果你想改善自己给他人留下的印象，还有一个办法——增加目光接触，无论是在现实中，还是对着镜头，道理都是一样的。这是因为，目光接触比目光游离对人更具有唤醒作用，也更能吸引人的注意力。此外，神经成像研究表明，当你直视他人的时候，哪怕只是从照片或屏幕上跟人对视，都能更好地激活对方的腹侧纹状体——与奖励机制相关的大脑区域之一。[17]

在求偶游戏中，获得竞争优势的另一个办法是弹吉他 [1]，或者至少假装弹吉他。一项小型在线研究表明，如果年轻男性的头像照片是手持吉他的，那么女性学生接受其脸书（Facebook）[2] 好友申请的概率就会提高。[18] 仔细想想，这个结果不足为奇，因为音乐创作被视作进化适应性的象征，表明此人具有一定程度的创造力和手部灵巧度。[19] 查尔斯·达尔文显然认为，某些男性特质的进化，或许可以用配偶选择中的性选择来解释。要知道，音乐创作恰恰是一种包含情感和复杂度的求偶炫耀行为。[20] 有意思的是，音乐的复杂度越高，创作者对异性的吸引力就越大，不信你去问问排卵期的女性。[21] 与此同时，创造力也可以弥补一个人在两性关系中外表吸引力较差这一短板。[22]

从异性恋男性的角度来说，女性的臀部大好生孩子，乳房大好

---

[1] 这项感官调控手段应该也适用其他乐器。

[2] Facebook 现已更名为 Meta。——编者注

威伦道夫的维纳斯

养孩子。这是公认的道理，比如丰乳肥臀的威伦道夫的维纳斯，就被视作早期的生育女神。这个维纳斯在短时间内显然不会受到饥饿的困扰。

不过，反过来，有人认为相对来讲，女性不那么看重外表，而是更看重潜在配偶的气味和声音。[23] 至少在这一方面，两性真的是各走极端。当然了，这也完全说得通，因为在进化心理学中，男性极为擅长只用眼睛来评判配偶的潜质，也就是年轻貌美、身体健康（不过后文会讲到，嗅觉暗示也非常重要）。相反，对女性而言，潜在配偶的体味，是最为重要的表示免疫能力强弱的感官信号，这或许会为她潜意识中的繁殖活力评判提供信息。另外，别忘了还有最明显的一项：腰缠万贯似乎也不会破坏男性的繁殖机会。[24]

相貌堂堂和（或）声音充满阳刚之气的男性，往往对女性更具有吸引力。因此，食指与无名指指长比率（被称为 2D : 4D 指长比率）应该也是性感的象征之一，尤其是当该比率较低的时候。这个比率被用以衡量男性的雄性激素分泌水平，而雄性激素分泌水平是由孕早期的睾丸素接触量所决定的。如果男性的无名指比食指长，则 2D : 4D 比率小于 1。男性的这一平均比率是 0.98。比率越低，代表其胎儿期睾丸素水平越高，男性的阳刚气质越足。[25] 比率越低，男性每次射精的精子含量也就越高。[26] 研究表明，长跑运动员和高水平音乐家的这一比率都低于平均值。你可能据此认为，异性恋女性都应该找 2D ∶ 4D 比率低的潜在配偶，但是要知道，产前睾丸素水平过高也有潜在的缺点，例如导致自闭症、阅读障碍症、偏头痛和免疫能力差。[27] 这种现象或许解释了为什么该性别二态信号（男性比女性显著）根本没有多"性感"。不过，无名指在大多数文化中是戴婚戒的手指，表明此人已订婚、已婚或至少有结婚的打算，这纯粹是巧合吗？[1]

女性的气味：性感的味道

女性的体味在月经周期内会发生微妙的变化。[28] 相比月经期，男性认为女性的腋下气味在卵泡期时更好闻、更有吸引力，并且不那么强烈。[29] 换句话说，正如该领域的一些研究者所指出的，潜在"传递"或"泄露"的感官信息可能超出我们的想象。

神奇的是，我们甚至能只通过嗅闻体味便获得有关人物性格的有用信息，即外向性、神经质与支配性（这是五大人格特质中的三种）。[30] 除了女性体味的吸引力／宜人性之外，男性和女性都能嗅闻出先天免疫反应（疾病的早期化学感官暗示）的气味。[31] 我们还可能通过体味来推断他人的年龄，[32] 甚至能闻出他人的舞技高不高。事实上，若某人的体味为我们所喜欢，那其身体动作一般也为我们所喜欢。[33]

男性和女性都对 DNA 中的主要组织相容性复合体（major

---

[1] 古埃及人被认为是这种习俗的源头，因为他们相信（误以为）左手的第四根手指上有爱情之脉（vena amoris，拉丁语），这根静脉能将血液直接输送至心脏。

histocompatibility complex）非常敏感。有人指出，如果一个人的气味跟自己的气味太相近，二者之间就不会产生浪漫关系层面上的吸引力。这有助于促使人们通过接触互异的交配伴侣来避免近亲繁殖。[34]不过，我们通常觉得其他种族的气味没有自身所属种族的气味好闻，所以这种互异性不一定会扩展到种族范畴。事实上，面孔吸引力也是如此：我们实际上更倾向于寻求与自己面孔相似的对象。综上所述，大多数人每天花那么多时间用香水产品去除自身的体味，使得香水行业风生水起，这似乎有些奇怪。[35]

你有没有想过，为什么不同的人喜欢不同的香水？这种差别是随机的吗？抑或我们喜欢的香水在某种程度上扩大了自身体味的影响范围？几年前，一位发言人在一场行业会议上指出，人们对香水的选择，实际上可能与自身的体味有关。如果这种说法有其依据，那么体味所泄露的信息可能超出我们的想象。有意思的是，帕夫林娜·莱诺霍娃（Pavlína Lenochová）等人的研究发现，相比体味与随机分配的香水混合，一个人的体味与其喜欢的香水混合所散发出的气味更受人喜欢，尽管在对这些香水分别进行评估后发现它们本身并不存在宜人性方面的差异。[36]

"凌仕效应"

"凌仕效应"作为联合利华畅销除臭剂品牌的广告词已有数十

年之久。[1] 这个营销广告众人皆知，以至于很少有人去探究其真假。虽然该广告大获成功（至少在年轻男性目标群体中），但众多在线论坛上却怨声载道，从学校老师一早闻到青少年学生满身凌仕香水味就恼羞成怒这件事中就可见一斑。[37] 不过，16 岁的新西兰小伙子杰米·埃德蒙兹的遭遇实在让人同情。他用凌仕香水擦了擦仪表盘，又抹掉了车门内衬的几处油漆斑点，然后在半夜里穿着紧身衣裤钻进车内，一边抽烟一边听音乐。这是糟糕的做法，简直太糟糕了。正如许多液化气体一样，凌仕香水是高度易燃的物质。他的车子烧起熊熊大火，最终导致他在医院住了三天，又在家里休养了九天。他可真够倒霉的。[38]

在经过几年的"死缠烂打"之后，我终于获准使用匿名男性面孔数据库对"凌仕效应"进行经验性实验。这些男性的面孔都经过精心遴选，涵盖男性吸引力的所有层面——一端是约翰·贝鲁西（John Belushi）[2]，另一端则是乔治·克鲁尼（George Clooney）[3]。我们请来一组年轻女士，给这些男性的吸引力打分。虽然我们明确要求受试者仅按照电脑屏幕上一闪而过的面孔进行颜值评分，但她们的判断却无一不受环境气味的影响。相比没有气味或有刺鼻的气味（要么是合成的体味，要么是烧橡胶的气味）的情况，在有凌仕香水味的情况下，女士们对这些男性的相貌评分略高。这个差异具有重

---

[1] 在英国市场之外，该品牌被叫作"Axe"（斧头）。

[2] 约翰·贝鲁西（1949—1982），美国演员。——编者注

[3] 乔治·克鲁尼（1961—），美国演员，相貌英俊。——编者注

大意义。你肯定能想到，我们的商业赞助商对该结果大为满意。截至目前，一切顺利。然而，实验表明，玫瑰香味也会产生同样的影响。换句话说，虽然凌仕效应确实存在，但我们的研究却得出了一个令人沮丧的结论：男性喷任何香水都能提高自身的吸引力，只要他试图取悦的对象觉得好闻就行。[39]

近些年来，美食香水（好闻到能吃的香水）大为流行。[40]几年前，联合利华推出的巧克力味凌仕香水系列搭上了这趟流行列车。不知道这种气味在我们的凌仕效应研究中会对评分产生什么影响。《经济学人》的一篇情人节报道曾指出，一国国民的总性爱次数与其消费的巧克力数量呈正相关关系。[41]当然，我们要知道，有关联并不代表二者之间是因果关系。

我们用大脑扫描仪对上述行为研究开展了后续实验，结果表明，凌仕香水宜人的气味确实改变了负责男性面孔吸引力编码的女性大脑区域的神经活动。[42]在开展这项实验前，我们首先确定了大脑中对男性面孔吸引力做出反应的是眶额皮质（orbitofrontal cortex，简称OFC）区域，然后逐个分析大脑在面对每张照片时的反应。我们发现，当屏幕上显示较英俊的面孔时，女性眶额皮质的中间区域出现了神经活动焦点。相反，当屏幕上显示缺乏魅力的面孔时，这个活动焦点转向了眶额皮质的外围区域。实验的关键点在于，宜人的气味将神经反应转移到了这一跟奖励相关的大脑区域。然而，这项实验最大的影响或许是，畅销男性杂志《马克西姆》（Maxim）发布了一篇文章，告知将近900万名年轻男性读者应该以女性大脑的哪个部位为目标（当然是眶额皮质啦）。[43]这就是科学研究改变世界啊！

许多年轻男性似乎相信香水味越浓，效果就越好。但加利福尼亚州的一项研究结果表明，实际情况有时恰恰相反。也就是说，当环境气味低于感知阈值时，即当人们根本没意识到自己闻见任何东西的时候，这时的气味效果其实更好。[44] 在现实生活中，这意味着即便你闻不到空气中有任何气味，却没办法完全确定自己没受阈下气味的影响。

受气味左右的不只是对对方的身体吸引力的判断。在闻到喜欢的气味时，我们即使只是看照片里的人，也会觉得更有男人味或女人味、更合心意或更多愁善感。在牛津大学的实验中，我们甚至可以让女性看起来更年轻。我们与日本高砂香料工业株式会社（Takasago）合作，只使用该公司独家的"年轻"（youthful）香水，就让受试者对中年女性的年龄认知减少了大约六个月。截至目前，大多数对香水和吸引力的研究使用的都是静态的陌生人面部图片。在线约会网站上放的一般也都是这种图片（商家正在大力开发香味约会软件），所以在评判熟悉的动态面部图片时，香水的作用可能较小。这无疑是将来的研究所要探讨的重大问题之一。

为什么她总穿红色？

提升个人吸引力的关键不仅在于外貌，当然还有衣着。毫无疑问，无论是在个人吸引力方面，还是在自我感受方面，衣着都起到重要作用。男性更依赖视觉，所以女性的衣着往往成为严谨科学研究的主题或许就不足为奇了。弗拉达斯·格里斯克维西斯（Vladas

Griskevicius）和道格拉斯·肯里克（Douglas Kenrick）发现："全球女性花费大量时间、精力和金钱来选择衣服、配饰和化妆品来提高个人吸引力。"[45] 许多男性研究者（现实就是这样）指出，身穿红色衣服的女性，一般被认为更有吸引力，更性感。男性还会对身穿红色衣服的女性有更多性意图，但男性不一定能意识到这种极其引人瞩目的颜色的作用。[46] 至少在安德鲁·埃利奥特（Andrew Elliot）教授——几年前，他利用公休假前来参观牛津大学的跨模态实验室——看来，这种感官调控往往不为人所感知。而当女性对身穿红色衣服的男性或女性评分时，该颜色对评分结果没有产生任何影响。[47]

还有一些研究者把女服务员收到的小费金额作为判断女性吸引力的显性依据。相比身穿黑色、白色、蓝色、绿色或黄色 T 恤衫的女性服务员，身穿红色 T 恤衫的女性服务员在当天收到的小费总额更高。[48] 进一步的分析证实，服务员的 T 恤衫颜色仅影响男性顾客的支付小费行为。如果女性服务员再略施粉黛，头发里插一朵花，小费金额会再次提高。[49] 至少从餐馆中顾客支付小费行为的角度来衡量，化妆会提高吸引力评分。[50] 不过，最新研究表明，尽管化妆（即便是专业化妆）对女性魅力的提升作用较大，但与素颜的自然美相比，化妆的作用却显得较小。该研究的实验对象是 35 位 YouTube 模特，而另一项研究的实验对象则是 45 位超模。[51]

有意思的是，美国罗切斯特大学心理学家安德鲁·埃利奥特（Andrew Elliot）和丹妮拉·涅斯塔（Daniela Niesta）发现，相比白色、绿色、灰色或蓝色背景，将女性照片的背景改为红色之后，男性（女性除外）受试者认为她们更有吸引力，更性感。与此同时，中国台湾地区的研究者指出，相比黑色、银色或蓝色笔记本电脑，男性认为携带红色笔记本电脑的女性颜值更高，也更具性吸引力。换句话说，能够从感官调控角度影响男性判断的，并非只有红色衣服或红色的照片背景。[52]

人类对"诱人的红色"现象的认知，已有千年之久。毕竟早在大约 1 万年前的古埃及时代，女性就已经会使用哑光唇膏和红色唇膏了。此外，"红衣女郎"的这一比喻，在影视、歌曲乃至麦片广告中都甚为流行，比如吉恩·怀尔德（Gene Wilder）1984 年主演的爱情喜剧《红衣女郎》（*The Woman in Red*），而《电话谋杀案》（*Dial M for Murder*）、《欲望号街车》（*A Streetcar Named Desire*）和《红衫泪痕》（*Jezebel*）等舞台剧和电影，都以红色服装作为激情或性欲的象征。[53] 1986 年，克里斯·蒂伯（Chris de Burgh）发布歌曲《红衣女郎》（*The Lady in Red*），而且我们常常看到家乐氏（Kellogg's）Special K 早餐麦片包装盒上有一位红衣女郎。《谁陷害了兔子罗杰？》（*Who Framed Roger Rabbit?*）中的杰西卡一头红发，与一袭红裙相得益彰。

然而，尽管"诱人的红色"现象广为流行，却逐渐被证明是社会心理学家为迎合媒体而制造的诸多效应之一。在创作本书之时，许多研究团体曾尝试再现这种效应，但均以失败告终，其中就包括一项以 830 位荷兰和北美洲男性为样本的大型研究。红色服饰也不一定总会增加女性服务员收到的小费。[54] 那么，穿红色衣服的女性，究竟能不能吸引男性？说实话，这事不好说。从根本理念来说，"诱人的红色"有其进化论依据，即红色服饰与人类兴奋时皮肤泛红的状态极为相似。不过，要知道，红色（或其他任何颜色）的含义取决于情境，这可能是红色服饰提升吸引力原则不能用之天下而皆准的原因所在。此外，相关研究文献里的重大结果都是以小样本容量（因而可靠性较低）得出的。[55] "诱人的红色"现象尚不明确，但就个人而言，我暂且不会把自己衣橱里随处可见的红裤子扔掉。感官调控万岁！

恨天高

据我所知，高跟鞋是许多女性一生的祸根。有人说，高跟鞋会让女性身材更加挺拔，提升吸引力，显得更为优雅。鉴于红色可能对男性产生的影响，克利斯提·鲁布托（Christian Louboutin）高跟鞋品牌多年来如此努力地保持鞋底的红色，也就比较容易理解了。然而，基于一些相当可靠的经验性证据，最新进化理论指出，同样重要的一点是高跟鞋使得女性略微弓背，腰部曲度变大。[56] 脊椎与臀部之间的理想夹角显然大约是 45.5°。人们认为这对男性很有吸引力，因为该角度类似于脊椎前凸——许多物种常见的性行为姿势。

不过，这可能还反映了有利于妊娠期两足动物的形态适应，即"怀胎"。换句话说，腰部曲度变大之所以吸引男性，是因为这代表配偶可能能够多次妊娠而不会使脊椎受损，另一方面代表了配偶在妊娠后期的喂养能力较高。[57] 在通过高跟鞋提高腰部曲度之前，人类进化出第三至最后一根腰椎，也达到了同样的效果。[58] 无论如此进化的原因何在，小说家约翰·厄普代克（John Updike）[1] 在其著作《鸽羽和其他故事》（*Pigeon Feathers and Other Stories*）中完美阐释了这一进化的重要性，"一个女人的美，既不在于对某些特定部位的夸张，也不在于任何可以通过黄金分割法或类似的审美迷信测算出的总体上的和谐，而在于脊椎的阿拉贝斯克姿态。"

右滑：在线约会秘诀

在线约会的人大概比通过其他任何途径约会的人都要多，Tinder、基达（Grindr）和阿什利·麦迪逊（Ashley Madison）等网站和软件，为全世界寻求爱情（或放纵）的人提供了便捷。一项市场调研的数据显示，找对象的人士中，有十分之七的人会考虑通过网站和软件在线约会，尽管他们以前从来没用过。[59] 据我所知，有些不那么孤单的人也会用这些网站和软件找人一起喝杯咖啡、聊聊天，或者做一些——该怎么说好呢——更有意思的事情。不过，由于浏览你的在线资料的人实际上只能调动一个感官，也就是通过资料照片看到你的长相，所以你显然需要尽量在别人看到你的一秒钟左右就留下恰当的视觉印象。毕竟，人们做决定只需十分之一秒。观看照片的时间再长，并不能改变你给人留下的视觉印象，只会让别人对你的判断更有把握。[60]

---

[1] 约翰·厄普代克（1932—2009），美国小说家，诗人，曾于1982年和1991年两度获得普利策小说奖。——译者注

你是否上传了能展现个人最佳吸引力的照片，心想"好看"正是你所想要传达的印象？从澳大利亚近期的一项研究结果来看，答案或许是否定的。研究者请600多人上传个人照片，然后给自己的照片和该研究中其他人提供的照片评级。结果让人意外！十分意外！大多数年轻人根本不会选择其他人替他们选出的个人照片。所以说，等你下次再上传照片的时候，何不找几个朋友，请他们选出他们认为你好看的照片？[1] 也许你就会发现自己变得更受欢迎，或者收获的"点赞数"更多呢。61 别忘了还有一件事：要直视摄像头哦。

牡蛎：象征爱情的食物？

这个说法广为流传，但它可信吗？如果可信，原因是什么？是因为口味，还是因为其外形与女性的某个部位相似？美国美食作家M. F. K. 费雪（M. F. K. Fisher）[2] 显然因牡蛎的"味道、粘稠性以及古怪模样"而认为它是流行的壮阳药。62 抑或这种说法不过是传统习俗、民间传说和坊间流言杂糅的结果？

难道跟价格有关？毕竟当有魅力十足的女性在场时，男性总会选择更为昂贵的食物。63 但这似乎也不太可能，至少从历史情境来看不太可能，因为牡蛎曾经是最便宜的食物之一。牡蛎与激情的

---

[1] 我跟几个同事觉得这个办法很棒，便一起开发了一款程序，人们可以上传几张个人照片，按每张几分钱的价格付钱找人来点评哪些照片最能展现个人吸引力。

[2] M. F. K. 费雪（1908—1992），美国美食作家，著有《写给牡蛎的情书》等。——译者注

这种联系，至少可追溯至古希腊时代，后来的绘画作品中也有体现，比如弗朗斯·范·米里斯（Frans van Mieris，1635—1681）的《牡蛎和酒的午餐》（*Lunch with Oysters and Wine*）。这个表情猥琐的家伙脑子里在想什么，简直昭然若揭。我猜在凌仕香水面世之前，牡蛎或许是最好的选择！

《牡蛎和酒的午餐》，
弗朗斯·范·米里斯绘

大情圣卡萨诺瓦（Casanova）[1]也相信牡蛎有壮阳效果。他毫无畏惧，每天早上狂吞50个，为一天的"硬战"做准备。只可惜，据我所知，尚未有人开展相关的"随机对照实验"，来确定每天吃牡蛎是否真的能提高性能力。坊间传说，二者的联系在于在牡蛎和精液中都发现了锌元素。针对这一联系，一组意大利科学家开展了最接近严谨标准的研究，结果表明牡蛎富含多种稀有氨基酸。划重点：烹饪会降低其氨基酸浓度，建议生吃。给雄性老鼠注射这些化合物后，其睾丸素分泌增多。在另一项研究中，则发现公兔的精子量增多。不过，从活蹦乱跳的老鼠和兽欲大发的兔子到人类的情欲，这中间的跨度太大了。即便这个说法大体上没有问题，我们还得考虑食物中毒的风险。一项调查显示，英国70%的牡蛎可能已被诺如病毒污染，这一点应该足以排解吃这一软

---

[1] 贾科莫·卡萨诺瓦（Giacomo Girolamo Casanova，1725—1798），意大利冒险家、作家，著有《我的一生》，记载了他的风流韵事。——译者注

体动物所引发的情欲冲动了，无论你吃了多少，腹泻等中毒症状都会让你兴致全无。

常有人说，如果男人喝了酒，而且喝得不少的话，他们会觉得女性更有吸引力。所以离酒吧打烊的时间越近，女性的吸引力就越大。[64] 这就是所谓的"啤酒眼镜"（beer goggles）效应，而一些闲得没事做的心理学家验证了这种效应的真实性。[65] 结果证明确有其事：男性饮酒后，女性在他们眼中的确看起来更有吸引力，长相比较普通的女性尤其如此。有意思的是，这种吸引力提升作用并非仅限于女性；"啤酒眼镜"也能提高中等水平风景画作的观赏性。[66] 但在你下单这种"提高吸引力饮料"之前，要想想《麦克白》（Macbeth）中的看门人对麦克德夫（Macduff）所说的话，喝酒"能挑起淫欲，但也使行动成为泡影"。[67]

情欲的声音：情人耳里出西施？

你有没有在跟人打电话的时候因为觉得对方声音好听，于是对他们的吸引力充满幻想，很想立刻见到本人？这种心理究竟有没有科学依据？真的能只通过声音就推断出对方的长相吗？换句话说，各个感官会相互协作，对外表吸引力做出判断吗？

对女性而言，这是说得通的，因为睾丸素水平会影响男性的声音，也会改变人类面孔的形态。比如男孩子进入青春期之后，嗓音就会变得粗哑，而对狩猎采集社会团体的分析表明，声音较为低沉的人一般生殖能力更强。[68] 女性根据男性的嗓音而做出的男子气概判断，与只根据面孔做出的判断相关（但使用避孕药会影响此类判断）。[69] 经期正常的女性的声音也会发生微妙变化，反映她们处在月经周期的哪个阶段。[70]

有意思的是，在对抗交配或竞争交配情境中，许多物种的雄性会降低号叫的音调，以使自身显得更庞大。[71] 体型较小的犬只也会抬腿尿得高点，从而达到同样的目的。[72] 这些都是"欺骗信号"（dishonest signalling）的案例。或许正因为单一的感官暗示很容易被做手脚以改变对其的认知，我们才要依靠多重感官判断——毕竟它们更可靠嘛（也就是说，在多种感官之中同时"做手脚"的难度更高）。

欢迎来到嗅觉约会介绍所

几年前，格拉斯哥艺术家克拉拉·乌尔西蒂（Clara Ursiti）在跨模态研究实验室埋头钻研了六个月。来牛津大学之前，克拉拉就已发明了几种气味艺术装置，在各种非同寻常的场所释放人工合成的精液气味。到了牛津大学之后，克拉拉向我们展示了她最爱的派对恶作剧。实验室的人一起聚在某家餐馆吃晚餐，克拉拉抽出一瓶那玩意儿，偷偷四处喷一喷。跟你讲，其他桌的食客的表情那叫一个滑稽啊。幸好大家都不擅长确定环境气味的来源，所以也没人知道那股怪味是从哪儿飘出来的。

在另外一个项目中，克拉拉请一群人连续数天用没有气味的洗浴产品，且连续数天穿同一件T恤衫。之后工作人员把T恤衫包起来，请穿这些T恤衫的人用鼻子"闻出来"潜在的约会对象。这就相当于鼻子的闪电约会。大家轮流闻 T 恤衫，各自选出三个最想约会的 T 恤衫主人。这项活动叫做"费洛蒙咖啡馆"（Pheromone Café）。当那些体味好闻到让人心境荡漾的 T 恤衫主人身份揭晓时，结果真是出人意料：一些异性恋的男性选出的 T 恤衫竟然来自毛发旺盛的糙汉子，而非他们所设想的香喷喷的女孩子。

有些人看起来叫人神魂颠倒，但他们的体味却会让人"闻"而却步。我有个朋友经常和一个特别漂亮的女人出去，可是她身上的味总是不大对头。怎么办？我觉得最终还要尊重鼻子的决定，但视觉优势是很难压制的，尤其是对于男性而言。

多重感官魔法：我倾尽所有感官来爱你

结合前面几章的内容，对于各个感官（包括视觉、嗅觉和听觉）[1] 是如何提供另一半的交配潜力的有益信息的，想必你已经有了更深入的了解。73 吸引力的关键暗示来源于面孔、躯体、声音和体味。不过，就感官暗示的优先度而言，男女之间是存在差异的，这可能是因为二者在选择配偶时的目标不同吧。

至于哪种进化理论最能阐释整合多种吸引力暗示的适应性效果，目前尚不明朗。一种理论认为，关于潜在配偶的进化适应性，人类的各个感官会提供相对独立的线索或信息源，比如前文提到的主要组织相容性复合体就只能通过鼻子闻到，而无法用耳朵听到，也无

---

[1] 触觉在亲密关系中也起到重要作用，不过限于篇幅，这里就不展开描述了。

法用眼睛看到。这种理论叫作"多重信息假说"（multiple messages hypothesis）。第二种理论则认为，感官会传达至少部分冗余的信息，比如前文提到男子气概的视觉和听觉暗示互有关联。这种理论叫作"冗余信号假说"（redundant signals hypothesis）。第三种理论认为，人的基因特质是通过整合多种显性特质[1]表现出来的，而这些显性特质分别代表着健康和生育能力。[74]更麻烦的是，这些理论并不一定互相排斥，其应用范畴可能取决于所探讨的是哪种特质或特征。不过，通过将近端感官（嗅觉感官）提供的近身的信息与远端感官（比如视觉感官和听觉感官）提供的信息相结合，我们就有可能既从远处发现积极特质（声音和外表），又从近处发现积极特质（体味）。

调控感官对于我们人类或其他生物来说相对容易，比如通过化妆来提高颜值，通过喷香水来遮掩体味，或者男性通过压低说话音调来显得更为强壮，但要想同时调控所有（或其中几个）暗示，难度会高很多。

不过，归根结底，任何人都可以调控自己对他人的感官暗示，将自己对他人的多重感官吸引力最大化。虽然天赋、自信和健康基因缺一不可，但有证据表明，人人都可以充分利用感官的力量，提高自身对他人的吸引力。[75]调动所有感官暗示的益处可能比肉毒杆菌更有效……而且还不需要填充物！所以说，当你下次在约会网站上传照片的时候，一定要正对镜头，露出灿烂的笑容。抱着吉他或许

---

[1] 人的显性特质是指可观察到的特点，比如形态和行为，是其遗传特质与环境相互作用的产物。

是有利无害的。我还建议你，先找人看看你想要上传的照片，仔细想想展露多少红色。得到线下约会的机会之后，一定要往空气中喷一些宜人的香水。

探讨完日常生活中的感官调控之后，我将总结前文反复谈及的一些主题，讨论一下感官调控的发展前景。

10 请多多关注我们的感官

感官调控的前景如何？从前面所述内容可以看出，我们对感官及感官之间多方面联系的了解越来越深入，极具创新意识的个人和机构早已借此来调控自身和他人的感官。无论是驾车出行、办公，还是商场购物，感官调控已经渗透到了生活的方方面面。在未来，我相信感官调控在医疗情境乃至家庭私人空间中也将越来越普遍。

许多有关感官调控的最新研究成果都已投入实际应用，比如让人不借助安眠药就改善睡眠、节食却不会有饥饿感、无须做整容手术就能展现最好的自己、提高驾驶安全性，以及实现锻炼效果最大化而不是总感觉锻炼是一件烦心事。只需要关注感官调控润物无声的影响，上述目标以及更多其他目标都可以实现。越是锻炼或训练感官，我们就越能从生活中获得更多。[1] 谁不想既能更好地照顾自身的感官，又能从中获益呢？所以说，就像宝洁公司在 2001 年推出的调动感官的精灵洗洁精的广告那样，"沉溺于你的感官"吧。

从根本上来说，感觉和情感都是令人愉悦的。[2] 如果你出于某种原因对此有所怀疑，只需要看看天生听力障碍的儿童在第一次戴上耳蜗助听器那一刻的反应，你就会立刻心服口服。看看他们第一次听到声音时喜极而泣的模样吧。人们通过对视觉或听觉的感官调控以全新的渠道体验世界时，近乎原始的愉悦感喷涌而出，这种情感不由自主爆发的暖心案例在网络上比比皆是。

感官剥夺

你认为中央情报局（Central Intelligence Agency，简称 CIA）钟爱的合法审问方式是哪一种？你猜对了，就是感官剥夺。原始情感无疑能给人带来极大的愉悦感，但强制剥夺（即感官剥夺）却会给人造成绝对的痛苦。感官剥夺也可以说是一种感官调控，只不过是往坏的方面去调控：将眼睛遮上，把耳朵堵住，使嗅觉、味觉和触觉全都被降低到最低程度。这种剥夺外界刺激的手段虽然不会给人留下伤疤，却可能造成永久性的心理伤害。过不了几天，人就会出现大量逼真的幻视和幻听，以此来弥补被剥夺的外界刺激。这往往会导致人精神异常，紧接着就是彻底的精神崩溃。鉴于这些严重后果，许多人质疑这种手段是否违反了《日内瓦公约》（*Geneva Conventions*）。

关塔那摩监狱的许多"高价值"在押人员都会遭受感官剥夺。左图中已被定罪的恐怖事件策划者何塞·帕迪拉（José Padilla）戴着遮目眼镜和耳塞——

这是基本的感官剥夺工具，目的是将囚犯置身于感官虚无之中，从心理上击溃对方。通过限制罪犯感知外界的途径来达到惩戒目的，这种做法可追溯到更早之前——1846 年，德国医生路德维希·弗罗里普（Ludwig Froriep）在一篇论文中首次提出。[1]

从积极的角度来看，许多替代医疗中心给现代生活中感官过载的人提供了体验自主性感官剥夺的机会。其理念是将水箱中的水加热至与体温同等的水平，人在绝对安静、完全黑暗的环境中漂浮一段时间后，就能使感官恢复活力。不过千万别待太久，因为大脑讨厌真空状态，很快会产生感官幻觉。我们偏好外界给我们带来的刺激，但如果出于某种原因而无法实现，那么大脑会立刻发挥作用，给我们所需的感受的幻觉——有时只需要数小时。3

你受到感官过载的困扰吗？

感官剥夺无疑能被用作拷问犯人的手段，但作为其对立面的感官过载，也会给人带来同样的痛苦。许多人长期被科技搅得心神不安，深受感官过载导致的诸多症状的困扰。当硅谷技术大佬终于也忍不住说受不了的时候，说明情况已经严重到了一定程度。很显然，通过"多巴胺断食"（dopamine fasting）来避免"感觉过载"的趋势

---

[1] 罗伯特·于特（Robert Jütte，2005）；沙龙（Salon），2007 年 6 月 7 日，www.salon.com/2007/06/07/sensory_deprivation/。

正变得越来越流行。[1] 4

多巴胺断食是指在短期内戒断所有形式的社交接触。例如，一定要避免直接的眼神接触，因为这太容易激起情感波动。与此同时，对于其他形式的刺激也都要加以约束，比如饮食刺激。对于采取这种节制感官刺激手段的人来说，最终感官刺激回归时将更为愉悦，也更容易掌控。5 常言道，小别胜新婚，对吧？既然连科技创业者都要努力应对感官过载，可以想象"对感官造成视觉和听觉冲击"的日常生活，会给有特殊需求或者患有某种已知感官加工障碍的人造成怎样的影响。6

对电子移动设备的痴迷，无疑是感官过载持续存在的原因之一。毕竟，许多人都抱怨过，当我们试图利用技术的力量处理多项任务的时候，技术所提供的信息却超出了我们的需要。7 与此同时，全球迅速崛起的超大型城市只会使情况雪上加霜。耶鲁大学心理学家斯坦利·米尔格拉姆（Stanley Milgram，以在 20 世纪 60 年代开展服从实验 [2] 而著称）在 1970 年写道："正如我们所体验到的那样，城市生活让人们持续不断地体验各种过载。"8 由此可见，他当时肯定也是这样的想法。依我看，将《欲望都市》（Sex and the City）改称"感官过载都市"更合适。当噪音越来越多，污染越来越重，能帮助人

---

[1] 不过，正如一位评论者所说，"多巴胺断食"这个叫法其实不太准确，它更像是"刺激断食"。

[2] 米尔格拉姆开展的实验表明，当权威人物要求对另一个人提高电击强度时，受试者很容易被说服而照做。虽然事实上根本未进行任何电击，只不过是演员逼真地假装痛苦，但参与该研究的受试者并不了解内情。

恢复精力的大自然景观、声音和味道都变成了遥远的记忆，只有在观看电视上被人篡改过的自然节目才能回忆起来时，城市生活又能给人带来什么呢？我们为自身打造了"感官中枢"，可它在当代的种种表现也给我们的健康、幸福感和认知功能造成了许多问题。[9]

鉴于城市人口 95% 的时间都生活在室内，优化周遭的多重感官刺激环境更显得刻不容缓。截至 2010 年，全球城市人口超过了农村人口。[10] 根据联合国的最新推测，到 2050 年，全球 68% 的人口将会生活在城镇，其中有许多还是超大型城市。[11] 无论我们谈到工作、家庭、健康，还是谈到锻炼或睡眠，若我们为自身打造的非自然室内环境遮挡了大部分自然光源，并持续暴露于各种空气污染物和噪音之中，其消极后果是人人都能看到、嗅到、听到的。[12] 季节性情感障碍和病态建筑综合征的影响不断超出我们的预期。[13] 与此同时，致使许多人精神萎靡的慢性睡眠问题也源于——至少部分源于——我们给自身营造的种种不良感官刺激环境。[14] 人们身处的致肥胖环境，加上久坐的生活方式，也都是全球肥胖危机愈加严重的部分原因。

原始愉悦：大自然效应

接触大自然（包括景色、声音和气味）对身心健康有益，关于这个话题的新研究似乎每周就会发表一项。大自然效应确实存在，而且每个人都会谨记于心。[15] 事实上，这些与人类早期历史有着根本相似之处的感官刺激的作用如此强大，以至于我们把家里的温度和湿度设定得跟埃塞俄比亚高原气候一样，因为那里是大约 500 万年前人类进化的地方。[16] 由此看来，我们希望通过调控感官，设计有助于解决气候变化等全球问题的多重感官刺激环境和干预措施，比如因为我们认识到人类的热舒适性部分是由目之所见的事物决定，而非仅仅取决于室内环境温度，所以利用暖色调来降低能源消耗。[17]

欢迎进入感官营销大爆发时代

前文已经多次提到过，感官过载影响了许多人，感官营销者难辞其咎。[18] 多年来，他们利用所有感官服务接触点，争相博取我们在商店购物时的注意力。了解感官营销者究竟在关注什么之后，你就会明白这种情况多么普遍：如今各种产品和体验的广告铺天盖地，给出种种承诺，比如诱惑你的感官，让你的感官体验焕然一新，或者刺激、唤醒乃至麻醉你的感官。为了调动你的所有感官能力，营销者似乎无所不用其极。

不过，他们往往说得出却做不到。在我看来，他们口口声声说要调动我们的感官，但往往不能提供恰当、均衡的感官刺激。作为智威汤逊广告公司多年的全球感官营销总监，这些都是我的经验之谈。[19] 然而，从迅猛发展的多重感官认知研究领域所提供的越来越多的神经科学证据来看，营销者想要调动所有感官的初衷是可以理解的。[20] 毕竟，如果没有普遍存在的多重感官，哪里会有生活中最令人愉悦的体验呢？[1]

---

[1] 如果不太理解的话，就想想食物和性。

利用感官力量诱使我们走进店铺，推动我们朝这边走、朝那边走的那些公司，谁又能苛责他们呢？我承认商业界的这种多重感官操控会引起伦理问题，人们甚少意识到这些感官刺激的存在，而它们对日常生活的影响可谓方方面面。单个感官——更重要的是多种感官统合之后（仔细想想，各个感官几乎总是统合起来发挥作用的）——影响力之大，越想越让人心惊胆战。然而，一旦认识到感官对我们无可争议的影响之后，就真的再也没有回头路了。也就是说，至少从目前来看，我们没有理由不将感官的力量为自身所用，即通过感官调控来提升自己和身边所爱之人的体验。至少当感官调控的目标是为社会服务的时候，我们可以认为这是"感官助推"。[21]说到利用感官来提高幸福感……

感官主义：以正念看待感官

人人都应当更加关注自身的感官。你可以说这是以正念看待感官，但我更喜欢大约 20 年前发布的一项行业报告所创造的术语——"感官主义"（Sensism）。[22] 从本质上来说，感官主义就是要全盘考虑各种感官，了解它们是如何互相作用的，再将这个认知应用于日常生活中，从而提高幸福感。感官营销者在操控感官体验上抢占了先机，但这显然不代表他们已经掌握了所有答案——远远没有。这从 20 世纪后半叶著名营销者菲利普·科特勒的一句引言便可见一斑。在一篇关于第三个千年的营销的综述文章中，他写道："感官是我们体验世界的媒介，但问题在于，当我们说自己'体验'了某种东西、对该体验满意或不满意的时候，究竟是想要表达什么？"[23]

阿瑟·多弗（Arthur Dove）1929 年所绘的《雾角》（Fog Horns），
画中圆圈的尺寸和黑度以通感方式展现出响亮而低音调的警告声

许多营销者面临的根本问题之一在于，他们无疑认识到了针对某一感官进行调控的作用，却几乎完全不了解各感官之间的互相作用能达到什么层次。正如本书一以贯之的说法，没有调动多重感官的认知就不叫认知。很多时候，目之所见会受耳之所闻的影响，鼻之所嗅会受肤之所感的影响，而肤之所感又会受目之所见的影响，如此循环往复。感官调控正是建立在我们对此类感官交联的逐步深入了解之上。近些年来，广告商也开始通过调控感官之间不时让人惊叹却又广泛存在的联系或相互作用，来传达信息。[24] 几个世纪以来，作曲家、画家和设计师们都是凭着本能在这样做，比如康定斯基（Kandinsky）、斯克里亚宾（Scriabin）或知名度较低的阿瑟·多弗。[25]

你达到适度的感官平衡了吗？

归根结底，感官主义就是要让生活中的感官刺激达到适度的平衡。我们必须认识到，许多人所抱怨的感官过载实际上只会影响我们的高层次理性感官，即视觉和听觉。正如大家所见，太多人因忽略较为感性的感官，即触觉、味觉和嗅觉，而深受其害。[26] 几十年来，佛罗里达州的蒂法尼·菲尔德等人早已指出，整个社会——尤其是在西方社会，无论是家人之间，还是在医疗行业，人们都受到"触觉饥渴"的困扰。

长久以来，人们都忽略了皮肤，几乎可以说是故意认识不到刺激这个最大的感官有多么重要。[27] 我们都应当刺激皮肤，无论是通过芳香疗法按摩，还是爱人的抚摸，但这个建议往往被视作没有科学依据。不过，社会神经学、认知神经学和情感神经学的最新发现越来越凸显触碰皮肤具有多种裨益：从提供婴儿与世界最开始的接触，到弥补如今许多老年人所经历的感官欠载。老年人的皮肤皱缩，别人往往不太愿意触碰。[28] 所以说，在科学家们探索最佳刺激参数的同时，我们是不是也该开始以更智能的方式调控自身的皮肤（更准确地说，我们的触觉）？

每个人对感官刺激的需求不同，有些人——追求感官刺激的人，或被称作"感官瘾君子"的人——渴望得到更多，而有些人则喜欢少一些。[29] 人人都生活在自己的感官世界之中。总而言之，受到多少刺激才算最理想并无对错之分，只不过萝卜青菜各有所爱罢了。感官设计领域正逐渐认识到每个人喜好和（或）能应对的知觉存在差异，这一点着实让人欣慰。好消息是，在许多种情境中，这一认知促使人们在制定感官调控的方案时，采取更容易接受、更包容的态度，承认每个人生活的不同的感官世界。[30] 记住：你对世界的感知与他人对世界的感知有着微妙（或不甚微妙）的差异。

在我看来，我们都应当质疑视觉在当代社会的主导性或支配地位。人人都应当扪心自问：对于自身而言，或者对于我们所处的社会而言，目前的感官层级是否恰当？纵观历史，对比各种文化，你会发现如今有（更重要的是，将来会一直存在）各种不同的感官层级。[31] 仔细想想：人们不看手表而是听教堂钟声来判断时间，种植花卉和水果是为了它们的香味和风味，而不是只看大小和是否整齐划一，这样的时代离我们并没有太遥远。[32] 我知道我的偏好，你的偏好想必你也心知肚明（这就引出了为什么超市不提供我们所需之物的问题）。那么，对于个人，对于我们身处的社会，究竟哪种感官刺激平衡是我们所想要的呢？这些都是我们需要思考的问题。

疫情时代的社交隔离

当新冠肺炎疫情（及以后可能出现的其他疫情）导致的保持社交距离和长期隔离不可避免地影响我们的情绪和幸福感时，感官失衡恐怕只会越来越严重。[33] 在这种背景下，我对通过数字接触刺激来满足"触觉饥渴"尤为关注。如果能通过网络把抚摸或拥抱传递给远方的所爱之人，那么许多人遭受的社交隔离是否能有所改善？早已有人研发出能人际传播触觉刺激的服饰，而这款"拥抱衫"（Hug Shirt）也被《时代》（*Time*）杂志列为 2006 年的最佳发明之一。又或者在这些最艰难的时代，你所追求的乃是"拥抱机器人"（HuggieBot）——改良的研究机器人，重 450 磅（204 千克）——更让人心安的紧紧拥抱？[34]

20 世纪 50 年代，哈利·哈洛（Harry Harlow）开展了一系列震惊世人的实验，结果表明，相比能提供食物的铁丝猴，社交隔离的幼猴更喜欢拥抱毛茸茸的"母猴"。换句话说，它们对情感的需求大于食物。

但正如第 7 章所述，问题是这种数字的、机械的、中介化的触碰，根本不能达到真正人际接触所带来的社会、情感或认知裨益。也许把控好温度就能解决这个问题，因为人际接触通常是温暖的，而机械接触一般没有温度或是冷冰冰的。或许我们需要恰当的气味，比如第 9 章提到的化学感官费洛蒙信号。又或许某些东西我们根本无法模拟，比如充满爱心的人际触碰背后隐含的情感纽带。至少在这种情况下，仅仅"装装样子"或许是不够的。说到底，我们应当认识到，触摸并非只关乎皮肤表面，触摸他人和被他人触摸的体验会受目之所见、耳之所闻、鼻之所嗅的影响。由此看来，正如生活中其他所有行为一样，触摸也是一种多重感官现象。[35] 只有承认认知的多重感官本质，我们才有望成功地调控感官。

可爱电路公司（Cute Circuit）推出的拥抱衫装有十个传动器，利用蓝牙技术实现远程"人际"接触

你可能记得，前文在研究塑料植物是否跟真的植物同样有效，观看大自然的视频是否与通过房间窗户看真实的大自然风景同样有效时，也遇到了感性的中介性这一问题。[36] 在疫情时代，我估计凡是想要通过网络数字化共生在隔离条件下保持社会关系的人，都会遇到许多同样的问题。[37]

对新感觉进行感官调控

本书的感官调控案例大多与五感有关，不过有少数（但不断增多）生物黑客尝试开拓上天赋予的五种感官之外的感官。例如，加泰隆先锋派艺术家、赛博格活动家（跟你平常遇到的不是一类人）穆恩·里巴斯（Moon Ribas）拥有"震感"。她在胳膊内嵌了一个装置，每当地球的任意地方发生地震时，她肘部的传感器都会振动，使她能感知地球的地震活动。[38] 此外，还有在加泰

改造人尼尔·哈比森，更准确地说是"改造眼"

罗尼亚长大的英国艺术家尼尔·哈比森（Neil Harbisson），他患有先天性色盲症——严重的色觉失认。他自称"改造人"，或"改造眼"，他或许是第一位把身体增强设备显示在护照照片上的人。他的脑部装有芯片，可以把经过外科手术连接头皮的摄像头拍到的颜色转换成振动和声音。[1] 要注意的是，由于这种手段能让哈比森"听见"颜色（包括其他人根本看不到的红外光和紫外光的光波），这应该算作感官置换，而非感官调控。据哈比森所说，他的天线不应该被视

---

[1] 有一次，我在机场安检正好站在他后面，你想想那场面……大家都乱成了一锅粥！

作附加组件，而是实实在在的感官。[39]

如果你也想体验一下新感官，伦敦赛博格巢穴公司（Cyborg Nest）或许能满足你的心愿。该公司是目前感官调控领域的领军者，其研发的方向感（North Sense）设备已被用于商业用途若干年。方向感设备是一块与身体兼容的 1 平方英寸（2.5 平方毫米）包硅磁铁，通过一对钛质埋钉贴附在胸前，每当面对地磁北极时，它都会短时间振动。如果你觉得这样有点疼，唉，这就是前卫的代价嘛。那么，方向感设备等的广泛使用会导致人类感官能力出现"赛博格"进化吗？

根据赛博格巢穴公司创始人斯科特·科恩（Scott Cohen）和利维乌·巴比茨（Liviu Babitz）的说法，自从 2017 年推出该设备以来，他们已经向全球各种思想开明人士寄送了几百件。对于在真的实现赋予人额外的感官之后下一步该怎么做，公司首席执行官巴比茨显然有许多伟大设想。在一次采访中，他甚至说："人类所创造的一切，都是因为人类有感官才能创造出来。如果拥有更多的感官，就能实现人类创意极限的指数级突破。"[40]

方向感究竟是怎样的体验？在佩戴这种设备时，方向感体验会发生什么变化？这些问题目前尚没有明确答案。不过，俄罗斯新西伯利亚一位佩戴该设备的信息技术极客显然目标明确："我认为到了某一时刻，它会内化成一种感觉。到那时候，我将不再感受到振动，而是直接感受到方向。"他还指出，他相信方向感总有一天会真正变成他的第六感。事实上，这位生物黑客对方向感设备充满热情，后来还说等不及要给他妻子也装一个！但愿他先征得妻子的同意吧。

每一个仿生男人都需要一个仿生女人，似乎是这么个道理。[41] 不过，生物黑客所钟爱的内置和（或）外置设备能否像热情四溢的制造者和超人类主义者[1] 吹嘘的那样，赋予用户"新感官"，我们还不得而知。[42] 然而，他们为挑战感觉极限所做的尝试，给感官调控的未来前景提供了一些启发。

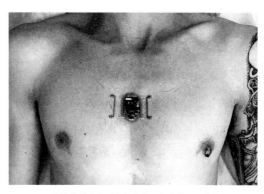

赛博格巢穴公司的方向感设备（乳环可选）

最后，展望更遥远的未来，有些人尝试完全绕过感官和身体，直指控制中枢——大脑。2017 年，建立特斯拉公司（Tesla）和太空探索技术公司（SpaceX）的亿万富翁创业家埃隆·马斯克（Elon Musk），开办名为神经链接（Neuralink）的新公司，昭示未来发展的走向。这家注册于加利福尼亚州的公司，正在研究把微型芯片直接植入大脑。[43] 这种技术叫作"神经织网"（neural lace），其理念是实现人类思想的人机互传。如果商用的话，此类产品将能使人类达到

---

[1] 超人类主义是以人类身体能够因科学进步而得到改造为信仰的运动。

更高的认知能力。[1] 说不定真的会像 20 多年前火爆全球的好莱坞电影《黑客帝国》（*The Matrix*）中所展现的那样，这种脑部植入物甚至会被用来调控我们对现实的认知呢：

> 如果你所说的虚拟现实装备连接你所有的感官，并且完全受控，你还能分辨出虚拟世界和现实世界的差别吗？
>
> 什么是真实？如何定义真实？如果是指感官感受到的一切，比如触觉、味觉、嗅觉或听觉，那么这些全是你的大脑解析出来的电子信号。
>
> ——《黑客帝国》（1999）

关注我们的感官

展望未来，我很想知道感官调控能否不仅被用于改变日常生活中的"平凡"体验，还可以实现非凡的体验，也就是有可能真正改变一切的体验。我还想知道，生物黑客和制造者能否赋予人类新的感官，比如磁感、震感，或者更天马行空一些，从身体内部进行感官调控。通过加深对感官的了解，同时认识到每个人都活在独一无二的感官世界里，我们很可能最终只会与自身的感官形成一个相互转化的关系。要想实现这个目标，无疑要借助不断发展的感官科学

---

[1] Facebook 神秘的硬件部门 Building 8 显然也在研究同样的技术。据报道，该部门正在研发非侵入式脑机交互技术，如研发成功，人们就可以通过外接硬件设备进行交流。

以及感官之间多种交互关系的研究。

说到底，感官调控的未来还将有另一个助推力：艺术家、建筑师和设计者把感官科学转变成引人入胜的多重感官体验，挑战现有的感官层级。毕竟，鉴于都市人口待在室内的时间之久（即便不是在疫情封城期间），建筑师和城市规划者显然在打造有助于提高社交、认知和情绪幸福感的多重感官环境中起到重要作用。[44] 与此同时，越来越多的历史学家、人类学家和社会学家等研究者近来逐渐开始"感官转向"，分情境来看待感官，打造出中介化的感官中枢，这无疑也会推动感官调控的发展。[45]

我抛砖引玉，分享了一些感官调控的秘密，希望能启发你充分利用自身感官的潜力，提高个人的社交、情感或认知幸福感。与此同时，对感官如何影响自身了解得越深入，狡猾的营销者就越难以调控你的感官。

附录：简单的感官调控

好闻的毛巾手感更柔软。

铺上桌布后，食物的美味度会提高 10%——进食量也会增加 50%。

如果你喜欢淋浴，冷水浴可将你的病假次数减少 29%（对比来看，日常锻炼能减少 35%）。

面霜的令人放松的味道，才是祛皱的根本原因。

大自然的声音能令人放松（老生常谈啦），鸟鸣声的种类越多，放松效果越好。

邻居太吵？他们听什么，你也听什么，就可以改善睡眠啦。

入睡困难，但只有一个耳塞？那就塞进右耳吧。

如果你喜欢泡澡，有助澡后睡眠的理想水温是 40℃~42.5℃（104℉~108.5℉）。

家用车进入"运动"模式后，红灯闪烁，引擎噪音轰鸣，好炫酷——但汽车性能其实往往并没有发生改变。

室内植物能将办公室空气污染物减少 25%，清新空气能将员工的生产力提高 8%~11%。

女性常常在办公室里觉得冷，是因为她们的新陈代谢率较低。

提高环境温度会使男性的生产力下降 0.6%，但会将女性的生产力提高 1%~2%，所以综合一下，还是把温度调高点吧。

工作会议太压抑？闻一闻别的气味，重振精神。

平均来说，在开放式办公室内工作的人们，每天会因干扰而浪费 86 分钟。如果你没办法居家办公，那么使用背景音乐，同样能将生产力提高 10%~20%。

商店里或快餐店现烤面包香气扑鼻，虽然大家都觉得那是假的，但它很可能是真的。

相比快节奏音乐，播放慢节奏音乐时，购物者的消费额会增加 38%~50%。

想锻炼得更刻苦一点？把音乐节奏加快 10%，还能让你更加享受锻炼的乐趣哟。

想在网球比赛中更胜一筹？那就大声喊出来吧。

观众的呼喊声会影响裁判出示黄牌的几率——观众们大声喊起来吧。

锻炼时笑一笑，跑步的经济性会提高 2% 不止哦。

锻炼时，每隔 7~8 分钟"尝一尝"碳水化合物（比如把运动饮料含在嘴里，再吐出来），只需这短短的几秒钟就能把运动表现提高 2%~3%。

在为运动团队穿什么颜色的队服发愁？黑色会提高你的成功几率。

带约会对象去看电影？那就去看恐怖片吧，约会成功的几率更高哟。

别人的年龄能被闻得出来，但性别闻不出来。

致　谢

　　我一如既往地首先要感谢曾在联合利华研究院任职、现就职于利物浦大学的弗朗西斯·麦格隆（Francis McGlone）教授，谢谢他资助许多基础研究，为本书的许多想法提供了依据。他坚信触觉和其他感官的重要性，自始至终都在支持我。帝国化学工业集团（Imperial Chemical Industries）赞助发表了"感官主义"报告，也为随后数年的感官调控研究奠定了坚实的基础。我还要感谢克里斯托弗·考维（Christophe Cauvy）带领我进入智威汤逊广告公司的感官营销部门，感谢鲁珀特·庞森比（Rubert Ponsonby，任职于 R&R 冰淇淋公司）提供各种各样的多重感官"祭品"，让我从来没感觉到口干舌燥。医疗领域感官调控的许多想法直接来源于我跟史蒂夫·凯勒（Steve Keller，现就职于潘多拉流媒体公司）的讨论与合作。感谢厨房理论（Kitchen Theory）大厨约瑟夫·优素福，他在高巴尼特（High Barnet）的餐厅用一道道美味佳肴展现了感官调控的力量。我还要向已逝的乔恩·德赖弗致以深深的谢意，是他引领我进入这个让我痴迷一生的研究领域（同时感谢他把我从都市建筑环境中"救"出来）。如果不是因为他的电视坏了，以及他敏锐而严谨的学术态度，我的人生将完全是另一种样子。感谢聪明伶俐的学生和业界同仁多年来给予我的巨大支持。

给予我的巨大支持。

从本书在许多年前酝酿时起，企鹅出版社的丹尼尔·克鲁（Daniel Creww）和康纳·布朗（Connor Brown）就一直耐心地支持本书的编写工作！最后，我衷心感谢我的妻子芭芭拉（巴比斯），谢谢她时刻为我提供充满建设性的重要支持。

注　释

引言：1+1=3？

1　Galton (1883), p. 27.

2　Bellak (1975); Malhotra (1984).

3　www.accenture.com/_acnmedia/accenture/conversionassets/mic rosites/ documents17/accenture-digital-video-connected-consumer.pdf.

4　Colvile (2017).

5　Spence (2002).

6　Montagu (1971).

7　Classen (2012); Denworth (2015); Field (2001); Gallace and Spence (2014).

8　Cohen et al. (2015); Goldstein et al. (2017).

9　Sekuler and Blake (1987); US Senate Special Committee on Aging (1985–6), pp. 8–28.

10　Classen et al. (1994); Herz (2007); *Touching the rock: An experience ofblindness*. London: Society for Promoting Christian Knowledge, www. brighamsuicideprevention.org/single-post/2016/05/08/ Paving-the-path-to-a-brighter-future.

11　*Financial Times*, 4 June 2013, 1; *New Yorker*, 26 October 2012, www. newyorker.com/magazine/2015/11/02/accounting-for-taste.

12　See www.johnsonsbaby.co.uk/healthcare-professionals/science- senses.

13　Ho and Spence (2008); Spence (2012a).

14　*Businesswire*, 27 July 2015; www.businesswire.com/news/home/ 20150727005524/

en/Research-Markets-Global-Cosmetics-Market- 2015-2020-Market.

15 Guardian, 30 October 2017, www.theguardian.com/lifeandstyle/ 2017/oct/30/ sad-winter-depression-seasonal-affective-disorder; Ott and Roberts (1998). For my early work with Dulux paints and Quest fragrances on the design of more productive and healthier indoor environments see Spence (2002) and, for the latest review, Spence (2020f).

16 Adam (2018); Huxley (1954); Walker (2018).

17 Cutting (2006); Monahan et al. (2000); Kunst-Wilson and Zajonc (1980).

18 Hepper (1988); Schaal and Durand (2012); Schaal et al. (2000).

19 Hoehl et al. (2017); LoBue (2014).

20 Dobzhansky (1973).

21 Batra et al. (2016); New York Times, 16 May 2014, www.nytimes.com/2014/05/17/ sunday-review/the-eyes-have-it.html.

22 Karim et al. (2017); New York Times, 27 November 2008, B3, www. nytimes. com/2008/11/28/business/media/28adco.html.

23 Salgado-Montejo et al. (2015); Wallace (2015); Windhager et al. (2008).

24 Spence (2020c).

25 Sheldon and Arens (1932).

26 Croy et al. (2015); Field et al. (2008).

27 Cheskin and Ward (1948); Martin (2013); Packard (1957); Samuel (2010).

28 Fisk (2000); Spence (2002).

29 Gori et al. (2008); Raymond (2000).

30 Hutmacher (2019); Meijer et al. (2019).

31 Howes (2014); Howes and Classen (2014); Hutmacher (2019); Schwartzman (2011).

32 McGurk and MacDonald (1976).

33 Wang and Spence (2019).

1. 在家的感觉，真棒！

1　Dalton and Wysocki (1996); Financial Times, 3 February 2008 (House and Home), 1.

2　Glass et al. (2014); Spence (2003); Weber and Heuberger (2008).

3　*Independent*, 14 May 2018, www.independent.co.uk/news/long_ reads/sick-building-syndrome-treatment-finland-health-mould- nocebo-a8323736.html.

4　Quoted in Corbin (1986), p. 169.

5　*Crafts Report*, April 1997, https://web.archive.org/web/2006 1020170908/www.craftsreport.com/april97/aroma.html; *Ideal Home*, 15 March 2018, www.idealhome.co.uk/news/smells-sell- your-home-scents-197937; McCooey (2008); *The Times*, 19 March 2014, 5.

6　Haviland-Jones et al. (2005); Huss et al. (2018).

7　Baron (1997); Holland et al. (2005).

8　Herz (2009).

9　Haehner et al. (2017); Spence (2002).

10　Le Corbusier (1948).

11　Spence (2020e).

12　Fich et al. (2014).

13　Clifford (1985); McCooey (2008).

14　Appleton (1975), p. 66; Manaker (1996).

15　Dazkir and Read (2012); Thömmes and Hübner (2018); Vartanian et al. (2013).

16　Lee (2018), p. 142; McCandless (2011).

17　Zhu and Argo (2013).

18　'Music makes it home', http://musicmakesithome.com, in Lee (2018), p. 253.

19　Spence et al. (2019b).

20　Baird et al. (1978); Meyers-Levy and Zhu (2007); Vartanian et al. (2015).

21　Oberfeld et al. (2010).

22　Bailly Dunne and Sears (1998), p. 3; Crawford (1997); *New York Times International Edition*, 31 August–1 September 2019, 13; http://antaresbarcelona.com.

23　Pallasmaa (1996).

24　Etzi et al. (2014); Demattè et al. (2006).

25　Imschloss and Kuehnl (2019).

26 Itten and Birren (1970); Le Corbusier (1972), p. 115; Le Corbusier (1987), p. 188; Wigley (1995), pp. 3–8.

27 Küller et al. (2006); Kwallek et al. (1996).

28 Costa et al. (2018).

29 Evans (2002), p. 87; Jacobs and Hustmyer (1974); Valdez and Mehrabian (1994).

30 Quote from Oberfeld et al. (2009), p. 807; Reinoso-Carvalho et al. (2019); Spence et al. (2014a).

31 Mavrogianni et al. (2013); US Energy Information Administration (2011), www.eia.gov/consumption/residential/reports/2009/ air-conditioning.php.

32 Just et al. (2019); *The Times*, 20 March 2019, 13.

33 Quoted in Steel (2008).

34 Jütte (2005), pp. 170–72.

35 Spence (2015).

36 Alter (2013); Changizi et al. (2006); *The Times*, 3 February 2017, www. thetimes.co.uk/article/think-pink-to-lose-weight-if-you- believe-hype-over-science-9rxlndnpv.

37 Genschow et al. (2015).

38 Cho et al. (2015). See also https://dishragmag.com/ (2019, Issue 2): Blue.

39 Jacquier and Giboreau (2012); Essity Hygiene and Health, 'What's your colour?' (2017), www.tork.co.uk/about/whytork/ horeca/.

40 Bschaden et al. (2020); García-Segovia et al. (2015); Liu et al. (2019).

41 Watson (1971), p. 151.

42 *Smithsonian Magazine*, February 1996, 56–65; *Wall Street Journal*, 23 October 2012, https://www.wsj.com/articles/SB10001424052970 2034064045780746715988041116#articleTabs%3Darticle.

43 *The Times*, 26 April 2019 (Bricks and Mortar), 6.

44 Attfield (1999); Bell and Kaye (2002); Steel (2008).

45 Quote from p. 42, cited in Steel (2008), p. 197.

46 https://fermentationassociation.org/more-u-s-consumers-eating-at-home-vs-restaurant/; Spence et al. (2019-a).

47 Bailly Dunne and Sears (1998), p. 107; *Guardian*, 23 August 2017, www.

theguardian.com/lifeandstyle/shortcuts/2017/aug/23/bath- or-shower-what-floats-your-boat.

48 *Daily Mail*, 19 October 2017, 19.

49 i, 24 March 2017, 33; Hoekstra et al. (2018); Kohara et al. (2018).

50 Buijze et al. (2016).

51 *Guardian*, 23 August 2017, www.theguardian.com/lifeandstyle/ shortcuts/2017/ aug/23/bath-or-shower-what-floats-your-boat; Golan and Fenko (2015).

52 Churchill et al. (2009).

2. 感受大自然

1 Wilson (1984); Wilson had already won two Pulitzer prizes by the time he wrote *Biophilia*, a term he first introduced in 1979 (*New York Times Book Review*, 14 January, 43). See also Kahn (1999); Kellert and Wilson (1993); Townsend and Weerasuriya (2010); Williams (2017).

2 Treib (1995).

3 *Globe Newswire*, 18 April 2018, www.globenewswire.com/news-release/2018/04/18/1480986/0/en/Gardening-Reaches-an-All-Time- High.html.

4 Ambrose et al. (2020); de Bell et al. (2020).

5 Steinwald et al. (2014).

6 Glacken (1967).

7 Olmsted (1865b), available online at www.yosemite.ca.us/library/ olmsted/ report.html; cf. Olmsted (1865a).

8 Li (2010); Miyazaki (2018); Morimoto et al. (2006). See also Park et al. (2007).

9 E.g. Ulrich et al. (1991).

10 Louv (2005); Pretty et al. (2009).

11 Mackerron and Mourato (2013).

12 Wilson (1984); Nisbet and Zelenski (2011).

13 Kaplan (1995, 2001); Kaplan and Kaplan (1989).

14 Berman et al. (2008).

15 Knopf (1987); Ulrich et al. (1991).

16 Kühn et al. (2017).

17 Seto et al. (2012). See also Fuller and Gaston (2009).

18 Wilson and Gilbert (2005).

19 Nisbet and Zelenski (2011).

20 Ulrich (1984).

21 Moore (1981).

22 *New Yorker*, 13 May 2019, www.newyorker.com/magazine/2019/05/ 13/is-noise-pollution-the-next-big-public-health-crisis; Passchier- Vermeer and Passchier (2000).

23 Alvarsson et al. (2010).

24 Slabbekoorn and Ripmeester (2008).

25 Fuller et al. (2007); Ratcliffe et al. (2016).

26 Dalton (1996).

27 Hill (1915).

28 Lee and DeVore (1968), p. 3.

29 Koga and Iwasaki (2013).

30 Kaplan (1973).

31 Intriguingly, Anderson et al. (1983) found that while birdsong enhanced people's ratings of wooded, natural, and heavily vegetated urban settings, it was traffic noise (i.e. the congruent sound) that actually enhanced their ratings of the urban scenes the most.

32 Anderson et al. (1983); Benfield et al. (2010); Mace et al. (1999); Weinzimmer et al. (2014).

33 Hedblom et al. (2014).

34 Collins (1965); Romero et al. (2003).

35 Matsubayashi et al. (2014).

36 Carrus et al. (2017); Han (2007); Twedt et al. (2016).

37 Ames (1989); Frumkin (2001).

38 Seligman (1971). Wilson (1984) also has an intriguing chapter entitled 'The Serpent'; Ulrich (1993).

39 Though see Diamond (1993).

40 Hagerhall et al. (2004); Joye (2007); Redies (2007).

41 Joye and van den Berg (2011), p. 267.

42 Greene and Oliva (2009); Reber, et al. (2004); Reber, et al. (1998).

43 There are many more studies than I have space to review here. For those interested in finding out more, see Hartig et al. (2011). The results of meta-analyses stress the need for more research regarding some of the specific health claims that have been made to date: see Bowler et al. (2010).

44 Bratman et al. (2015).

45 Kabat-Zinn (2005).

3. 睡得舒服最重要

1 Kochanek et al. (2014); *Guardian*, 24 September 2017, www.theguardian.com/lifeandstyle/2017/sep/24/why-lack-of-sleep-health-worst-enemy-matthew-walker-why-we-sleep.

2 Hafner et al. (2016); www.aviva.com/newsroom/news-releases/ 2017/10/Sleepless-cities-revealed-as-one-in-three-adults-suffer-from-insomnia/; www.nhs.uk/live-well/sleep-and-tiredness/why- lack-of-sleep-is-bad-for-your-health/.

3 Morin (1993); Walker (2018).

4 Hafner et al. (2016); Lamote de Grignon Pérez et al. (2019); Roen-neberg (2012); Taheri et al. (2004).

5 *Guardian*, 24 September 2017, www.theguardian.com/lifeandstyle/2017/sep/24/why-lack-of-sleep-health-worst-enemy-matthew- walker-why-we-sleep; Hafner et al. (2016); Roenneberg (2013); Walker (2018).

6 Hafner et al. (2016); Understanding sleep, *Raconteur*, 4 July 2014.

7 Gibson and Shrader (2014); Sleep will never be a level playing field, *Raconteur*, 4 July 2014.

8 Harvard Medical School (2007). Twelve simple tips to improve your sleep, http://healthysleep.med.harvard.edu/healthy/getting/ overcoming/tips; Wehrens et al. (2017).

9 www.nhs.uk/apps-library/sleepio/; Arbon et al. (2015); Kripke et al. (2012);

Walker (2018).

10 Harvey (2003); Harvey and Payne (2002).

11 *Huffington Post*, 29 June 2015, www.huffingtonpost.co.uk/entry/ smartphone-behavior-2015_n_7690448?ri18n=true.

12 Chang et al. (2015).

13 Fighting the blue light addiction, *Raconteur*, 4 July 2019.

14 Park et al. (2019).

15 *Guardian*, 21 January 2019, www.theguardian.com/lifeandstyle/ 2019/jan/21/ social-jetlag-are-late-nights-and-chaotic-sleep-patterns-making-you-ill.

16 Chamomile tea, will you help me sleep tonight? *Office for Science and Society*, 8 March 2018, www.mcgill.ca/oss/article/health-and- nutrition/chamomile-tea-will-you-help-me-sleep-tonight.

17 Basner et al. (2014); World Health Organization (2011).

18 Arzi et al. (2012); Schreiner and Rasch (2015); Wagner et al. (2004).

19 Haghayegh et al. (2019).

20 Kräuchi et al. (1999); Maxted (2018); Muzet et al. (1984); Raymann et al. (2008); Walker (2018), pp. 278–9.

21 Chellappa et al. (2011); Czeisler et al. (1986); Lockley et al. (2006).

22 Perrault et al. (2019).

23 That, at least, is the suggestion from a report by Elle Decor and The Joy of Plants based on underpinning research from NASA and the American College of Allergy, Asthma, and Immunology published in *The Plantsman* horticultural journal.

24 Wolverton et al. (1989).

25 Holgate (2017).

26 Jones et al. (2019).

27 Facer-Childs et al. (2019).

28 Molteni (2017). www.wired.com/story/nobel-medicine-circadian- clocks/.

29 Agnew et al. (1966); Branstetter et al. (2012); Rattenborg et al. (1999); Tamaki et al. (2016).

30 'Best bedroom colors for sleep' (2020), 4 February, https://our sleepguide.com/

best-bedroom-colors-for-sleep/; Costa et al. (2018).

31 *Guardian*, 4 September 2018, www.theguardian.com/lifeandstyle/2018/sep/04/ shattered-legacy-of-a-reality-tv-experiment-in-extreme-sleep-deprivation; though, in fact, it later emerged that the contestants were allowed to take periodic forty-five-minute naps.

32 Kyle et al. (2010).

33 Field et al. (2008); Mindell et al. (2009).

34 Johnson's *Science of the senses report* (2015), www.johnsonsbaby.co.uk/ healthcare-professionals/science-senses.

35 American Academy of Pediatrics, School start times for adolescents, Policy Statement, August 2014. See also www.startschoollater.net/ success-stories. html; National Sleep Foundation (2006); Walker (2018).

36 Kaplan et al. (2019).

37 Holmes et al. (2002). See also Burns et al. (2002).

38 Crowley (2011); Hardy et al. (1995).

39 Fismer and Pilkington (2012).

40 Harada et al. (2018); Spence (2003).

41 Stumbrys et al. (2012); *Wired*, 31 March 2014, www.wired.co.uk/news/ archive/2014-03/31/touch-taste-and-smell-technology.

42 Lovato and Lack (2016).

43 https://today.yougov.com/topics/lifestyle/articles-reports/2011/05/05/brother-do-you-have-time; Badia et al. (1990); *AdWeek*, 6 March 2014, www.adweek. com/adfreak/wake-and-smell-bacon-free-alarm-gadget-oscar-mayer-156123; Carskadon and Herz (2004); *Guardian*, 6 March 2014, www.theguardian. com/technology/2014/mar/06/wake-up-and-smell-the-bacon-scented-iphone-alarm-clock; *Intelligencer*, 29 November 2018, http://nymag.com/ intelligencer/2018/11/ iphone-bedtime-features-has-hidden-alarm-sounds.html.

44 Smith et al. (2006).

45 Broughton (1968); Jewett et al. (1999); Trotti (2017).

46 Fukuda and Aoyama (2017); Hilditch et al. (2016); *Vice*, 21 December 2015, www.vice.com/en_us/article/3dan5v/caffeinated-toothpaste- is-the-closest-

youll-ever-get-to-mainlining-coffee.

47 Anderson et al. (2012); Government of India, Ministry of Civil Aviation, Report on Accident to Air India Express Boeing 737-800 Air-craft VT-AXV on 22nd May 2010 at Mangalore, www.skybrary.aero/bookshelf/books/1680.pdf; Schaefer et al. (2012); Tassi and Muzet (2000); Walker (2018).

48 McFarlane et al. (2020).

49 Gabel et al. (2013); Wright and Czeisler (2002).

50 Lamote de Grignon Pérez et al. (2019); Morosini (2019); Pinker (2018); Przybylski (2019).

4. 在路上

1 Redelmeier and Tibshirani (1997).

2 Colvile (2017).

3 Novaco et al. (1990).

4 www.volpe.dot.gov/news/how-much-time-do-americans-spend- behind-wheel.

5 Aikman (1951).

6 Harley-Davidson even went so far as to try to protect the 'potato-potato-potato' sound of their motorbike engine, but without success: Michael B. Sapherstein, The trademark registrability of the Harley-Davidson roar: A multimedia analysis, http://bciptf.org/ wp-content/uploads/2011/07/48-THE-TRADEMARK-REGI STRABILITY-OF-THE-HARLEY.pdf.

7 *Sunday Times*, 12 June 2016. See also *Washington Post*, 21 January 2015.

8 Hellier et al. (2011).

9 Horswill and Plooy (2008).

10 Menzel et al. (2008).

11 *The Times*, 7 May 2018, 6.

12 Montignies et al. (2010).

13 BBC News, 14 January 2005, http://news.bbc.co.uk/go/pr/fr/-/2/ hi/uk_news/wales/4174543.stm.

14 Sheldon and Arens (1932), pp. 100–101.

15 Guéguen et al. (2012); Hanss et al. (2012). See also Feldstein and Peli (2020).

16 Brodsky (2002); North and Hargreaves (1999).

17 Beh and Hirst (1999).

18 Ramsey and Simmons (1993).

19 *The Times*, 7 March 2018, 17.

20 Redelmeier and Tibshirani (1997).

21 Spence (2014).

22 Spence and Read (2003).

23 *New York Times*, 27 July 2009, www.nytimes.com/2009/07/28/technology/28texting.html; Driver distraction in commercial vehicle operations, Technical Report No. FMCSA-RRR-09– 042, Federal Motor Carrier Safety Administration, US Department of Transportation, Washington, DC, 2009.

24 Ho and Spence (2008).

25 Ho and Spence (2009).

26 Obst et al. (2011).

27 Ashley (2001); Graham-Rowe (2001); Mitler et al. (1988); Sagberg (1999).

28 Oyer and Hardick (1963).

29 McKeown and Isherwood (2007).

30 Ho and Spence (2008).

31 *The Times*, 19 January 2018, 35. 32 Ho and Spence (2008).

33 Senders et al. (1967); Sivak (1996).

34 Cackowski and Nasar (2003).

35 Parsons et al. (1998).

36 This was certainly the intuition of Gibson and Crooks (1938).

37 Bijsterveld et al. (2014).

38 *De re aedificatoria* (1485), quoted in Lay (1992), p. 314.

39 *New York Times*, 5 July 2002, F1, www.nytimes.com/2002/07/05/travel/driving-just-drive-said-the-road-and-the-car-responded. html.

40 Gubbels (1938), p. 7.

41 Ury et al. (1972).

42 *New Atlas*, 26 January 2005, https://newatlas.com/go/3643/.

43 2014 Mercedes-Benz S-Class interior is 'the essence of luxury', https:// emercedesbenz.com/autos/mercedes-benz/s-class/2014-mercedes-benz-s-class-interior-is-the-essence-of-luxury/.

44 Spence et al. (2017).

45 Forster and Spence (2018).

46 Ho and Spence (2005); Warm et al. (1991).

47 Fruhata et al. (2013); see also *Wall Street Journal*, 6 May 1996, B1, B5.

48 Fumento (1998); James and Nahl (2000); *2011 AAMI Crash Index*, www.yumpu.com/en/document/view/51279966/2011-aami-crash- index.

49 Mustafa et al. (2016).

50 Schiffman and Siebert (1991).

51 Ho and Spence (2013).

52 Evans and Graham (1991); Peltzman (1975); Wilde (1982).

53 Spence (2012a).

54 Whalen et al. (2004).

55 Treisman (1977).

56 Körber et al. (2015).

57 *The Times*, 24 January 2018, 26.

58 Deloitte, *Driving connectivity. Global automotive consumer study: Future of automotive technologies*, https://www2.deloitte.com/content/dam/Deloitte/uk/Documents/manufacturing/deloitte-uk-driving-connectivity.pdf, March 2017.

59 Where to, sir? *The Investor*, 95 (2017), 7–10.

5. 谁上班不累啊?

1 *Daily Mail*, 30 March 2006.

2 Hewlett and Luce (2006).

3 *The Economist*, 22 December 2018, www.economist.com/finance- and-economics/2018/12/22/why-americans-and-britons-work-such-long-hours; Pencavel (2014); *Wall Street Journal*, 29 June 2018.

4 *The Australian*, 7 December 2017; *Business Journal*, 11 June 2013, www.

gallup.com/businessjournal/162953/tackleemployees-stagnating-engagement. aspx; Pencavel (2014).

5　*The Australian*, 7 December 2017; Béjean and Sultan-Taïeb (2005); *The Times*, 19 June 2017, 3.

6　Field et al. (1996).

7　Rosenthal (2019); Terman (1989).

8　Dolan (2004); Hirano (1996).

9　*The Economist*, 28 September 2019, www.economist.com/business/2019/09/28/ redesigning-the-corporate-office; ibid., www.economist.com/leaders/2019/09/28/ even-if-wework-is-in-trouble- the-office-is-still-being-reinvented; Haslam and Knight (2010); Knight and Haslam (2010).

10　Burge et al. (1987); Wargocki et al. (2000).

11　*Independent*, 14 May 2018, www.independent.co.uk/news/long_ reads/sick-building-syndrome-treatment-finland-health-mould- nocebo-a8323736.html; Wargocki et al. (1999).

12　Baron (1994).

13　www.fellowes.com/gb/en/resources/fellowes-introduces/work- colleague-of-the-future.aspx; The work colleague of the future: A report on the long-term health of office workers, July 2019, https://assets.fellowes.com/skins/fellowes/ responsive/gb/en/resources/work-colleague-of-the-future/download/WCOF_ Report_EU.pdf. See also https://us.directlyapply.com/future-of-the-remote-worker.

14　Chang and Kajackaite (2019); Kingma and van Marken Lichten-belt (2015).

15　Spence (2020d).

16　Küller et al. (2006).

17　Kozusznik et al. (2019); Pasut et al. (2015).

18　Pencavel (2014).

19　Kaida et al. (2006); Souman et al. (2017).

20　Fox and Embrey (1972); Oldham et al. (1995); Ross (1966); *Time*, 10 December 1984, 110–12.

21　Spence (2002, 2003).

22 Gabel et al. (2013); Lehrl et al. (2007).

23 Kwallek and Lewis (1990); Mikellides (1990).

24 *New York Times*, 5 February 2009, www.nytimes.com/2009/02/06/science/06color.html; Steele (2014).

25 *Wired*, 13 February 2019, www.wired.co.uk/article/how-workplace- design-can-foster-creativity.

26 Mehta, Zhu and Cheema (2012).

27 Einöther and Martens (2013); *Guardian*, 5 January 2014, www.the guardian.com/money/shortcuts/2014/jan/05/coffee-future-of-work; Madzharov et al. (2018); Unnava et al. (2018).

28 BBC News, 11 January 2017, www.bbc.com/capital/story/20170105- open-offices-are-damaging-our-memories.

29 Bernstein and Turban (2018); Otterbring et al. (2018).

30 De Croon et al. (2005), p. 128; *The Times*, 10 October 2017, 6–7.

31 *Guardian*, 16 October 2015, www.theguardian.com/higher-edu cation-network/2015/oct/16/the-open-plan-university-noisy-nightmare-or-buzzing-ideas-hub.

32 Yildirim et al. (2007).

33 Levitin (2015). See also *Forbes*, 21 June 2016, www.forbes.com/ sites/davidburkus/2016/06/21/why-your-open-office-workspace- doesnt-work/#188f073a435f; Evans and Johnson (2000); *The Times*, 10 October, 6–7.

34 Hongisto et al. (2017).

35 Haga et al. (2016).

36 Leather et al. (1998); Mitchell and Popham (2008).

37 Bringslimark et al. (2011); Kweon et al. (2008).

38 Nieuwenhuis et al. (2014).

39 Krieger (1973), p. 453. See also Wohlwill (1983).

40 Qin et al. (2014), though see Cummings and Waring (2020) for recent evidence questioning the practical benefit of office plants when it comes to removing VOCs from the air.

41 Guieysse et al. (2008); Wood et al. (2006).

42 *Raconteur*, 24 April 2019, 8, on the benefits of biophilic office design.

43 Berman et al. (2008); Berto (2005).

44 Lee et al. (2015).

45 De Kort et al. (2006).

46 Kahn et al. (2008).

47 Annerstedt et al. (2013).

48 Spence (2002).

49 Gillis and Gatersleben (2015); Spence (2002).

50 Spence (2016).

51 Quote from *Forbes*, 2 July 2015, www.forbes.com/sites/david burkus/2015/07/02/ the-real-reason-google-serves-all-that-free-food/#7e426b603e3b.

52 Balachandra (2013); Kniffin et al. (2015); Woolley and Fishbach (2017).

53 *New York Times*, 2 July 2012, D3, www.nytimes.com/2012/07/ 04/dining/ secretary-of-state-transforms-the-diplomatic-menu. html?_r=0.

6. "买买买"的感觉

1 *Marketing Week*, 31 October 2013, www.marketingweek.com/ 2013/10/30/ sensory-marketing-could-it-be-worth-100m-to-brands/; Hilton (2015).

2 *Financial Times*, 4 June 2013, 1.

3 Samuel (2010).

4 Renvoisé and Morin (2007); Kühn et al. (2016).

5 Aiello et al. (2019) for a recent analysis of 1.6 billion fidelity card transactions; *Venture Beat*, 11 February 2019, https://venturebeat.com/2019/02/11/second-measure-raises-20-million-to-analyze-companies-sales-and-growth-rates/.

6 *Independent*, 16 August 2011, www.independent.co.uk/news/media/ advertising/the-smell-of-commerce-how-companies-use-scents-to-sell-their-products-2338142.html; *Time*, 20 July 2011, http:// business.time. com/2011/07/20/nyc-grocery-store-pipes-in-artificial-food-smells/.

7 *Wall Street Journal*, 20 May 2014, www.wsj.com/articles/SB100014 24052702 3034687045795739531329793 82; Spence (2015).

8 Leenders et al. (2019).

9 Spence et al. (2017).

10 *Independent*, 16 August 2011, www.independent.co.uk/news/media/ advertising/the-smell-of-commerce-how-companies-use-scents-to-sell-their-products-2338142.html.

11 Ayabe-Kanamura et al. (1998).

12 Spence and Carvalho (2020).

13 *NACS Magazine*, 8–9 August 2009, www.scentandrea.com/ MakesScents.pdf.

14 *The Atlantic*, 26 July 2012, www.theatlantic.com/technology/archive/2012/07/ the-future-of-advertising-will-be-squirted-into-your-nostrils-as-you-sit-on-a-bus/260283/.

15 Knoeferle et al. (2016); Spence (2019a).

16 *AdAge*, 6 December 2006, http://adage.com/article/news/milk- board-forced-remove-outdoor-scent-strip-ads/113643/.

17 *Independent*, 14 November 2002, www.independent.co.uk/news/ media/whiff-of-almond-falls-victim-to-terror-alert-133417.html; Lim (2014), p. 84.

18 *CityLab*, 9 February 2012, www.citylab.com/design/2012/02/inside-smellvertising-scented-advertising-tactic-coming-bus-stop-near-you/1181/; McCain creates the world's first potato scented taxi-Offering free hot jacket potatoes that are cooked on board in five minutes! Press Release, 9 November, 2013; Metcalfe (2012).

19 Castiello et al. (2006).

20 *Businessweek*, 17 October 2013, www.businessweek.com/articles/ 2013-10-17/chipotles-music-playlists-created-by-chris-golub-of- studio-orca; Milliman (1982, 1986); see also Mathiesen et al. (2020).

21 Lanza (2004).

22 Knoeferle et al. (2012).

23 North, Hargreaves and McKendrick (1997).

24 Spence et al. (2019b); Zellner et al. (2017).

25 Karremans et al. (2006).

26 *Economist 1843 Magazine*, April/May 2019, www.1843magazine.com/design/

brand-illusions/why-stars-make-your-water-sparkle; Spence (2012b).

27 Kotler (1974); Lindstrom (2005).

28 *AdWeek*, 5 March 2012, www.adweek.com/brand-marketing/ something-air-138683/.

29 *Wall Street Journal*, 24 November 2000; www.springwise.com/ summer-jeans-embedded-aroma-fruit/.

30 Minsky et al. (2018).

31 Ayabe-Kanamura et al. (1998); Trivedi (2006).

32 *AdWeek*, 5 March 2012, www.adweek.com/brand-marketing/ something-air-138683/.

33 Preliminary results of olfaction Nike study, note dated 16 Novem-ber 1990, distributed by the Smell and Taste Treatment and Research Foundation Ltd, Chicago; *Marketing News*, 25, 4 Febru-ary 1991, 1–2; though see *Chicago Tribune*, 19 January 2014, www. chicagotribune.com/lifestyles/health/ct-met-sensa-weight-loss-hirsch-20140119-story.html.

34 Knasko (1989); *Wall Street Journal*, 9 January 1990, B5.

35 *USA Today*, 1 September 2006; Trivedi (2006); *Independent*, 16 August 2011, www.independent.co.uk/news/media/advertising/ the-smell-of-commerce-how-companies-use-scents-to-sell-their-products-2338142.html.

36 *New York Times*, 26 June 2005, www.nytimes.com/2005/06/26/fashion/ sundaystyles/shivering-for-luxury.html; Park and Hadi (2020); quote appears in Tanizaki (2001), p. 10.

37 Martin (2012).

38 Peck and Shu (2009).

39 Ellison and White (2000); Spence and Gallace (2011).

40 Gallace and Spence (2014), Chapter 11.

41 Does it make sense? *Contact: Royal Mail's Magazine for Marketers*, Sensory marketing special edition, November 2007, 39; Solomon (2002).

42 *Forbes*, 14 June 2012, www.forbes.com/sites/carminegallo/2012/06/14/why-the-new-macbook-pro-is-tilted-70-degrees-in-an-apple- store/#784de2f65a98.

43 Hultén (2012).

44 Piqueras-Fiszman and Spence (2012).

45 Argo et al. (2006).

46 Underhill (1999), p. 162.

47 *Newsweek*, 28 November 2018, www.newsweek.com/mcdonalds- touchscreen-machines-tested-have-fecal-matter-investigation-finds-1234954.

48 de Wijk et al. (2018); Helmefalk and Hultén (2017).

49 Roschk et al. (2017); Schreuder et al. (2016).

50 Mattila and Wirtz (2001).

51 Morrin and Chebat (2005).

52 Homburg et al. (2012).

53 Malhotra (1984); Spence et al. (2014b).

54 Quoted in *Mail Online*, 23 May 2014, www.dailymail.co.uk/ femail/ article-2637492/Lights-sound-clothes-Abercrombie-Fitch-tones-nightclub-themed-stores-bid-win-disinterested-teens.html.

55 See Spence et al. (2019b) for a review.

56 Dunn (2007).

57 Malhotra (1984); Canvas 8, 18 January 2013, www.canvas8.com/ public/2013/01/18/no-noise-selfridges.html.

58 Spence (2019b); *The Drum*, 18 May 2017, www.thedrum.com/news/ 2017/05/18/ guinness-tantalises-tesco-shoppers-with-vr-tasting-experience; *VR Focus*, 20 May 2017, www.vrfocus.com/2017/05/ vr-in-the-supermarket-with-guinness-vr-tasting-experience/.

59 Petit et al. (2019).

60 Kampfer et al. (2017).

61 Gallace and Spence (2014).

62 *RFID Journal*, 14 September 2017, www.rfidjournal.com/articles/pdf?16605; *ShopifyPlus*, 27 February 2019, www.shopify.com/ enterprise/ecommerce-returns.

63 Jütte (2005).

64 Spence et al. (2017).

65 Spence (2020a,b); Spence et al. (2020).

7. 感官疗愈之旅

1 EurekAlert, 20 December 2014, www.eurekalert.org/pub_releases/ 2014-12/ bmj-woy121014.php; Ullmann et al. (2008).

2 Lies and Zhang (2015).

3 Allen and Blascovich (1994).

4 Shippert (2005).

5 Fancourt et al. (2016).

6 Hawksworth et al. (1997).

7 Gatti and da Silva (2007).

8 Kotler (1974).

9 *Forbes*, 18 June 2018, www.forbes.com/sites/brucejapsen/2018/06/18/more-doctor-pay-tied-to-patient-satisfaction-and-outcomes/#567c0db1504a.

10 *Telegraph*, 22 June 2019, www.telegraph.co.uk/health-fitness/body/looks-like-hotel-best-hospital-world-opening-doors-london/.

11 Richter and Muhlestein (2017). See also https://blog.experientia.com/ reinventing-cancer-surgery-by-designing-a-better-hospital-experience/.

12 Trzeciak et al. (2016).

13 Richter and Muhlestein (2017).

14 Ottoson and Grahn (2005); Ulrich (1999).

15 Franklin (2012).

16 Antonovsky (1979); Zhang et al. (2019); Nightingale (1860); Ulrich (1991).

17 Spence and Keller (2019).

18 Spence (2017).

19 Ziegler (2015).

20 *Telegraph*, 12 January 2019, www.telegraph.co.uk/news/2019/01/12/ giving-elderlyhospital-patients-one-extra-meal-day-cuts-deaths/.

21 Campos et al. (2019).

22 Spence (2017).

23 Palmer (1978).

24 *Smithsonian Magazine*, 3 May 2018, www.smithsonianmag.com/ smithsonian-

institution/could-our-housewares-keep-us-healthier- 180968950/; *Wired*, 3 October 2015, www.wired.co.uk/magazine/ archive/2015/11/play/lizzie-ostrom-smell.

25 Dijkstra et al. (2008).

26 Lankston et al. (2010).

27 Harper et al. (2015).

28 Tse et al. (2002); Staricoff and Loppert (2003).

29 Nightingale (1860); see also *Telegraph*, 22 June 2019, www.telegraph.co.uk/ health-fitness/body/looks-like-hotel-best-hospital-world-opening-doors-london/.

30 Pancoast (1877); Babbitt (1896).

31 Dalke et al. (2006).

32 *Telegraph*, 22 June 2019, www.telegraph.co.uk/health-fitness/body/ looks-like-hotel-best-hospital-world-opening-doors-london/; www.philips. co.uk/healthcare/consulting/experience-solutions/ ambient-experience; www.itsnicethat.com/news/g-f-smith-most- relaxing-colour-survey-miscellaneous-100419.

33 Ramachandran and Blakeslee (1998); Senkowski et al. (2014).

34 Moseley et al. (2008a).

35 Moseley et al. (2008c).

36 Moseley et al. (2008b).

37 Barnsley et al. (2011); Mancini et al. (2011); Wittkopf et al. (2018).

38 This quote appears in Katz (2014).

39 Rice (2003).

40 Darbyshire (2016); Darbyshire and Young (2013).

41 Berglund et al. (1999).

42 Yoder et al. (2012).

43 *Telegraph*, 30 March 2016, www.telegraph.co.uk/news/science/ science-news/12207648/critically-ill-patients-disturbed-every-six- minutes-at-night-in/.

44 *Telegraph*, 15 April 2016, www.telegraph.co.uk/science/2016/04/15/ cambridge-professor-reduced-to-tears-by-noisy-hospital-before-de/.

45 Rybkin (2017); Siverdeen et al. (2008).

46 Carlin et al. (1962).

47 Stanton et al. (2017).

48 Diette et al. (2003); Villemure et al. (2003).

49 This is graphically captured in the opening pages of Dan Ariely's *Predictably irrational* (2008).

50 *Wired*, 2 November 2018, www.wired.com/story/opioids- havent-solved-chronic-pain-maybe-virtual-reality-can/; Li et al. (2011).

51 *Guardian*, 25 January 2017, www.theguardian.com/science/2017/ jan/25/how-doctors-measure-pain/.

52 Spence and Keller (2019).

53 Conrad et al. (2007).

54 Graff et al. (2019); Spence and Keller (2019) for a review.

55 See Spence and Keller (2019) for a review.

56 Moss et al. (2007).

57 *Independent*, 18 April 2013, www.independent.co.uk/arts-entertain ment/art/news/from-roxy-music-to-the-cure-brian-eno-composes-soundscapes-to-treat-hospital-patients-8577179.html.

58 Field (2001); *The Conversation*, 24 May 2016, https://theconversation.com/ touch-creates-a-healing-bond-in-health-care-59637.

59 Ellingsen et al. (2016).

60 Gallace and Spence (2014).

61 Crossman (2017).

62 Hamilton (1966).

63 Prescott and Wilkie (2007).

64 Blass and Shah (1995).

65 Holmes et al. (2002).

66 Lehrner et al. (2000).

67 Fenko and Loock (2014).

68 Hulsegge and Verheul (1987).

69 See http://go.ted.com/bUcH for why multisensory palliative care is such a good idea.

8. 跟着感觉，动起来!

1 Hillman et al. (2008).

2 Mead et al. (2009); Chekroud et al. (2018).

3 Craig et al. (2009).

4 NHS Digital, Health Survey for England 2018, https://digital.nhs.uk/data-and-information/publications/statistical/health-survey-for-england/2018.

5 *Guardian*, 8 May 2017, www.theguardian.com/lifeandstyle/shortcuts/2017/may/08/the-budget-gym-boom-how-low-cost-clubs-are-driving-up-membership.

6 *CityLab*, 2 January 2018, www.bloomberg.com/news/articles/2018-01-02/the-geography-of-the-urban-fitness-boom.

7 Though, as we will see later, it may be more the fast music than the loud music that is doing the work; Kreutz et al. (2018).

8 Bodin and Hartig (2003).

9 Thompson Coon et al. (2011).

10 Deloitte, *Health of the nation* (2006), cited in Thompson Coon et al. (2011).

11 RSPB, Natural fit. Can green space and biodiversity increase levels of physical activity? (2004), http://ww2.rspb.org.uk/Images/ natural_fit_full_version_tcm9-133055.pdf.

12 *Mail Online*, 13 May 2018, www.dailymail.co.uk/news/article-5723627/David-Lloyd-launches-personal-trainers-TV-screens-backs. html.

13 *The Times*, 12 May 2018, www.thetimes.co.uk/article/the-latest-fitness-trend-the-cavewoman-workout-38jgq jsfg.

14 Plante et al. (2006).

15 Williams (2017), pp. 176–8.

16 Morgan et al. (1988).

17 Raudenbush et al. (2002).

18 Barwood et al. (2009); North et al. (1998).

19 Karageorghis and Terry (1997).

20　Bigliassi et al. (2019); see also Suwabe et al. (2020).

21　Beach and Nie (2014); *Chicago Tribune*, 17 February 2014, www.chicagotribune.com/lifestyles/health/chi-gym-loud-music-20150218-story.html.

22　Waterhouse et al. (2010).

23　Patania et al. (2020).

24　Edworthy and Waring (2006).

25　Terry et al. (2012).

26　Fritz et al. (2013).

27　North and Hargreaves (2000); Priest et al. (2004).

28　Schaffert et al. (2011).

29　*Guardian*, 17 January 2018, www.theguardian.com/sport/2018/jan/17/noise-over-grunting-cranks-up-once-again-after-crowd-mocks-aryna-sabalenka.

30　*Mail Online*, 7 June 2018, www.dailymail.co.uk/news/article-5818615/Greg-Rusedski-says-women-tennis-players-louder-747-aeroplane.html.

31　Cañal-Bruland et al. (2018).

32　Sinnett and Kingstone (2010).

33　Müller et al. (2019).

34　Quoted in Sinnett and Kingstone (2010).

35　BBC News, 17 May 2009, http://news.bbc.co.uk/sport1/hi/tennis/ 7907707.stm.

36　Camponogara et al. (2017); Sors et al. (2017).

37　Unkelbach and Memmert (2010).

38　Balmer et al. (2005).

39　Raudenbush et al. (2001); Raudenbush et al. (2002).

40　Romine et al. (1999).

41　Brick et al. (2018); www.bbc.co.uk/sport/athletics/50025543.

42　Chambers et al. (2009).

43　Researchers at Oxford have even developed a brand-new sports drink that improves the body's ability to transport oxygen direct to the muscles: *The Times*, 5 May 2020, www.thetimes.co.uk/article/ is-an-energy-drink-that-supplies-oxygen-to-the-muscles-the-ultimate-performance-booster-cmhm6stgq.

44　Carter et al. (2004).

45 Ibid.

46 Ataide-Silva et al. (2014).

47 Hollingworth (1939); Scholey et al. (2009); though see Walker et al. (2016).

48 *Guardian*, 17 May 2012, www.theguardian.com/football/2012/may/17/wayne-rooney-visualisation-preparation.

49 Wrisberg and Anshel (1989).

50 Frank and Gilovich (1988).

51 Huang et al. (2011).

52 Hill and Barton (2005).

53 Attrill et al. (2008).

54 Hagemann et al. (2008).

55 Barton and Hill (2005); Rowe et al. (2005).

56 Elliot et al. (2007).

57 Hill and Barton (2005).

58 Changizi et al. (2006).

59 Phalen (1910), cited in http://history.amedd.army.mil/booksdocs/ spanam/gillet3/bib.html.

60 Adam and Galinsky (2012).

61 *Telegraph*, 31 May 2014, www.telegraph.co.uk/news/science/science-news/10866021/Wear-a-Superman-t-shirt-to-boost-exam-success. html.

9. 我感到，我爱你

1   Groyecka et al. (2017).

2   Dutton and Aron (1974).

3   Meston and Frohlich (2003).

4   Cohen et al. (1989).

5   Marin et al. (2017).

6   May and Hamilton (1980).

7   Hove and Risen (2009).

8   Byers et al. (2010).

9　Hugill et al. (2010); McCarty et al. (2017); Neave et al. (2011).

10　Grammer et al. (2004).

11　Roberts et al. (2004).

12　Miller et al. (2007).

13　Rhodes (2006).

14　Jones et al. (2018); Mueser et al. (1984).

15　Abel and Kruger (2010).

16　Liu et al. (2015).

17　Kampe et al. (2001).

18　Tifferet et al. (2012).

19　Miller (2000).

20　Darwin (1871).

21　Charlton et al. (2012).

22　Watkins (2017).

23　*Havlíček* et al. (2008); Herz and Cahill (1997); Buss (1989).

24　Nettle and Pollet (2008).

25　Baker (1888); Manning and Fink (2008).

26　Manning et al. (1998).

27　Geschwind and Galaburda (1985).

28　*Havlíček* et al. (2006); Kuukasjärvi et al. (2004).

29　Lobmaier et al. (2018).

30　Sorokowska et al. (2012).

31　Olsson et al. (2014).

32　Mitro et al. (2012).

33　Roberts et al. (2011).

34　Winternitz et al. (2017).

35　According to Herz and Cahill (1997), more than \$5 billion is spent annually on fragrance.

36　Lenochová et al. (2012); Milinski and Wedekind (2001).

37　*Guardian*, 24 March 2006, www.theguardian.com/education/2006/ mar/24/ schools.uk3.

38 *New Zealand Herald*, 19 February 2007, www.nzherald.co.nz/nz/ news/article. cfm?c_id=1&objectid=10424667.

39 Demattè et al. (2007).

40 *Perfumer and Flavorist*, 1 April 2016, www.perfumerflavorist.com/ fragrance/ trends/A-Taste-of-Gourmand-Trends-374299261.html.

41 *The Economist*, 14 February 2008, www.economist.com/news/2008/ 02/14/ food-of-love.

42 McGlone et al. (2013).

43 *Maxim*, March 2007, 132–3.

44 Li et al. (2007).

45 Griskevicius and Kenrick (2013), p. 379.

46 Elliot and Niesta (2008); Guéguen (2012).

47 Beall and Tracy (2013); Elliot and Pazda (2012).

48 Guéguen and Jacob (2014).

49 Stillman and Hensley (1980); Jacob et al. (2012).

50 Guéguen and Jacob (2011).

51 Jones and Kramer (2016).

52 Lin (2014); though see Pollet et al. (2018).

53 Greenfield (2005).

54 E.g. Lynn et al. (2016); Peperkoorn et al. (2016).

55 *Slate*, 24 July 2013, www.slate.com/articles/health_and_science/ science/2013/07/statistics_and_psychology_multiple_comparisons_ give_ spurious_results.html.

56 Lewis et al. (2017).

57 Lewis et al. (2015).

58 Whitcome et al. (2007).

59 Tobin (2014). Online dating services, http://yougov.co.uk/news/ 2014/02/13/ seven-ten-online-dating-virgins-willing-try-findin/.

60 Willis and Todorov (2006).

61 White et al. (2017).

62 *Guardian*, 11 February 2011, www.theguardian.com/lifeandstyle/ wordofmouth/2011/

feb/11/aphrodisiacs-food-of-love.

63 Otterbring (2018).

64 Gladue and Delaney (1990).

65 Jones et al. (2003).

66 Chen et al. (2014).

67 See note 62 above.

68 Apicella et al. (2007).

69 Feinberg et al. (2008).

70 Pavela Banai (2017).

71 Ratcliffe et al. (2016).

72 McGuire et al. (2018).

73 Groyecka et al. (2017).

74 Miller (1998).

75 Roche (2019); *Independent*, 10 August 2017, www.independent.co.uk/life-style/11-scientific-ways-to-make-yourself-look-and-feel-more-attractive-a7886021.html.

10. 请多多关注我们的感官

1 Ackerman (2000); Rosenblum (2010).

2 Cabanac (1979); Pfaffmann (1960).

3 Merabet et al. (2004); Motluck (2007).

4 *Science Alert*, 20 November 2019, www.sciencealert.com/dopamine- fasting-is-silicon-valley-s-latest-trend-here-s-what-an-expert-has- to-say.

5 *New York Times*, 7 November 2019, www.nytimes.com/2019/ 11/07/style/dopamine-fasting.html; *The Times*, 19 November 2019, 27.

6 Kranowitz (1998); Longman (2019). *New York Times*, 1 November 2019, www.nytimes.com/2019/11/01/sports/football/eagles-sensory- disorder-autism.html.

7 Colvile (2017); see also https://www.nielsen.com/us/en/insights/ article/2010/three-screen-report-q409/.

8 Milgram (1970), p. 1462; see also Blass (2004).

9 Barr (1970); Diaconu et al. (2011).

10 UN-Habitat, *State of the world's cities 2010/2011: Bridging the urban divide*, https://sustainabledevelopment.un.org/content/documents/11143016_alt.pdf.

11 Currently, somewhere around 55 per cent of the population live in urban areas, up from 30 per cent in 1950, see www.un.org/develop ment/desa/en/news/ population/2018-revision-of-world-urbanization-prospects.html.

12 Guieysse et al. (2008); Ott and Roberts (1998).

13 *New Yorker*, 13 May 2019, www.newyorker.com/magazine/2019/ 05/13/is-noise-pollution-the-next-big-public-health-crisis; Velux YouGov Report, 14 May 2018, https://press.velux.com/download/ 542967/theindoorgenerationsurv ey14may2018-2.pdf.

14 Walker (2018).

15 National Trust press release, 27 February 2020, www.nationaltrust.org.uk/press-release/national-trust-launches-year-of-action-to-tackle-nature-deficiency-; Williams (2017).

16 Just et al. (2019).

17 Spence (2020d).

18 Malhotra (1984).

19 *Financial Times*, 4 June 2013, www.ft.com/content/3ac8eac6-cf93- 11dc-854a-0000779fd2ac; *New Yorker*, 26 October 2012, www.newyorker.com/ magazine/2015/11/02/accounting-for-taste.

20 Bremner et al. (2012); Calvert et al. (2004); Stein (2012).

21 Spence (2020b).

22 Kabat-Zinn (2005); Spence (2002).

23 Achrol and Kotler (2011), p. 37.

24 *The Conversation*, 2 August 2018, http://theconversation.com/the- coded-images-that-let-advertisers-target-all-our-senses-at-once- 98676; *The Wired World in 2013*, November 2012, 104–7.

25 Balken (1997); Haverkamp (2014); Marks (1978); Zilczer (1987).

26 Spence (2002).

27 Field (2001); Harlow and Zimmerman (1959); *The Times,* 17 February 2020, www.thetimes.co.uk/article/how-to-greet-in-2020-what-is- and-what-isnt-

appropriate-qq7jqxrrv.

28 Denworth (2015); Sekuler and Blake (1987).

29 Cain (2012); Zuckerman (1979).

30 Longman (2019); Lupton and Lipps (2018).

31 Hutmacher (2019); Le Breton (2017); Levin (1993); McGann (2017).

32 Keller (2008); Smith (2007).

33 *New Yorker*, 23 March 2020, www.newyorker.com/news/our- columnists/how-loneliness-from-coronavirus-isolation-takes-its-own-toll.

34 Block and Kuchenbecker (2018); Cute Circuit, https://cutecircuit.com/media/the-hug-shirt/; *Time*, Best inventions of 2006, http://content.time.com/time/specials/packages/article/0,28804, 1939342_1939424_1939709,00.html; *The Times*, 12 June 2018, www. thetimes.co.uk/article/strong-and-non-clingy-robots-give-the-best-hugs-study-reveals-huggiebot-pdx566xk0; Geddes (2020).

35 Gallace and Spence (2014).

36 Kahn et al. (2009); Krieger (1973).

37 Spence et al. (2019a).

38 S*mithsonian Magazine*, 18 January 2017, www.smithsonianmag.com/innovation/artificial-sixth-sense-helps-humans-orient-themselves-world-180961822/; see also www.cyborgarts.com/.

39 Neil Harbisson, I listen to colour, TEDGlobal, June 2012, www. ted.com/talks/neil_harbisson_i_listen_to_color.html; Gafsou and Hildyard (2019).

40 Quoted in Bainbridge (2018).

41 *Mail Online*, 16 May 2017, www.dailymail.co.uk/news/article- 4509940/Man-compass-implanted-chest.html.

42 Kurzweil (2005); O'Connell (2018).

43 *Wall Street Journal*, 27 March 2017, www.wsj.com/articles/elon-musk-launches-neuralink-to-connect-brains-with-computers- 1490642652.

44 Spence (2020f).

45 Howes (2004); Howes (2014); Howes and Classen (2014); Schwartzman (2011).

参考文献

Abel, E. L. and Kruger, M. L. (2010). Smile intensity in photographs predicts longevity. *Psychological Science*, 21, 542–4

Achrol, R. S. and Kotler, P. (2011). Frontiers of the marketing paradigm in the third millennium. *Journal of the Academy of Marketing Science,* 40, 35–52

Ackerman, D. (2000). *A natural history of the senses.* London: Phoenix

Adam, D. (2018). *The genius within: Smart pills, brain hacks and adventures in intelligence.* London: Picador

Adam, H. and Galinsky, A. D. (2012). Enclothed cognition. *Journal of Experimental Social Psychology*, 48, 918–25

Agnew, H. W., Jr et al. (1966). The first night effect: An EEG study of sleep. *Psychophysiology*, 2, 263–6

Aiello, L. M. et al. (2019). Large-scale and high-resolution analysis of food purchases and health outcomes. *EPJ Data Science*, 8, 14

Aikman, L. (1951). Perfume, the business of illusion. *National Geographic,* 99, 531–50

Allen, K. and Blascovich, J. (1994). Effects of music on cardiovascular reactivity among surgeons. *Journal of the American Medical Association*, 272, 882–4

Alter, A. (2013). *Drunk tank pink: And other unexpected forces that shape how we think, feel, and behave.* New York: Penguin

Alvarsson, J. J. et al. (2010). Nature sounds beneficial: Stress recovery during exposure to nature sound and environmental noise. *International Journal of Environmental Research and Public Health*, 7, 1036–46

Ambrose, G. et al. (2020). Is gardening associated with greater happiness of urban residents? A multiactivity, dynamic assessment in the Twin-Cities region, USA. *Landscape and Urban Planning*, 198, 103776

Ames, B. N. (1989). Pesticides, risk, and applesauce. *Science*, 244, 755–7

Anderson, C. et al. (2012). Deterioration of neurobehavioral performance in resident physicians during repeated exposure to extended duration work shifts. *Sleep*, 35, 1137–46

Anderson, L. M. et al. (1983). Effects of sounds on preferences for outdoor settings. *Environment and Behavior*, 15, 539–66

Annerstedt, M. et al. (2013). Inducing physiological stress recovery with sounds of nature in a virtual reality forest–results from a pilot study. *Physiology and Behavior*, 118, 240–50

Antonovsky, A. (1979). *Health, stress and coping*. San Francisco: Jossey-Bass

Apicella, C. L. et al. (2007). Voice pitch predicts reproductive success in male hunter-gatherers. *Biology Letters*, 3, 682–4

Appleton, J. (1975). *The experience of landscape*. New York: John Wiley & Sons (repr. 1996)

Appleyard, D., Lynch, K. and Myer, J. R. (1965). *The view from the road*. Cambridge, MA: MIT Press.

Arbon, E. L. et al. (2015). Randomised clinical trial of the effects of pro- longed release melatonin, temazepam and zolpidem on slow-wave activity during sleep in healthy people. *Journal of Psychopharmacology*, 29, 764–76

Argo, J. et al. (2006). Consumer contamination: How consumers react to products touched by others. *Journal of Marketing*, 70 (April), 81–94

Ariely, D. (2008). *Predictably irrational: The hidden forces that shape our decisions*. London: HarperCollins

Arzi, A. et al. (2012). Humans can learn new information during sleep. *Nature Neuroscience*, 15, 1460–65

Ashley, S. (2001). Driving the info highway. *Scientific American*, 285, 44–50

Ataide-Silva, T. et al. (2014). Can carbohydrate mouth rinse improve performance during exercise? A systematic review. *Nutrients*, 6, 1–10

Attfield, J. (1999). Bringing modernity home: Open plan in the British domestic interior. In I. Cieraad (ed.), *At home: An anthropology of domestic space*. New York: Syracuse University Press, pp. 73–82

Attrill, M. J. et al. (2008). Red shirt colour is associated with longterm team success in English football. *Journal of Sports Sciences*, 26, 577–82

Ayabe-Kanamura, S. et al. (1998). Differences in perception of everyday odors: A Japanese–German cross-cultural study. *Chemical Senses*, 23, 31–8

Babbitt, E. D. (1896). *The principles of light and color*. East Orange, NJ: Published by the author

Badia, P. et al. (1990). Responsiveness to olfactory stimuli presented in sleep. *Physiology and Behavior*, 48, 87–90

Bailly Dunne, C. and Sears, M. (1998). *Interior designing for all five senses*. New York: St. Martin's Press

Baird, J. C. et al. (1978). Room preference as a function of architec-tural features and user activities. *Journal of Applied Psychology*, 63, 719–27

Baker, F. (1888). Anthropological notes on the human hand. *American Anthropologist*, 1, 51–76

Balachandra, L. (2013). Should you eat while you negotiate? *Harvard Business Review*, 29 January, https://hbr.org/2013/01/should-you-eat-while-you-negot

Balken, D. B. (1997). *Arthur Dove: A retrospective*. Cambridge, MA: MIT Press

Balmer, N. J. et al. (2005). Do judges enhance home advantage in European championship boxing? *Journal of Sports Sciences*, 23, 409–16

Barnsley, N. et al. (2011). The rubber hand illusion increases histamine reactivity in the real arm. *Current Biology*, 21, R945–R946

Baron, R. A. (1994). The physical environment of work settings: Effects on task performance, interpersonal relations, and job satisfaction. In B. M. Staw and L. L. Cummings (eds.), *Research in organizational behaviour*, 16, pp. 1–46

———— (1997). The sweet smell of helping: Effects of pleasant ambient fragrance on prosocial behavior in shopping malls. *Personality and Social Psychology Bulletin*, 23, 498–505

Barr, J. (1970). *The assaults on our senses*. London: Methuen

Barton, R. A. and Hill, R. A. (2005). Sporting contests – seeing red? Putting sportswear in context – Reply. *Nature*, 437, E10–E11

Barwood, M. J. et al. (2009). A motivational music and video intervention improves high-intensity exercise performance. *Journal of Sports Science and Medicine*, 8, 435–42

Basner, M. et al. (2014). Auditory and non-auditory effects of noise on health. *The Lancet*, 383, 1325–32

Batra, R. et al. (eds.) (2016). *The psychology of design: Creating consumer appeal.* London: Routledge

Beach, E. F. and Nie, V. (2014). Noise levels in fitness classes are still too high: Evidence from 1997–1998 and 2009–2011. *Archives of Environmental and Occupational Health*, 69, 223–30

Beall, A. T. and Tracy, J. L. (2013). Women are more likely to wear red or pink at peak fertility. *Psychological Science*, 24, 1837–41

Beh, H. C. and Hirst, R. (1999). Performance on driving-related tasks during music. *Ergonomics*, 42, 1087–98

Béjean, S. and Sultan-Taïeb, H. (2005). Modeling the economic burden of diseases imputable to stress at work. *European Journal of Health Economics*, 6, 16–23

Bell, G. and Kaye, J. (2002). Designing technology for domestic spaces: A kitchen manifesto. Gastronomica, 2, 46–62

Bellak, L. (1975). *Overload: The new human condition.* New York: Human Sciences Press

Benfield, J. A. et al. (2010). Does anthropogenic noise in national parks impair memory? *Environment and Behavior*, 42, 693–706

Berglund, B. et al. (1999). *Guidelines for community noise.* Geneva: World Health Organization

Berman, M. G. et al. (2008). The cognitive benefits of interacting with nature. *Psychological Science*, 19, 1207–12

Bernstein, E. S. and Turban, S. (2018). The impact of the 'open' workspace on human collaboration. *Philosophical Transactions of the Royal Society B*, 373, 20170239

Berto, R. (2005). Exposure to restorative environments helps restore attentional capacity. *Journal of Environmental Psychology*, 25, 249–59

Bigliassi, M. et al. (2019). The way you make me feel: Psychological and cerebral responses to music during real-life physical activity. *Journal of Sport and Exercise*, 41, 211–17

Bijsterveld, K. et al. (2014). *Sound and safe: A history of listening behind the wheel*. Oxford: Oxford University Press

Blass, E. M. and Shah, A. (1995). Pain reducing properties of sucrose in human newborns. *Chemical Senses*, 20, 29–35

Blass, T. (2004). *The man who shocked the world: The life and legacy of Stanley Milgram*. New York: Basic Books

Block, A. E. and Kuchenbecker, K. J. (2018). Emotionally supporting humans through robot hugs. *HRI '18: Companion of the 2018 ACM/ IEEE International Conference on Human–Robot Interaction, March 2018*, 293–4

Bodin, M. and Hartig, T. (2003). Does the outdoor environment matter for psychological restoration gained through running? *Psychology of Sport and Exercise*, 4, 141–53

Bowler, D. E. et al. (2010). A systematic review of evidence for the added benefits to health of exposure to natural environments. *BMC Public Health*, 10, 456

Branstetter, B. K. et al. (2012). Dolphins can maintain vigilant behavior through echolocation for 15 days without interruption or cognitive impairment. *PLOS One*, 7, e47478

Bratman, G. N. et al. (2015). Nature experience reduces rumination and subgenual prefrontal cortex activation. *Proceedings of the National Academy of Sciences of the USA*, 112, 8567–72

Bremner, A. et al. (eds.) (2012). *Multisensory development*. Oxford: Oxford University Press

Brick, N. et al. (2018). The effects of facial expression and relaxation cues on movement economy, physiological, and perceptual responses during running. *Psychology of Sport and Exercise*, 34, 20–28

Bringslimark, T. et al. (2011). Adaptation to windowlessness: Do office workers compensate for a lack of visual access to the outdoors? *Environment and Behavior*, 43, 469–87

Brodsky, W. (2002). The effects of music tempo on simulated driving performance and vehicular control. *Transportation Research Part F*, 4, 219–41

Broughton, R. J. (1968). Sleep disorders: Disorders of arousal? *Science*, 159, 1070–78

Bschaden, A. et al. (2020). The impact of lighting and table linen as ambient factors on meal intake and taste perception. *Food Quality and Preference*, 79, 103797

Buijze, G. A. et al. (2016). The effect of cold showering on health and work: A randomized controlled trial. *PLOS One*, 11, e0161749

Burge, S. et al. (1987). Sick building syndrome: A study of 4373 office workers. *Annals of Occupational Hygiene*, 31, 493–504

Burns, A. et al. (2002). Sensory stimulation in dementia: An effective option for managing behavioural problems. *British Medical Journal*, 325, 1312–13

Buss, D. M. (1989). Sex differences in human mate preferences: Evolutionary hypotheses tested in 37 cultures. *Behavioral and Brain* Sciences, 12, 1–49

Byers, J. et al. (2010). Female mate choice based upon male motor performance. *Animal Behavior*, 79, 771–8

Cabanac, M. (1979). Sensory pleasure. *Quarterly Review of Biology*, 54, 1–22

Cackowski, J. M. and Nasar, J. L. (2003). The restorative effects of roadside vegetation: Implications for automobile driver anger and frustration. *Environment and Behavior*, 35, 736–51

Cain, S. (2012). *Quiet: The power of introverts in a world that can't stop talking.* New York: Penguin

Calvert, G. A. et al. (eds.) (2004). *The handbook of multisensory processing.* Cambridge, MA: MIT Press

Camponogara, I. et al. (2017). Expert players accurately detect an opponent's movement intentions through sound alone. *Journal of Experimental Psychology: Human Perception and Performance*, 43, 348–59

Campos, C. et al. (2019). Dietary approaches to stop hypertension diet concordance and incident heart failure: The multi-ethnic study of atherosclerosis. *American Journal of Preventive Medicine*, 56, 89–96

Cañal-Bruland, R. et al. (2018). Auditory contributions to visual anticipation in tennis. *Psychology of Sport and Exercise*, 36, 100–103

Carlin, S. et al. (1962). Sound stimulation and its effect on dental sensation threshold. *Science*, 138, 1258–9

Carrus, G. et al. (2017). A different way to stay in touch with 'urban nature': The perceived restorative qualities of botanical gardens. *Frontiers in Psychology*, 8, 914

Carskadon, M. A. and Herz, R. S. (2004). Minimal olfactory perception during sleep: Why odor alarms will not work for humans. *Sleep*, 27, 402–5

Carter, J. M. et al. (2004). The effect of glucose infusion on glucose kinetics during a 1-h time trial. *Medicine and Science in Sports and Exercise*, 36, 1543–50

Castiello, U. et al. (2006). Cross-modal interactions between olfaction and vision when grasping. *Chemical Senses*, 31, 665–71

Chambers, E. S. et al. (2009). Carbohydrate sensing in the human mouth: Effects on exercise performance and brain activity. *Journal of Physiology*, 587, 1779–94

Chang, A.-M. et al. (2015). Evening use of light-emitting eReaders negatively affects sleep, circadian timing, and next-morning alertness. *Proceedings of the National Academy of Sciences of the USA*, 112, 1232–7

Chang, T. Y. and Kajackaite, A. (2019). Battle for the thermostat: Gender and the effect of temperature on cognitive performance. *PLOS One*, 14, e0216362

Changizi, M. A. et al. (2006). Bare skin, blood and the evolution of primate colour vision. *Biology Letters*, 2, 217–21

Charlton, B. D. et al. (2012). Do women prefer more complex music around ovulation? *PLOS One*, 7, e35626

Chekroud, S. R. et al. (2018). Association between physical exercise and mental health in 1.2 million individuals in the USA between 2011 and 2015: A cross-sectional study. *Lancet Psychiatry*, 5, 739–46

Chellappa, S. L. et al. (2011). Can light make us bright? Effects of light on cognition and sleep. *Progress in Brain Research*, 190, 119–33

Chen, X. et al. (2014). The moderating effect of stimulus attractiveness on the effect of alcohol consumption on attractiveness ratings. *Alcohol and Alcoholism*, 49, 515–19

Cheskin, L. and Ward, L. B. (1948). Indirect approach to market reactions. *Harvard Business Review*, 26, 572–80

Cho, S. et al. (2015). Blue lighting decreases the amount of food consumed in men, but not in women. *Appetite*, 85, 111–17

Churchill, A. et al. (2009). The cross-modal effect of fragrance in shampoo: Modifying the perceived feel of both product and hair during and after washing. *Food Quality and Preference*, 20, 320–28

Classen, C. (2012). *The deepest sense: A cultural history of touch*. Chicago: University of Illinois Press

Classen, C. et al. (1994). *Aroma: The cultural history of smell*. London: Routledge

Clifford, C. (1985). New scent waves. *Self*, December, 115–17

Cohen, B. et al. (1989). At the movies: An unobtrusive study of arousal-attraction. *Journal of Social Psychology*, 129, 691–3

Cohen, S. et al. (2015). Does hugging provide stress-buffering social support? A study of susceptibility to upper respiratory infection and illness. *Psychological Science*, 26, 135–47

Collins, J. F. (1965). The colour temperature of daylight. *British Journal of Applied Psychology*, 16, 527–32

Colvile, R. (2017). *The great acceleration: How the world is getting faster, faster*. London: Bloomsbury

Conrad, C. et al. (2007). Overture for growth hormone: Requiem for interleukin-6? *Critical Care Medicine*, 35, 2709–13

Corbin, A. (1986). *The foul and the fragrant: Odor and the French social imagination*. Cambridge, MA: Harvard University Press

Costa, M. et al. (2018). Interior color and psychological functioning in a university residence hall. *Frontiers in Psychology*, 9, 1580

Craig, R. et al. (2009). *Health survey for England 2008*, vol. 1: *Physical activity and fitness*. NHS Information Centre for Health and Social Care: Leeds, www. healthypeople.gov/2020/topics-objectives/topic/phy sical-activity

Crawford, I. (1997). *Sensual home: Liberate your senses and change your life.* London: Quadrille Publishing

Croon, E. et al. (2005). The effect of office concepts on worker health and performance: A systematic review of the literature. *Ergonomics*, 48, 119–34

Crossman, M. K. (2017). Effects of interactions with animals on human psychological distress. *Journal of Clinical Psychology*, 73, 761–84

Crowley, K. (2011). Sleep and sleep disorders in older adults. *Neuropsychology Review*, 21, 41–53

Croy, I. et al. (2015). Reduced pleasant touch appraisal in the presence of a disgusting odor. *PLOS One*, 9, e92975

Cummings, B. E. and Waring, M. S. (2020). Potted plants do not improve indoor air quality: a review and analysis of reported VOC removal efficiencies. *Journal of Exposure Science and Environmental Epidemiology*, 30, 253–61

Cutting, J. E. (2006). The mere exposure effect and aesthetic preference. In P. Locher et al. (eds.), *New directions in aesthetics, creativity, and the arts.* Amityville, NY: Baywood Publishing, pp. 33–46

Czeisler, C. A. et al. (1986). Bright light resets the human circadian pacemaker independent of the timing of the sleep-wake cycle.*Science*, 233, 667–71

Dalke, H. et al. (2006). Colour and lighting in hospital design. *Optics and Laser Technology*, 38, 343–65

Dalton, P. (1996). Odor perception and beliefs about risk. *Chemical Senses*, 21, 447–58

Dalton, P. and Wysocki, C. J. (1996). The nature and duration of adaptation following long-term odor exposure. *Perception and Psychophysics*, 58, 781–92

Darbyshire, J. L. (2016). Excessive noise in intensive care units. *British Medical Journal*, 353, i1956

Darbyshire, J. L. and Young, J. D. (2013). An investigation of sound levels on intensive care units with reference to the WHO guidelines. *Critical Care*, 17, R187

Darwin, C. (1871). The descent of man, and selection in relation to sex. In E. O. Wilson (ed.) (2006), *From so simple a beginning: The four great books of Charles Darwin*. New York: W. W. Norton

Dazkir, S. S. and Read, M. A. (2012). Furniture forms and their influence on our emotional responses toward interior environments. *Environment and Behavior*, 44, 722–34

de Bell, S. et al. (2020). Spending time in the garden is positively associated with health and wellbeing: Results from a national survey in England. *Landscape and Urban Planning*, 200, 103836.

de Wijk, R. A. et al. (2018). Supermarket shopper movements versus sales, and the effects of scent, light, and sound. *Food Quality and Preference*, 68, 304–14

Demattè, M. L. et al. (2006). Cross-modal interactions between olfaction and touch. *Chemical Senses*, 31, 291–300

Demattè, M. L. et al. (2007). Olfactory cues modulate judgments of facial attractiveness. *Chemical Senses*, 32, 603–10

Denworth, L. (2015). The social power of touch. *Scientific American Mind*, July/August, 30–39

Diaconu, M. et al. (eds.) (2011). *Senses and the city: An interdisciplinary approach to urban sensescapes*. Vienna, Austria: Lit Verlag

Diamond, J. (1993). New Guineans and their natural world. In S. R. Kellert and E. O. Wilson (eds.), *The biophilia hypothesis*. Washington, DC: Island Press, pp. 251–74

Diette, G. B. et al. (2003). Distraction therapy with nature sights and sounds reduces pain during flexible bronchoscopy: A complementary approach to routine analgesia. *Chest*, 123, 941–8

Dijkstra, K. et al. (2008). Stress-reducing effects of indoor plants in the built healthcare environment: The mediating role of perceived attractiveness. *Preventative Medicine*, 47, 279–83

Dobzhansky, T. (1973). Nothing in biology makes sense except in the light of evolution. *American Biology Teacher*, 35, 125–9

Dolan, B. (2004). *Josiah Wedgwood: Entrepreneur to the enlightenment*. London:

HarperPerennial

Dunn, W. (2007). *Living sensationally: Understanding your senses*. London: Jessica Kingsley

Dutton, D. G. and Aron, A. P. (1974). Some evidence for heightened sexual attraction under conditions of high anxiety. *Journal of Personality and Social Psychology*, 30, 510–17

Edworthy, J. and Waring, H. (2006). The effects of music tempo and loudness level on treadmill exercise. *Ergonomics*, 49, 1597– 610

Einöther, S. J. and Martens, V. E. (2013). Acute effects of tea consumption on attention and mood. *American Journal of Clinical Nutrition*, 98, 1700S–1708S

Ellingsen, D.-M. et al. (2016). The neurobiology shaping affective touch: Expectation, motivation, and meaning in the multisensory context. *Frontiers in Psychology*, 6, 1986

Elliot, A. J. and Niesta, D. (2008). Romantic red: Red enhances men's attraction to women. *Journal of Personality and Social Psychology*, 95, 1150–64

Elliot, A. J. and Pazda, A. D. (2012). Dressed for sex: Red as a female sexual signal in humans. *PLOS One*, 7, e34607

Elliot, A. J. et al. (2007). Color and psychological functioning: The effect of red on performance attainment. *Journal of Experimental Psychology: General*, 136, 154–68

Etzi, R. et al. (2014). Textures that we like to touch: An experimental study of aesthetic preferences for tactile stimuli. *Consciousness and Cognition*, 29, 178–88

Evans, D. (2002). *Emotion: The science of sentiment*. Oxford: Oxford University Press

Evans, G. W. and Johnson, D. (2000). Stress and open-office noise. *Journal of Applied Psychology*, 85, 779–83

Evans, W. N. and Graham, J. D. (1991). Risk reduction or risk compensation? The case of mandatory safety-belt use laws. *Journal of Risk and Uncertainty*, 4, 61–73

Facer-Childs, E. R. et al. (2019). Resetting the late timing of 'night owls' has a positive impact on mental health and performance. *Sleep Medicine*, 60, 236–47

Fancourt, D. et al. (2016). The razor's edge: Australian rock music impairs men's performance when pretending to be a surgeon. *Medical Journal of Australia*, 205, 515–18

Feinberg, D. R. et al. (2008). Correlated preferences for men's facial and vocal masculinity. *Evolution and Human Behavior*, 29, 233–41

Feldstein, I. T. and Peli, E. (2020). Pedestrians accept shorter distances to light vehicles than dark ones when crossing the street. *Perception*, 49, 558–66

Fenko, A. and Loock, C. (2014). The influence of ambient scent and music on patients' anxiety in a waiting room of a plastic surgeon. *HERD: Health Environments Research and Design Journal*, 7, 38–59

Fich, L. B. et al. (2014). Can architectural design alter the physiologi- cal reaction to psychosocial stress? A virtual TSST experiment. *Physiology and Behavior*, 135, 91–7

Field, T. (2001). *Touch*. Cambridge, MA: MIT Press

Field, T. et al. (1996). Massage therapy reduces anxiety and enhances EEG pattern of alertness and math computations. *International Journal of Neuroscience*, 86, 197–205

Field, T. et al. (2008). Lavender bath oil reduces stress and crying and enhances sleep in very young infants. *Early Human Development*, 84, 399–401

Fisk, W. J. (2000). Health and productivity gains from better indoor environments and their relationship with building energy efficiency. *Annual Review of Energy and the Environment*, 25, 537–66

Fismer, K. L. and Pilkington, K. (2012). Lavender and sleep: A systematic review of the evidence. *European Journal of Integrative Medicine*, 4, e436–e447

Forster, S. and Spence, C. (2018). 'What smell?' Temporarily loading visual attention induces prolonged inattentional anosmia. *Psychological Science*, 29, 1642–52

Fox, J. G. and Embrey, E. D. (1972). Music: An aid to productivity. *Applied Ergonomics*, 3, 202–5

Frank, M. G. and Gilovich, T. (1988). The dark side of self- and social perception:

Black uniforms and aggression in professional sports. *Journal of Personality and Social Psychology*, 54, 74–85

Franklin, D. (2012). How hospital gardens help patients heal. *Scientific American*, 1 March, www.scientificamerican.com/article/nature- that-nurtures/

Fritz, T. H. et al. (2013). Musical agency reduces perceived exertion during strenuous physical performance. *Proceedings of the National Academy of Sciences of the USA*, 110, 17784–9

Fruhata, T. et al. (2013). Doze sleepy driving prevention system (finger massage, high density oxygen spray, grapefruit fragrance) with that involves chewing dried shredded squid. *Procedia Computer Science*, 22, 790–99

Frumkin, H. (2001). Beyond toxicity: Human health and the natural environment. *American Journal of Preventative Medicine*, 20, 234–40

Fukuda, M. and Aoyama, K. (2017). Decaffeinated coffee induces a faster conditioned reaction time even when participants know that the drink does not contain caffeine. *Learning and Motivation*, 59, 11–18

Fuller, R. A. and Gaston, K. J. (2009). The scaling of green space coverage in European cities. *Biology Letters*, 5, 352–5

Fuller, R. A. et al. (2007). Psychological benefits of greenspace increase with biodiversity. *Biology Letters*, 3, 390–94

Fumento, M. (1998). 'Road rage' versus reality. *Atlantic Monthly*, 282, 12–17

Gabel, V. et al. (2013). Effects of artificial dawn and morning blue light on daytime cognitive performance, well-being, cortisol and melatonin levels. *Chronobiology International*, 30, 988–97

Gafsou, M. and Hildyard, D. (2019). H+. *Granta*, 148, 94–128

Gallace, A. and Spence, C. (2014). *In touch with the future: The sense of touch from cognitive neuroscience to virtual reality.* Oxford: Oxford University Press

Galton, F. (1883). *Inquiries into human faculty and its development.* London: Macmillan

García-Segovia, P. et al. (2015). Influence of table setting and eating location on food acceptance and intake. *Food Quality and Preference*, 39, 1–7

Gatti, M. F. and da Silva, M. J. P. (2007). Ambient music in emergency services:

The professionals' perspective. *Latin American Journal of Nursing*, 15, 377–83

Geddes, L. (2020). How to hug people in a coronavirus-stricken world. *New Scientist*, 5 August, www.newscientist.com/article/ mg24732944-300-how-to-hug-people-in-a-coronavirus-stricken- world/#ixzz6UKxBNFzI

Genschow, O. et al. (2015). Does Baker-Miller pink reduce aggression in prison detention cells? A critical empirical examination. *Psychology, Crime and Law*, 21, 482–9

Geschwind, N. and Galaburda, A. M. (1985). Cerebral lateralization. Biological mechanisms, associations, and pathology: A hypothesis and a program for research. *Archives of Neurology*, 42, 428–59, 521– 52, 634–54

Gibson, J. J. and Crooks, L. E. (1938). A theoretical field-analysis of automobile-driving. *American Journal of Psychology*, 51, 453–71

Gibson, M. and Shrader, J. (2014). Time use and productivity: The wage returns to sleep. UC San Diego Department of Economics Working Paper

Gillis, K. and Gatersleben, B. (2015). A review of psychological litera- ture on the health and wellbeing benefits of biophilic design. *Buildings*, 5, 948–63

Glacken, C. J. (1967). *Traces on the Rhodian shore: Nature and culture in Western thought from ancient times to the end of the Eighteenth Century*. Berkeley, CA: University of California Press

Gladue, B. and Delaney, H. J. (1990). Gender differences in perception of attractiveness of men and women in bars. *Personality and Social Psychology Bulletin*, 16, 378–91

Glass, S. T. et al. (2014). Do ambient urban odors evoke basic emotions? *Frontiers in Psychology*, 5, 340

Golan, A. and Fenko, A. (2015). Toward a sustainable faucet design: Effects of sound and vision on perception of running water. *Environment and Behavior*, 47, 85–101

Goldstein, P. et al. (2017). The role of touch in regulating inter-partner physiological coupling during empathy for pain. *Scientific Reports*, 7, 3252

Gori, M. et al. (2008). Young children do not integrate visual and haptic information. *Current Biology*, 18, 694–8

Graff, V. et al. (2019). Music versus midazolam during preoperative nerve block placements: A prospective randomized controlled study. *Regional Anesthesia and Pain Medicine*, 44, 796–9

Graham-Rowe, D. (2001). Asleep at the wheel. *New Scientist*, 169, 24

Grammer, K. et al. (2004). Disco clothing, female sexual motivation, and relationship status: Is she dressed to impress? *Journal of Sex Research*, 41, 66–74

Greene, M. R. and Oliva, A. (2009). The briefest of glances: The time course of natural scene understanding. *Psychological Science*, 20, 464–72

Greenfield, A. B. (2005). *A perfect red: Empire, espionage, and the quest for the color of desire*. New York: HarperCollins

Griskevicius, V. and Kenrick, D. T. (2013). Fundamental motives: How evolutionary needs influence consumer behavior. *Journal of Consumer Psychology*, 23, 372–86

Groyecka, A. et al. (2017). Attractiveness is multimodal: Beauty is also in the nose and ear of the beholder. *Frontiers in Psychology*, 8, 778

Gubbels, J. L. (1938). *American highways and roadsides*. Boston, MA: Houghton-Mifflin

Guéguen, N. (2012). Color and women attractiveness: When red clothed women are perceived to have more intense sexual intent. *Journal of Social Psychology*, 152, 261–5

Guéguen, N. and Jacob, C. (2011). Enhanced female attractiveness with use of cosmetics and male tipping behavior in restaurants. *Journal of Cosmetic Science*, 62, 283–90

——— (2014). Clothing color and tipping: Gentlemen patrons give more tips to waitresses with red clothes. *Journal of Hospitality and Tourism Research*, 38, 275–80

Guéguen, N. et al. (2012). When drivers see red: Car color frustrators and drivers' aggressiveness. *Aggressive Behaviour*, 38, 166–9

Guieysse, B. et al. (2008). Biological treatment of indoor air for VOC removal: Potential and challenges. *Biotechnology Advances*, 26, 398–410

Gupta, A. et al. (2018). Innovative technology using virtual reality in the treatment of pain: Does it reduce pain via distraction, or is there more to it? *Pain Medicine*, 19, 151–9

Haehner, A. et al. (2017). Influence of room fragrance on attention, anxiety and mood. F*lavour and Fragrance Journal*, 1, 24–8

Hafner, M. et al. (2016). Why sleep matters–the economic costs of insufficient sleep. A cross-country comparative analysis. Rand Corporation, www.rand.org/pubs/research_reports/ RR1791.html

Haga, A. et al. (2016). Psychological restoration can depend on stimulussource attribution: A challenge for the evolutionary account. *Frontiers in Psychology*, 7, 1831

Hagemann, N. et al. (2008). When the referee sees red. *Psychological Science*, 19, 769–71

Hagerhall, C. M. et al. (2004). Fractal dimension of landscape silhouette outlines as a predictor of landscape preference. *Journal of Environmental Psychology*, 24, 247–55

Haghayegh, S. et al. (2019). Before-bedtime passive body heating by warm shower or bath to improve sleep: A systematic review and meta-analysis. *Sleep Medicine Reviews*, 46, 124–35

Hamilton, A. (1966). What science is learning about smell. *Science Digest*, 55 (November), 81–4

Han, K. (2007). Responses to six major terrestrial biomes in terms of scenic beauty, preference, and restorativeness. *Environment and Behavior*, 39, 529–56

Hanss, D. et al. (2012). Active red sports car and relaxed purple-blue van: Affective qualities predict color appropriateness for car types. *Journal of Consumer Behaviour*, 11, 368–80

Harada, H. et al. (2018). Linalool odor-induced anxiolytic effects in mice. *Frontiers in Behavioral Neuroscience*, 12, 241

Hardy, M. et al. (1995). Replacement of drug treatment for insomnia by ambient odour. *The Lancet*, 346, 701

Harlow, H. F. and Zimmerman, R. R. (1959). Affectional responses in the infant monkey. *Science*, 130, 421–32

Harper, M. B. et al. (2015). Photographic art in exam rooms may reduce white coat hypertension. *Medical Humanities*, 41, 86–8

Hartig, T. et al. (2011). Health benefits of nature experience: Psycho- logical, social and cultural processes. In K. Nilsson et al. (eds.), *Forests, trees and human health*. Berlin: Springer Science, pp. 127–68

Harvey, A. G. (2003). The attempted suppression of presleep cognitive activity in insomnia. *Cognitive Therapy and Research*, 27, 593–602

Harvey, A. G. and Payne, S. (2002). The management of unwanted pre-sleep thoughts in insomnia: Distraction with imagery versus general distraction. *Behaviour Research and Therapy*, 40, 267–77

Haslam, S. A. and Knight, C. (2010). Cubicle, sweet cubicle. *Scientific American Mind*, September/October, 30–35

Haverkamp, M. (2014). *Synesthetic design: Handbook for a multisensory approach*. Basel: Birkhäuser

Haviland-Jones, J. et al. (2005). An environmental approach to positive emotion: Flowers. *Evolutionary Psychology*, 3, 104–32

Havlíček, J. et al. (2006). Non-advertised does not mean concealed: Body odour changes across the human menstrual cycle. *Ethology*, 112, 81–90

Havlíček, J. et al. (2008). He sees, she smells? Male and female reports of sensory reliance in mate choice and non-mate choice contexts. *Personality and Individual Differences*, 45, 565–70

Hawksworth, C. et al. (1997). Music in theatre: Not so harmonious. A survey of attitudes to music played in the operating theatre. *Anaesthesia*, 52, 79–83

Hedblom, M. et al. (2014). Bird song diversity influences young people's appreciation of urban landscapes. *Urban Forestry and Urban Greening*, 13, 469–74

Hellier, E. et al. (2011). The influence of auditory feedback on speed choice, violations and comfort in a driving simulation game. *Transportation Research Part F: Traffic Psychology and Behaviour*, 14, 591–9

Helmefalk, M. and Hultén, B. (2017). Multi-sensory congruent cues in designing retail store atmosphere: Effects on shoppers' emotions and purchase behaviour. *Journal of Retailing and Consumer Services*, 38, 1–11

Hepper, P. G. (1988). Fetal 'soap' addiction. T*he Lancet*, 11 June, 1347–8

Herz, R. (2007). *The scent of desire: Discovering our enigmatic sense of smell.* New York: William Morrow

—— (2009). Aromatherapy facts and fictions: A scientific analysis of olfactory effects on mood, physiology and psychology. *International Journal of Neuroscience*, 119, 263–90

Herz, R. S. and Cahill, E. D. (1997). Differential use of sensory information in sexual behavior as a function of gender. *Human Nature*, 8, 275–86

Heschong, L. (1979). *Thermal delight in architecture*. Cambridge, MA: MIT Press

Hewlett, S. A. and Luce, C. B. (2006). Extreme jobs: The dangerous allure of the 70-hour workweek. *Harvard Business Review*, December, https://hbr. org/2006/12/extreme-jobs-the-dangerous-allure-of-the- 70-hour-workweek

Higham, W. (2019). *The work colleague of the future: A report on the long-term health of office workers*. Report commissioned by Fel- lowes, July, https://assets.fellowes.com/skins/fellowes/responsive/ gb/en/resources/work-colleague-of-the-future/download/WCOF_ Report_EU.pdf

Hilditch, C. J. et al. (2016). Time to wake up: Reactive countermeas- ures to sleep inertia. *Industrial Health*, 54, 528–41

Hill, A. W. (1915). The history and functions of botanic gardens. *Annals of the Missouri Botanical Garden*, 2, 185–240

Hill, R. A. and Barton, R. A. (2005). Red enhances human performance in contests. *Nature*, 435, 293

Hillman, C. H. et al. (2008). Be smart, exercise your heart: Exercise effects on brain and cognition. *Nature Reviews Neuroscience*, 9, 58–65

Hilton, K. (2015). Psychology: The science of sensory marketing. *Harvard Business Review*, March, 28–31, https://hbr.org/2015/03/ the-science-of-sensory-marketing

Hirano, H. (1996). *5 pillars of the visual workplace: The sourcebook for 5S implementation*. New York: Productivity Press

Ho, C. and Spence, C. (2005). Olfactory facilitation of dual-task performance. *Neuroscience Letters*, 389, 35–40

—— (2008). *The multisensory driver: Implications for ergonomic car interface design*. Aldershot: Ashgate

—— (2009). Using peripersonal warning signals to orient a driver's gaze. *Human Factors*, 51, 539–56

—— (2013). Affective multisensory driver interface design. *International Journal of Vehicle Noise and Vibration* (Special Issue on *Human Emotional Responses to Sound and Vibration in Automobiles*), 9, 61–74

Hoehl, S. et al. (2017). Itsy bitsy spider: Infants react with increased arousal to spiders and snakes. *Frontiers in Psychology*, 8, 1710

Hoekstra, S. P. et al. (2018). Acute and chronic effects of hot water immersion on inflammation and metabolism in sedentary, overweight adults. *Journal of Applied Physiology*, 125, 2008–18

Holgate, S. T. (2017). 'Every breath we take: The lifelong impact of air pollution'–a call for action. *Clinical Medicine*, 17, 8–12

Holland, R. W. et al. (2005). Smells like clean spirit. Nonconscious effects of scent on cognition and behavior. *Psychological Science*, 16, 689–93

Hollingworth, H. L. (1939). Chewing as a technique of relaxation. *Science*, 90, 385–7

Holmes, C. et al. (2002). Lavender oil as a treatment for agitated behaviour in severe dementia: A placebo controlled study. *International Journal of Geriatric Psychiatry*, 17, 305–8

Homburg, C. et al. (2012). Of dollars and scents – Does multisensory marketing pay off? Working paper, Institute for Marketing Oriented Management.

Hongisto, V. et al. (2017). Perception of water-based masking sounds – long-term experiment in an open-plan office. *Frontiers in Psychology*, 8, 1177

Horswill, M. S. and Plooy, A. M. (2008). Auditory feedback influ- ences perceived driving speeds. *Perception*, 37, 1037–43

Hove, M. J. and Risen, J. L. (2009). It's all in the timing: Interpersonal synchrony increases affiliation. *Social Cognition*, 27, 949–61

Howes, D. (ed.) (2004). *Empire of the senses: The sensual culture reader*. Oxford: Berg

—— (2014). *A cultural history of the senses in the modern age*. London: Bloomsbury Academic

Howes, D. and Classen, C. (2014). *Ways of sensing: Understanding the senses in society*. London: Routledge

Huang, L. et al. (2011). Powerful postures versus powerful roles: Which is the proximate correlate of thought and behaviour? *Psychological Science, 22,* 95–102

Hugill, N. et al. (2010). The role of human body movements in mate selection. *Evolutionary Psychology*, 8, 66–89

Hull, J. M. (1990). *Touching the rock: An experience of blindness*. London: Society for Promoting Christian Knowledge

Hulsegge, J. and Verheul, A. (1987). *Snoezelen: another world. A practical book of sensory experience environments for the mentally handicapped*. Chesterfield: ROMPA

Hultén, B. (2012). Sensory cues and shoppers' touching behaviour: The case of IKEA. *International Journal of Retail and Distribution Management*, 40, 273–89

Huss, E. et al. (2018). Humans' relationship to flowers as an example of the multiple components of embodied aesthetics. *Behavioral Sciences*, 8, 32

Hutmacher, F. (2019). Why is there so much more research on vision than on any other sensory modality? *Frontiers in Psychology*, 10, 2246

Huxley, A. (1954). *The doors of perception*. London: Harper & Brothers

Imschloss, M. and Kuehnl, C. (2019). Feel the music! Exploring the cross-modal correspondence between music and haptic perceptions of softness. *Journal of Retailing*, 95, 158–69

Itten, J. and Birren, F. (1970). *The elements of color* (trans. E. van Hagen). New York: John Wiley & Sons

Jacob, C. et al. (2012). She wore something in her hair: The effect of ornamentation on tipping. *Journal of Hospitality Marketing and Man- agement, 21*, 414–20

Jacobs, K. W. and Hustmyer, F. E. (1974). Effects of four psychological primary colors on GSR, heart rate and respiration rate. *Perceptual and Motor Skills*, 38, 763–6

Jacquier, C. and Giboreau, A. (2012). Perception and emotions of col- ored atmospheres at the restaurant. *Predicting Perceptions: Proceedings of the 3rd International Conference on Appearance*, pp. 165–7

James, L. and Nahl, D. (2000). *Road rage*. Amherst, NY: Prometheus Books

James, W. (1890). *The principles of psychology* (2 vols.). New York: Henry Holt

Jewett, M. E. et al. (1999). Time course of sleep inertia dissipation in human performance and alertness. *Journal of Sleep Research*, 8, 1–8

Jones, A. L. and Kramer, R. S. S. (2016). Facial cosmetics and attractiveness: Comparing the effect sizes of professionally-applied cosmetics and identity. *PLOS One*, 11, e0164218

Jones, A. L. et al. (2018). Positive facial affect looks healthy. *Visual Cognition,* 26, 1–12

Jones, B. T. et al. (2003). Alcohol consumption increases attractiveness ratings of opposite-sex faces: A possible third route to risky sex. *Addiction*, 98, 1069–75

Jones, S. E. et al. (2019). Genome-wide association analyses of chronotype in 697,828 individuals provides insights into circadian rhythms. *Nature Communications*, 10, 343

Joye, Y. (2007). Architectural lessons from environmental psychology: The case of biophilic architecture. *Review of General Psychology*, 11, 305–28

Joye, Y. and van den Berg, A. (2011). Is love for green in our genes? A critical analysis of evolutionary assumptions in restorative environments research. *Urban Forestry and Urban Greening*, 10, 261–8

Just, M. G. et al. (2019). Human indoor climate preferences approximate specific geographies. *Royal Society Open Science*, 6, 180695

Jütte, R. (2005). *A history of the senses: From antiquity to cyberspace*. Cambridge: Polity Press

Kabat-Zinn, J. (2005). *Coming to our senses: Healing ourselves and the world through mindfulness*. New York: Hyperion

Kahn, P. H., Jr (1999). *The human relationship with nature: Development and culture*. Cambridge, MA: MIT Press

Kahn, P. H., Jr et al. (2008). A plasma display window? The shifting baseline problem in a technologically mediated natural world. *Journal of Environmental Psychology*, 28, 192–9

Kahn, P. H., Jr et al. (2009). The human relation with nature and technological nature. *Current Directions in Psychological Science*, 18, 37–42

Kaida, K., et al. (2006). Indoor exposure to natural bright light prevents afternoon sleepiness. *Sleep*, 29, 462–9

Kampe, K. K. et al. (2001). Reward value of attractiveness and gaze. *Nature*, 413, 589

Kampfer, K. et al. (2017). Touch-flavor transference: Assessing the effect of packaging weight on gustatory evaluations, desire for food and beverages, and willingness to pay. *PLOS One*, 12(10), e0186121

Kaplan, K. A. et al. (2019). Effect of light flashes vs sham therapy during sleep with adjunct cognitive behavioral therapy on sleep quality among adolescents: A randomized clinical trial. *JAMA Network Open*, 2, e1911944

Kaplan, R. (1973). Some psychological benefits of gardening. *Environment and Behavior*, 5, 145–52

Kaplan, R. and Kaplan, S. (1989). *The experience of nature: A psychological perspective*. New York: Cambridge University Press

Kaplan, S. (1995). The restorative benefits of nature: Toward an integrative framework. *Journal of Environmental Psychology*, 15, 169–82

—— (2001). Meditation, restoration, and the management of mental fatigue. *Environment and Behavior*, 33, 480–506

Karageorghis, C. I. and Terry, P. C. (1997). The psychophysical effects of music in sport and exercise: A review. *Journal of Sport Behavior*, 20, 54–168

Karim, A. A. et al. (2017). Why is 10 past 10 the default setting for clocks and watches in advertisements? A psychological experiment. *Frontiers in Psychology*, 8, 1410

Karremans, J. C. et al. (2006). Beyond Vicary's fantasies: The impact of subliminal priming and branded choice. *Journal of Experimental Social Psychology*, 42, 792–8

Katz, J. (2014). Noise in the operating room. *Anesthesiology*, 121, 894–9

Keller, A. (2008). Toward the dominance of vision? *Science*, 320, 319

Kellert, S. R. and Wilson, E. O. (eds.) (1993). *The biophilia hypothesis*. Washington, DC: Island Press

Kingma, B. and van Marken Lichtenbelt, W. D. (2015). Energy consumption in buildings and female thermal demand. *Nature Climate Change*, 5, 1054–6

Kirk-Smith, M. (2003). The psychological effects of lavender 1: In literature and plays. *International Journal of Aromatherapy*, 13, 18–22

Knasko, S. C. (1989). Ambient odor and shopping behavior. *Chemical Senses*, 14, 718

Kniffin, K. M. et al. (2015). Eating together at the firehouse: How workplace commensality relates to the performance of firefighters. *Human Performance*, 28, 281–306

Knight, C. and Haslam, S. A. (2010). The relative merits of lean, enriched, and empowered offices: An experimental examination of the impact of workspace management. *Journal of Experimental Psychology: Applied*, 16, 158–72

Knoeferle, K. et al. (2012). It is all in the mix: The interactive effect of music tempo and mode on in-store sales. *Marketing Letters*, 23, 325–37

Knoeferle, K. et al. (2016). Multisensory brand search: How the meaning of sounds guides consumers' visual attention. *Journal of Experimental Psychology: Applied*, 22, 196–210

Knopf, R. C. (1987). Human behavior, cognition, and affect in the natural environment. In D. Stokols and I. Altman (eds.), *Handbook of environmental psychology*, vol. 1. New York: John Wiley & Sons, pp. 783–825

Kochanek, K. D. et al. (2014). Mortality in the United States, 2013. *NCHS Data Brief*, 178, 1–8

Koga, K. and Iwasaki, Y. (2013). Psychological and physiological effect in humans of touching plant foliage – using the semantic differential method and cerebral activity as indicators. *Journal of Physiological Anthropology*, 32, 7

Kohara, K. et al. (2018). Habitual hot water bathing protects cardiovascular function in middle-aged to elderly Japanese subjects. *Scientific Reports*, 8, 8687

Körber, M. et al. (2015). Vigilance decrement and passive fatigue caused by monotony in automated driving. *Procedia Manufacturing*, 3, 2403–9

Kort, Y. A. W. et al. (2006). What's wrong with virtual trees? Restoring from stress in a mediated environment. *Journal of Environmental Psych- ology*, 26, 309–20

Kotler, P. (1974). Atmospherics as a marketing tool. *Journal of Retailing*, 49, 48–64

Kozusznik, M. W. et al. (2019). Decoupling office energy efficiency from employees' well-being and performance: A systematic review. *Frontiers in Psychology*, 10, 293

Kranowitz, C. S. (1998). *The out-of-sync child: Recognizing and coping with sensory integration*. New York: Penguin Putnam

Kräuchi, K. et al. (1999). Warm feet promote the rapid onset of sleep. *Nature*, 401, 36–7

Kreutz, G. et al. (2018). *In dubio pro silentio* – Even loud music does not facilitate strenuous ergometer exercise. *Frontiers in Psychology*, 9, 590

Krieger, M. H. (1973). What's wrong with plastic trees? Artifice and authenticity in design. *Science*, 179, 446–55

Kripke, D. F. et al. (2012). Hypnotics' association with mortality or cancer: A matched cohort study. *BMJ Open*, 2, e000850

Kühn, S. et al. (2016). Multiple 'buy buttons' in the brain: Forecasting chocolate sales at point-of-sale based on functional brain activation using fMRI. *NeuroImage*, 136, 122–8

Kühn, S. et al. (2017). In search of features that constitute an 'enriched environment' in humans: Associations between geographical properties and brain structure. *Scientific Reports*, 7, 11920

Küller, R. et al. (2006). The impact of light and colour on psychological mood: A cross-cultural study of indoor work environments. *Ergonomics*, 49, 1496–507

Kunst-Wilson, W. R. and Zajonc, R. B. (1980). Affective discrimination of stimuli that cannot be recognized. *Science*, 207, 557–8

Kurzweil, R. (2005). *The singularity is near: When humans transcend biology.*

London: Prelude

Kuukasjärvi, S. et al. (2004). Attractiveness of women's body odors over the menstrual cycle: The role of oral contraceptives and receiver sex. *Behavioral Ecology*, 15, 579–84

Kwallek, N. and Lewis, C. M. (1990). Effects of environmental colour on males and females: A red or white or green office. *Applied Ergonomics*, 21, 275–8

Kwallek, N. et al. (1996). Effects of nine monochromatic office interior colors on clerical tasks and worker mood. *Color Research and Application*, 21, 448–58

Kweon, B.-S. et al. (2008). Anger and stress: The role of landscape posters in an office setting. *Environment and Behavior*, 40, 355–81

Kyle, S. D. et al. (2010). '... Not just a minor thing, it is something major, which stops you from functioning daily': Quality of life and daytime functioning in insomnia. *Behavioral Sleep Medicine*, 8, 123–40

Lamote de Grignon Pérez, J. et al. (2019). Sleep differences in the UK between 1974 and 2015: Insights from detailed time diaries. *Journal of Sleep Research*, 28, e12753

Lankston, L. et al. (2010). Visual art in hospitals: Case studies and review of the evidence. *Journal of the Royal Society of Medicine*, 103, 490–99

Lanza, J. (2004). *Elevator music: A surreal history of Muzak, easy-listening, and other moodsong*. Ann Arbor: University of Michigan Press

Lay, M. G. (1992). *Ways of the world: A history of the world's roads and of the vehicles that used them*. New Brunswick, NJ: Rutgers University Press

Le Breton, D. (2017). *Sensing the world: An anthropology of the senses* (trans. C. Ruschiensky). London: Bloomsbury

Le Corbusier (1948/1972). *Towards a new architecture* (trans. F. Etchells). London: The Architectural Press

—— (1987). *The decorative art of today* (trans. J. L. Dunnett). Cambridge, MA: MIT Press

Leather, P. et al. (1998). Windows in the workplace: Sunlight, view, and occupational stress. *Environment and Behavior*, 30, 739–62

Lee, I. F. (2018). *Joyful: The surprising power of ordinary things to create extraordinary happiness*. London: Rider

Lee, K. E. et al. (2015). 40-second green roof views sustain attention: The role of micro-breaks in attention restoration. *Journal of Environmental Psychology*, 42, 182–9

Lee, R. and DeVore, I. (1968). *Man the hunter*. Chicago: Aldine

Leenders, M. A. A. M. et al. (2019). Ambient scent as a mood inducer in supermarkets: The role of scent intensity and time-pressure of shoppers. *Journal of Retailing and Consumer Services*, 48, 270–80

Lehrl, S. et al. (2007). Blue light improves cognitive performance. *Journal of Neural Transmission*, 114, 1435–63

Lehrner, J. et al. (2000). Ambient odor of orange in a dental office reduces anxiety and improves mood in female patients. *Physiology and Behavior*, 71, 83–6

Lenochová, P. et al. (2012). Psychology of fragrance use: Perception of individual odor and perfume blends reveals a mechanism for idiosyncratic effects on fragrance choice. *PLOS One*, 7, e33810

Levin, M. D. (1993). *Modernity and the hegemony of vision*. Berkeley: University of California Press

Levitin, D. (2015). *The organized mind: thinking straight in the age of information overload*. London: Penguin.

Lewis, D. M. G. et al. (2015). Lumbar curvature: A previously undiscovered standard of attractiveness. *Evolution and Human Behavior*, 36, 345–50

Lewis, D. M. G. et al. (2017). Why women wear high heels: Evolution, lumbar curvature, and attractiveness. *Frontiers in Psychology*, 8, 1875

Li, A. et al. (2011). Virtual reality and pain management: Current trends and future directions. *Pain Management*, 1, 147–57

Li, Q. (2010). Effect of forest bathing trips on human immune function. *Environmental Health and Preventative Medicine*, 15, 1, 9–17

Li, W. et al. (2007). Subliminal smells can guide social preferences. *Psychological Science*, 18, 1044–9

Lies, S. and Zhang, A. (2015). Prospective randomized study of the effect of music on the efficiency of surgical closures. *Aesthetic Surgery Journal*, 35, 858–63

Lin, H. (2014). Red-colored products enhance the attractiveness of women. *Displays*, 35, 202–5

Lindstrom, M. (2005). *Brand sense: How to build brands through touch, taste, smell, sight and sound.* London: Kogan Page

Liu, B. et al. (2015). Does happiness itself directly affect mortality? The prospective UK Million Women Study. *The Lancet*, 387, 874–81

Liu, J. et al. (2019). The impact of tablecloth on consumers' food per- ception in real-life eating situation. *Food Quality and Preference*, 71, 168–71

Lobmaier, J. S. et al. (2018). The scent of attractiveness: Levels of reproductive hormones explain individual differences in women's body odour. *Proceedings of the Royal Society B: Biological Sciences*, 285, 20181520

LoBue, V. (2014). Deconstructing the snake: The relative roles of perception, cognition, and emotion on threat detection. *Emotion*, 14, 701–11

Lockley, S. W. et al. (2006). Short-wavelength sensitivity for the direct effects of light on alertness, vigilance, and the waking electroencephalogram in humans. *Sleep*, 29, 161–8

Louv, R. (2005). *Last child in the woods: Saving our children from naturedeficit disorder.* Chapel Hill, NC: Algonquin Books

Lovato, N. and Lack, L. (2016). Circadian phase delay using the newly developed re-timer portable light device. *Sleep and Biological Rhythms*, 14, 157–64

Lupton, E. and Lipps, A. (eds.) (2018). *The senses: Design beyond vision.* Hudson, NY: Princeton Architectural Press

Lynn, M. et al. (2016). Clothing color and tipping: An attempted replication and extension. *Journal of Hospitality and Tourism Research*, 40, 516–24

Mace, B. L. et al. (1999). Aesthetic, affective, and cognitive effects of noise on natural landscape assessment. *Society and Natural Resources*, 12, 225–42

Mackerron, G. and Mourato, S. (2013). Happiness is greater in natural environments. *Global Environmental Change*, 23, 992–1000

Madzharov, A. et al. (2018). The impact of coffee-like scent on expectations and performance. *Journal of Environmental Psychology*, 57, 83–6

Malhotra, N. K. (1984). Information and sensory overload: Information and sensory overload in psychology and marketing. *Psychology and Marketing*, 1, 9–21

Manaker, G. H. (1996). *Interior plantscapes: Installation, maintenance, and management* (3rd edn). Englewood Cliffs, NJ: Prentice-Hall

Mancini, F. et al. (2011). Visual distortion of body size modulates pain perception. *Psychological Science*, 22, 325–30

Manning, J. T. and Fink, B. (2008). Digit ratio (2D:4D), dominance, reproductive success, asymmetry, and sociosexuality in the BBC Internet Study. *American Journal of Human Biology*, 20, 451–61

Manning, J. T. et al. (1998). The ratio of 2nd to 4th digit length: A predictor of sperm numbers and levels of testosterone, LH and oestrogen. *Human Reproduction*, 13, 3000–3004

Marin, M. M. et al. (2017). Misattribution of musical arousal increases sexual attraction towards opposite-sex faces in females. *PLOS One*, 12, e0183531

Marks, L. (1978). *The unity of the senses: Interrelations among the modalities*. New York: Academic Press

Martin, B. A. S. (2012). A stranger's touch: Effects of accidental interpersonal touch on consumer evaluations and shopping time. *Journal of Consumer Research*, 39, 174–84

Martin, S. (2013). How sensory information influences price decisions. *Harvard Business Review*, 26 July, https://hbr.org/2013/07/ research-how-sensory-informati

Mathiesen, S. L. et al. (2020). Music to eat by: A systematic investigation of the relative importance of tempo and articulation on eating time. *Appetite*, 155, https://doi.org/10.1016/j.appet.2020.104801

Matsubayashi, T. et al. (2014). Does the installation of blue lights on train platforms shift suicide to another station? Evidence from Japan. *Journal of Affective Disorders*, 169, 57–60

Mattila, A. S. and Wirtz, J. (2001). Congruency of scent and music as a driver of in-store evaluations and behavior. *Journal of Retailing*, 77, 273–89

Mavrogianni, A. et al. (2013). Historic variations in winter indoor domestic temperatures and potential implications for body weight gain. *Indoor and Built Environment*, 22, 360–75

May, J. L. and Hamilton, P. A. (1980). Effects of musically evoked affect on women's interpersonal attraction toward and perceptual judgments of physical attractiveness of men. *Motivation and Emotion*, 4, 217–28

McCandless, C. (2011). *Feng shui that makes sense: Easy ways to create a home that feels as good as it looks.* Minneapolis, MN: Two Harbors Press

McCarty, K. et al. (2017). Optimal asymmetry and other motion parameters that characterise high-quality female dance. *Scientific Reports*, 7, 42435

McFarlane, S. J. et al. (2020). Alarm tones, music and their elements: A mixed methods analysis of reported waking sounds for the prevention of sleep inertia. *PLOS One*, 15, e0215788

McGann, J. P. (2017). Poor human olfaction is a 19th-century myth. *Science*, 356, eaam7263

McGlone, F. et al. (2013). The crossmodal influence of odor hedonics on facial attractiveness: Behavioral and fMRI measures. In F. Signorelli and D. Chirchiglia (eds.), *Functional Brain Mapping and the Endeavor to Understand the Working Brain.* Rijeka, Croatia: InTech Publications, pp. 209–25

McGuire, B. et al. (2018). Urine marking in male domestic dogs: Honest or dishonest? *Journal of Zoology*, 306, 163–70

McGurk, H. and MacDonald, J. (1976). Hearing lips and seeing voices. *Nature*, 264, 746–8

McKeown, J. D. and Isherwood, S. (2007). Mapping the urgency and pleasantness of speech, auditory icons, and abstract alarms to their referents within the vehicle. *Human Factors*, 49, 417–28

Mead, G. E. et al. (2009). Exercise for depression. *Cochrane Database Systematic Review*, CD004366

Mehta, R., Zhu, R. and Cheema, A. (2012). Is noise always bad? Exploring the effects of ambient noise on creative cognition. *Journal of Consumer Research*, 39, 784–99

Meijer, D. et al. (2019). Integration of audiovisual spatial signals is not consistent with maximum likelihood estimation. *Cortex*, 119, 74–88

Menzel, D. et al. (2008). Influence of vehicle color on loudness judgments. *Journal of the Acoustical Society of America*, 123, 2477–9

Merabet, L. B. et al. (2004). Visual hallucinations during prolonged blindfolding in sighted subjects. *Journal of Neuro-Ophthalmology*, 24, 109–13

Meston, C. M. and Frohlich, P. F. (2003). Love at first fright: Partner salience moderates roller-coaster-induced excitation transfer. *Archives of Sexual Behavior*, 32, 537–44

Meyers-Levy, J. and Zhu, R. (J.) (2007). The influence of ceiling height: The effect of priming on the type of processing that people use. *Journal of Consumer Research*, 34, 174–86

Mikellides, B. (1990). Color and physiological arousal. *Journal of Architectural and Planning Research*, 7, 13–20

Milgram, S. (1970). The experience of living in cities. *Science*, 167, 1461–8

Milinski, M. and Wedekind, C. (2001). Evidence for MHC-correlated perfume preferences in humans. *Behavioral Ecology*, 12, 140–49

Miller, G. et al. (2007). Ovulatory cycle effects on tip earnings by lap dancers: Economic evidence for human estrus? *Evolution and Human Behavior*, 28, 375–81

Miller, G. F. (1998). How mate choice shaped human nature: A review of sexual selection and human evolution. In C. B. Crawford and D. Krebs (eds.), *Handbook of evolutionary psychology: Ideas, issues, and applications*. Mahwah, NJ: Lawrence Erlbaum, pp. 87–129

—— (2000). Evolution of human music through sexual selection. In N. L. Wallin et al. (eds.), *The origins of music. Cambridge*, MA: MIT Press, pp. 329–60

Milliman, R. E. (1982). Using background music to affect the behavior of supermarket shoppers. *Journal of Marketing*, 46, 86–91

—— (1986). The influence of background music on the behavior of restaurant patrons. *Journal of Consumer Research*, 13, 286–9

Mindell, J. A. et al. (2009). A nightly bedtime routine: Impact on sleep in young children and maternal mood. *Sleep*, 32, 599–606

Minsky, L. et al. (2018). Inside the invisible but influential world of scent branding. *Harvard Business Review*, 11 April, https://hbr.org/2018/04/ inside-the-invisible-but-influential-world-of-scent-branding

Mitchell, R. and Popham, F. (2008). Effect of exposure to natural environment on health inequalities: An observational population study. *The Lancet*, 372, 1655–60

Mitler, M. M. et al. (1988). Catastrophes, sleep, and public policy: Consensus report. *Sleep*, 11, 100–109

Mitro, S. et al. (2012). The smell of age: Perception and discrimination of body odors of different ages. *PLOS One*, 7, e38110

Miyazaki, Y. (2018). *Shinrin-yoku: The Japanese way of forest bathing for health and relaxation.* London: Aster Books

Monahan, J. L. et al. (2000). Subliminal mere exposure: Specific, general and affective effects. *Psychological Science*, 11, 462–6

Montagu, A. (1971). *Touching: The human significance of the skin.* New York: Columbia University Press

Montignies, F. et al. (2010). Empirical identification of perceptual criteria for customer-centred design. Focus on the sound of tapping on the dashboard when exploring a car. *International Journal of Industrial Ergonomics*, 40, 592–603

Moore, E. O. (1981). A prison environment's effect on health care service demands. *Journal of Environmental Systems*, 11, 17–34

Morgan, W. P. et al. (1988). Personality structure, mood states, and performance in elite male distance runners. *International Journal of Sport Psychology*, 19, 247–63

Morimoto, K. et al. (eds.) (2006). *Forest medicine.* Tokyo: Asakura Publishing

Morin, C. M. (1993). *Insomnia: Psychological assessment and management.* New York: Guilford Press

Morrin, M. and Chebat, J.-C. (2005). Person-place congruency: The interactive effects of shopper style and atmospherics on consumer expenditures. *Journal of Service Research*, 8, 181–91

Moseley, G. L. et al. (2008a). Is mirror therapy all it is cracked up to be? Current evidence and future directions. *Pain*, 138, 7–10

Moseley, G. L. et al. (2008b). Psychologically induced cooling of a specific body part caused by the illusory ownership of an artificial counterpart. *Proceedings of the National Academy of Sciences of the USA*, 105, 13168–72

Moseley, G. L. et al. (2008c). Visual distortion of a limb modulates the pain and swelling evoked by movement. *Current Biology*, 18, R1047–R1048

Moss, H. et al. (2007). A cure for the soul? The benefit of live music in the general hospital. *Irish Medical Journal*, 100, 636–8

Mueser, K. T. et al. (1984). You're only as pretty as you feel: Facial expression as a determinant of physical attractiveness. *Journal of Personality and Social Psychology*, 46, 469–78

Müller, F. et al. (2019). The sound of speed: How grunting affects opponents' anticipation in tennis. *PLOS One*, 14, e0214819

Mustafa, M. et al. (2016). The impact of vehicle fragrance on driving performance: What do we know? *Procedia – Social and Behavioral Sciences*, 222, 807–15

Muzet, A. et al. (1984). Ambient temperature and human sleep. *Experientia*, 40, 425–9

National Sleep Foundation (2006). *Teens and sleep*. https://sleepfoun dation.org/sleep-topics/teens-and-sleep

Neave, N. et al. (2011). Male dance moves that catch a woman's eye. *Biology Letters*, 7, 221–4

Nettle, D. and Pollet, T. V. (2008). Natural selection on male wealth in humans. *American Naturalist*, 172, 658–66

Nieuwenhuis, M. et al. (2014). The relative benefits of green versus lean office space: Three field experiments. *Journal of Experimental Psychology: Applied*, 20, 199–214

Nightingale, F. (1860). *Notes on nursing. What it is, and what it is not*. New York: D. Appleton and Company

Nisbet, E. K. and Zelenski, J. M. (2011). Underestimating nearby nature: Affective forecasting errors obscure the happy path to sustainability. *Psychological Science*, 22, 1101–6

North, A. C. and Hargreaves, D. J. (1999). Music and driving game performance. *Scandinavian Journal of Psychology*, 40, 285–92

—— (2000). Musical preferences when relaxing and exercising. *American Journal of Psychology*, 113, 43–67

North, A. C., et al. (1997). In-store music affects product choice. *Nature*, 390, 132

North, A. C. et al. (1998). Musical tempo and time perception in a gymnasium. *Psychology of Music*, 26, 78–88

Novaco, R. et al. (1990). Objective and subjective dimensions of travel impedance as determinants of commuting stress. *American Journal of Community Psychology*, 18, 231–57

O'Connell, M. (2018). *To be a machine*. London: Granta

Oberfeld, D. et al. (2009). Ambient lighting modifies the flavor of wine. *Journal of Sensory Studies*, 24, 797–832

Oberfeld, D. et al. (2010). Surface lightness influences perceived room height. *Quarterly Journal of Experimental Psychology*, 63, 1999– 2011

Obst, P. et al. (2011). Age and gender comparisons of driving while sleepy: Behaviours and risk perceptions. *Transportation Research Part F: Traffic Psychology and Behaviour*, 14, 539–42

Oldham, G. R. et al. (1995). Listen while you work? Quasi-experimental relations between personal-stereo headset use and employee work responses. *Journal of Applied Psychology*, 80, 547–64

Olmsted, F. L. (1865a). The value and care of parks. Reprinted in R. Nash (ed.) (1968). *The American environment: Readings in the history of conservation*. Reading, MA: Addison-Wesley, pp. 18–24

—— (1865b). *Yosemite and the Mariposa Grove: A preliminary report*. Available online at: www.yosemite.ca.us/library/olmsted/report. html

Olson, R. L. et al. (2009). Driver distraction in commercial vehicle operations. Technical Report No. FMCSA-RRR-09–042. Federal Motor Carrier Safety Administration, US Department of Transportation, Washington, DC

Olsson, M. J. et al. (2014). The scent of disease: Human body odor contains an early chemosensory cue of sickness. *Psychological Science*, 25, 817–23

Ott, W. R. and Roberts, J. W. (1998). Everyday exposure to toxic pollutants. *Scientific American*, 278 (February), 86–91

Otterbring, T. (2018). Healthy or wealthy? Attractive individuals induce sex-specific food preferences. *Food Quality and Preference*, 70, 11–20

Otterbring, T. et al. (2018). The relationship between office type and job satisfaction: Testing a multiple mediation model through ease of interaction and well-being. *Scandinavian Journal of Work and Environmental Health*, 44, 330–34

Ottoson, J. and Grahn, P. (2005). A comparison of leisure time spent in a garden with leisure time spent indoors: On measures of restoration in residents in geriatric care. *Landscape Research*, 30, 23–55

Oyer, J. and Hardick, J. (1963). *Response of population to optimum warning signal*. Office of Civil Defence, Final Report No. SHSLR163. Contract No. OCK-OS-62–182, September

Packard, V. (1957). *The hidden persuaders*. Harmondsworth: Penguin

Pallasmaa, J. (1996). *The eyes of the skin: Architecture and the senses* (Polemics). London: Academy Editions

Palmer, H. (1978). *Sea gulls ... Music for rest and relaxation*. Freeport, NY: Education Activities, Inc. (Tape #AR504)

Pancoast, S. (1877). *Blue and red light*. Philadelphia: J. M. Stoddart & Co.

Park, B. J. et al. (2007). Physiological effects of Shinrin-yoku (taking in the atmosphere of the forest) – using salivary cortisol and cerebral activity as indicators. *Journal of Physiological Anthropology*, 26, 123–8

Park, J. and Hadi, R. (2020). Shivering for status: When cold temperatures increase product evaluation. *Journal of Consumer Psychology*, 30, 314–28

Park, Y.-M. M. et al. (2019). Association of exposure to artificial light at night while sleeping with risk of obesity in women. *JAMA Internal Medicine*, 179, 1061–71

Parsons, R. et al. (1998). The view from the road: Implications for stress recovery and immunization. *Journal of Environmental Psychology*, 18, 113–40

Passchier-Vermeer, W. and Passchier, W. F. (2000). Noise exposure and public health. *Environmental Health Perspectives*, 108, 123–31

Pasut, W. et al. (2015). Energy-efficient comfort with a heated/cooled chair: Results from human subject tests. *Building and Environment*, 84, 10–21

Patania, V. M. et al. (2020). The psychophysiological effects of different tempo music on endurance versus high-intensity performances. *Frontiers in Psychology*, 11, 74

Pavela Banai, I. (2017). Voice in different phases of menstrual cycle among naturally cycling women and users of hormonal contraceptives. *PLOS One*, 12, e0183462

Peck, J. and Shu, S. B. (2009). The effect of mere touch on perceived ownership. *Journal of Consumer Research*, 36, 434–47

Peltzman, S. (1975). The effects of automobile safety regulation. *Journal of Political Economy*, 83, 677–725

Pencavel, J. (2014). The productivity of working hours. IZA Discussion Paper No. 8129, http://ftp.iza.org/dp8129.pdf

Peperkoorn, L. S. et al. (2016). Revisiting the red effect on attractiveness and sexual receptivity: No effect of the color red on human mate preference. *Evolutionary Psychology*, October–December, 1–13

Perrault, A. A. et al. (2019). Whole-night continuous rocking entrains spontaneous neural oscillations with benefits for sleep and memory. *Current Biology*, 29, 402–11

Petit, O. et al. (2019). Multisensory consumer-packaging interaction (CPI): The role of new technologies. In C. Velasco and C. Spence (eds.), *Multisensory packaging: Designing new product experiences*. Cham, Switzerland: Palgrave Macmillan, pp. 349–74

Pfaffmann, C. (1960). The pleasure of sensation. *Psychological Review*, 67, 253–68

Phalen, J. M. (1910). An experiment with orange-red underwear. *Philippine Journal of Science*, 5B, 525–46

Pinker, S. (2018). *Enlightenment now: The case for reason, science, humanism, and progress*. New York: Viking Penguin

Piqueras-Fiszman, B. and Spence, C. (2012). The weight of the bottle as a possible extrinsic cue with which to estimate the price (and quality) of the wine? Observed correlations. *Food Quality and Pref- erence*, 25, 41–5

Plante, T. G. et al. (2006). Psychological benefits of exercise paired with virtual reality: Outdoor exercise energizes whereas indoor virtual exercise relaxes. *International Journal of Stress Management*, 13, 108–17

Pollet, T. et al. (2018). Do red objects enhance sexual attractiveness? No evidence from two large replications and an extension. PsyArXiv Preprints, 16 February 2018, https://doi.org/10.31234/ osf.io/3bfwh

Prescott, J. and Wilkie, J. (2007). Pain tolerance selectively increased by a sweet-smelling odor. *Psychological Science*, 18, 308–11

Pretty, J. et al. (2009). *Nature, childhood, health and life pathways.* University of Essex, Interdisciplinary Centre for Environment and Society, Occasional Paper 2009–2

Priest, D. L. et al. (2004). The characteristics and effects of motivational music in exercise settings: The possible influence of gender, age, frequency of attendance, and time of attendance. *Journal of Sports Medicine and Physical Fitness*, 44, 77–86

Przybylski, A. K. (2019). Digital screen time and pediatric sleep: Evidence from a preregistered cohort study. *Journal of Pediatrics*, 205, 218–23

Qin, J. et al. (2014). The effect of indoor plants on human comfort. *Indoor Building Environment*, 23, 709–23

Ramachandran, V. S. and Blakeslee, S. (1998). *Phantoms in the brain.* London: Fourth Estate

Ramsey, K. L. and Simmons, F. B. (1993). High-powered automobile stereos. *Otolaryngology – Head and Neck Surgery*, 109, 108–10

Ratcliffe, E. et al. (2016). Associations with bird sounds: How do they relate to perceived restorative potential? *Journal of Environmental Psychology*, 47, 136–44

Ratcliffe, V. F. et al. (2016). Cross-modal correspondences in non-human mammal communication. *Multisensory Research*, 29, 49–91

Rattenborg, N. C. et al. (1999). Half-awake to the risk of predation. *Nature*, 397, 397–8

Raudenbush, B. et al. (2001). Enhancing athletic performance through the administration of peppermint odor. *Journal of Sport and Exercise Psychology*, 23, 156–60

Raudenbush, B. et al. (2002). The effects of odors on objective and subjective measures of athletic performance. *International Sports Journal*, 6, 14–27

Raymann, R. J. et al. (2008). Skin deep: Enhanced sleep depth by cutaneous temperature manipulation. *Brain*, 131, 500–513

Raymond, J. (2000). The world of senses. *Newsweek Special Issue*, Fall–Winter, 136, 16–18

Reber, R., et al. (2004). Processing fluency and aesthetic pleasure: Is beauty in the perceiver's processing experience? *Personality and Social Psychology Review*, 8, 364–82

Reber, R., et al. (1998). Effects of perceptual fluency on affective judgments. *Psychological Science*, 9, 45–8

Redelmeier, D. A. and Tibshirani, R. J. (1997). Association between cellular-telephone calls and motor vehicle collisions. *New England Journal of Medicine*, 336, 453–8

Redies, C. (2007). A universal model of esthetic perception based on the sensory coding of natural stimuli. *Spatial Vision*, 21, 97–117

Reinoso-Carvalho, F. et al. (2019). Not just another pint! Measuring the influence of the emotion induced by music on the consumer's tasting experience. *Multisensory Research*, 32, 367–400

Renvoisé, P. and Morin, C. (2007). *Neuromarketing: Understanding the 'buy buttons' in your customer's brain*. Nashville, TN: Thomas Nelson

Rhodes, G. (2006). The evolutionary psychology of facial beauty. *Annual Review of Psychology*, 57, 199–226

Rice, T. (2003). Soundselves: An acoustemology of sound and self in the Edinburgh Royal Infirmary. *Anthropology Today*, 19, 4–9

Richter, J. and Muhlestein, D. (2017). Patient experience and hospital profitability: Is there a link? *Health Care Management Review*, 42, 247–57

Roberts, S. C. et al. (2004). Female facial attractiveness increases during the fertile phase of the menstrual cycle. *Proceedings of the Royal Society of London Series B*, 271 (S5), S270–S272

Roberts, S. C. et al. (2011). Body odor quality predicts behavioral attractiveness in humans. *Archives of Sexual Behavior*, 40, 1111–17

Roenneberg, T. (2012). *Internal time: Chronotypes, social jet lag, and why you're so tired*. Cambridge, MA: Harvard University Press

—— (2013). Chronobiology: The human sleep project. *Nature*, 498, 427–8

Romero, J. et al. (2003). Color coordinates of objects with daylight changes. *Color Research and Application*, 28, 25–35

Romine, I. J. et al. (1999). Lavender aromatherapy in recovery from exercise. *Perceptual and Motor Skills*, 88, 756–8

Roschk, H. et al. (2017). Calibrating 30 years of experimental research: A meta-analysis of the atmospheric effects of music, scent, and color. *Journal of Retailing*, 93, 228–40

Rosenblum, L. D. (2010). *See what I am saying: The extraordinary powers of our five senses*. New York: W. W. Norton

Rosenthal, N. E (2019). *Winter blues: Everything you need to know to beat Seasonal Affective Disorder*. New York: Guilford Press

Ross, S. (1966). Background music systems – do they pay? *Administrative Management Journal*, 27 (August), 34–7

Rowe, C. et al. (2005). Seeing red? Putting sportswear in context. *Nature*, 437, E10

Rybkin, I. (2017). Music's potential effects on surgical performance. *Quill and Scope*, 10, 3

Sagberg, F. (1999). Road accidents caused by drivers falling asleep. *Accident Analysis and Prevention*, 31, 639–49

Salgado-Montejo., A. et al. (2015). Smiles over frowns: When curved lines influence product preference. P*sychology and Marketing*, 32, 771–81

Samuel, L. R. (2010). *Freud on Madison Avenue: Motivation research and subliminal advertising in America*. Oxford: University of Pennsylvania Press

Schaal, B. and Durand, K. (2012). The role of olfaction in human multisensory development. In A. J. Bremner et al. (eds.), *Multisensory development*. Oxford:

Oxford University Press, pp. 29–62

Schaal, B. et al. (2000). Human foetuses learn odours from their pregnant mother's diet. *Chemical Senses*, 25, 729–37

Schaefer, E. W. et al. (2012). Sleep and circadian misalignment for the hospitalist: A review. *Journal of Hospital Medicine*, 7, 489–96

Schaffert, N. et al. (2011). An investigation of online acoustic information for elite rowers in on-water training conditions. *Journal of Human Sport and Exercise*, 6, 392–405

Schiffman, S. S. and Siebert, J. M. (1991). New frontiers in fragrance use. *Cosmetics and Toiletries*, 106, 39–45

Scholey, A. et al. (2009). Chewing gum alleviates negative mood and reduces cortisol during acute laboratory psychological stress. *Physiology and Behavior*, 97, 304–12

Schreiner, T. and Rasch, B. (2015). Boosting vocabulary learning by verbal cueing during sleep. *Cerebral Cortex*, 25, 4169–79

Schreuder, E. et al. (2016). Emotional responses to multisensory environmental stimuli: A conceptual framework and literature review. *Sage Open*, January–March, 1–19

Schwartzman, M. (2011). *See yourself sensing: Redefining human perception*. London: Black Dog

Sekuler, R. and Blake, R. (1987). Sensory underload. *Psychology Today*, 12 (December), 48–51

Seligman, M. E. (1971). Phobias and preparedness. *Behavior Therapy*, 2, 307–20

Senders, J. W. et al. (1967). The attentional demand of automobile driving. *Highway Research Record*, 195, 15–33

Senkowski, D. et al. (2014). Crossmodal shaping of pain: A multisensory approach to nociception. *Trends in Cognitive Sciences*, 18, 319–27

Seto, K. C. et al. (2012). Global forecasts of urban expansion to 2030 and direct impacts on biodiversity and carbon pools. *Proceedings of the National Academy of Sciences of the USA*, 109, 16083–8

Sheldon, R. and Arens, E. (1932). *Consumer engineering: A new technique for prosperity*. New York: Harper & Brothers

Shippert, R. D. (2005). A study of time-dependent operating room fees and how to save $100 000 by using time-saving products. *American Journal of Cosmetic Surgery*, 22, 25–34

Sinnett, S. and Kingstone, A. (2010). A preliminary investigation regarding the effect of tennis grunting: Does white noise during a tennis shot have a negative impact on shot perception? *PLOS One*, 5, e13148

Sitwell, W. (2020). *The restaurant: A history of eating out*. London: Simon & Schuster

Sivak, M. (1996). The information that drivers use: Is it indeed 90% visual? *Perception*, 25, 1081–9

Siverdeen, Z. et al. (2008). Exposure to noise in orthopaedic theatres – do we need protection? *International Journal of Clinical Practice*, 62, 1720–22

Slabbekoorn, H. and Ripmeester, E. (2008). Birdsong and anthropogenic noise: Implications and applications for conservation. *Molecular Ecology*, 17, 72–83

Smith, G. A. et al. (2006). Comparison of a personalized parent voice smoke alarm with a conventional residential tone smoke alarm for awakening children. *Pediatrics*, 118, 1623–32

Smith, M. M. (2007). *Sensory history*. Oxford: Berg

Solomon, M. R. (2002). *Consumer behavior: Buying, having and being*. Upper Saddle River, NJ: Prentice-Hall

Sorokowska, A. et al. (2012). Does personality smell? Accuracy of personality assessments based on body odour. *European Journal of Personality*, 26, 496–503

Sors, F. et al. (2017). The contribution of early auditory and visual information to the discrimination of shot power in ball sports. *Psychology of Sport and Exercise*, 31, 44–51

Souman, J. L. et al. (2017). Acute alerting effects of light: A systematic literature review. *Behavioural Brain Research*, 337, 228–39

Spence, C. (2002). *The ICI report on the secret of the senses*. London: The Communication Group

—— (2003). A new multisensory approach to health and wellbeing. *In Essence*, 2,

16–22

—— (2012a). Drive safely with neuroergonomics. *The Psychologist*, 25, 664–7

—— (2012b). Managing sensory expectations concerning products and brands: Capitalizing on the potential of sound and shape symbolism. *Journal of Consumer Psychology*, 22, 37–54

—— (2014). Q & A: Charles Spence. *Current Biology*, 24, R506–R508

—— (2015). Leading the consumer by the nose: On the commercialization of olfactory-design for the food and beverage sector. *Flavour*, 4, 31

—— (2016). Gastrodiplomacy: Assessing the role of food in decision-making. *Flavour*, 5, 4

—— (2017). Hospital food. *Flavour*, 6, 3

—— (2018). *Gastrophysics: The new science of eating*. London: Penguin

—— (2019a). Attending to the chemical senses. *Multisensory Research*, 32, 635–64

—— (2019b). Multisensory experiential wine marketing. *Food Quality and Preference*, 71, 106–16, https://doi.org/10.1016/j.food-qual.2018.06.010

—— (2020a). Extraordinary emotional responses elicited by auditory stimuli linked to the consumption of food and drink. *Acoustical Science and Technology*, 41, 28–36

—— (2020b). Multisensory flavour perception: Blending, mixing, fusion, and pairing within and between the senses. *Foods*, 9, 407

—— (2020c). On the ethics of neuromarketing and sensory marketing. In J. Trempe-Martineau and E. Racine (eds.), *Organizational neuroethics: Reflections on the contributions of neuroscience to management theories and business practice*. Cham, Switzerland: Springer Nature, pp. 9–30

—— (2020d). Temperature-based crossmodal correspondences: Causes and consequences. *Multisensory Research*, 33, 645–82

—— (2020e). Designing for the multisensory mind. *Architectural Design*, December, 42-49

—— (2020f). Senses of space: Designing for the multisensory mind. *Cognitive Research: Principles and Implications*, 5, 46. https://rdcu. be/b7qIt

Spence, C. and Carvalho, F. M. (2020). The coffee drinking experience: Product extrinsic (atmospheric) influences on taste and choice. *Food Quality and Preference*, 80, https://doi.org/10.1016/j.foodqual.2019.103802

Spence, C. and Gallace, A. (2011). Multisensory design: Reaching out to touch the consumer. *Psychology and Marketing*, 28, 267–308

Spence, C. and Keller, S. (2019). Medicine's melodies: On the costs and benefits of music, soundscapes, and noise in healthcare settings. *Music and Medicine*, 11, 211–25

Spence, C. and Read, L. (2003). Speech shadowing while driving: On the difficulty of splitting attention between eye and ear. *Psychological Science*, 14, 251–6

Spence, C. et al. (2014a). A large sample study on the influence of the multisensory environment on the wine drinking experience. *Flavour*, 3, 8

Spence, C. et al. (2014b). Store atmospherics: A multisensory perspective. *Psychology and Marketing*, 31, 472–88

Spence, C. et al. (2017). Digitizing the chemical senses: Possibilities and pitfalls. *International Journal of Human-Computer Studies*, 107, 62–74

Spence, C. et al. (2019a). Digital commensality: On the pros and cons of eating and drinking with technology. *Frontiers in Psychology*, 10, 2252

Spence, C. et al. (2019b). Extrinsic auditory contributions to food perception and consumer behaviour: An interdisciplinary review. *Multisensory Research*, 32, 275–318

Spence, C. et al. (2020). Magic on the menu: Where are all the magical food and beverage experiences? *Foods*, 9, 257

Stack, S. and Gundlach, J. (1992). The effect of country music on suicide. *Social Forces*, 71, 211–18

Stanton, T. R. et al. (2017). Feeling stiffness in the back: A protective perceptual inference in chronic back pain. *Scientific Reports*, 7, 9681

Staricoff, R. and Loppert, S. (2003). Integrating the arts into health care: Can we affect clinical outcomes? In D. Kirklin and R. Richardson (eds.), *The healing environment: Without and within*. London: RCP, pp. 63–79

Steel, C. (2008). *Hungry city: How food shapes our lives*. London: Chatto & Windus

Steele, K. M. (2014). Failure to replicate the Mehta and Zhu (2009) color-priming effect on anagram solution times. *Psychonomic Bulletin and Review*, 21, 771–6

Stein, B. E. (ed.-in-chief) (2012). *The new handbook of multisensory processing.* Cambridge, MA: MIT Press

Steinwald, M. et al. (2014). Multisensory engagement with real nature relevant to real life. In N. Levent and A. Pascual-Leone (eds.), *The multisensory museum: Cross-disciplinary perspectives on touch, sound, smell, memory and space.* Plymouth: Rowman & Littlefield, pp. 45–60

Stillman, J. W. and Hensley, W. E. (1980). She wore a flower in her hair: The effect of ornamentation on non-verbal communication. *Journal of Applied Communication Research*, 1, 31–9

Stumbrys, T. et al. (2012). Induction of lucid dreams: A systematic review of evidence. *Consciousness and Cognition*, 21, 1456–75

Suwabe, K. et al. (in press). Positive mood while exercising influences beneficial effects of exercise with music on prefrontal executive function: A functional NIRS Study. *Neuroscience*, https://doi. org/10.1016/j.neuroscience.2020.06.007

Taheri, S. et al. (2004). Short sleep duration is associated with reduced leptin, elevated ghrelin, and increased body mass index. *PLOS Medicine*, 1, 210–17

Tamaki, M. et al. (2016). Night watch in one brain hemisphere during sleep associated with the first-night effect in humans. *Current Biology*, 26, 1190–94

Tanizaki, J. (2001). *In praise of shadows* (trans. T. J. Harper and E. G. Seidenstickker). London: Vintage Books

Tassi, P. and Muzet, A. (2000). Sleep inertia. *Sleep Medicine Reviews*, 4, 341–53

Terman, M. (1989). On the question of mechanism in phototherapy for seasonal affective disorder: Considerations of clinical efficacy and epidemiology. In N. E. Rosenthal and M. C. Blehar (eds.), *Seasonal affective disorders and phototherapy.* New York: Guilford Press, pp. 357–76

Terry, P. C. et al. (2012). Effects of synchronous music on treadmill running among elite triathletes. *Journal of Science and Medicine in Sport*, 15, 52–7

Thömmes, K. and Hübner, R. (2018). Instagram likes for architectural photos can be predicted by quantitative balance measures and curvature. *Frontiers in*

Psychology, 9, 1050

Thompson Coon, J. et al. (2011). Does participating in physical activity in outdoor natural environments have a greater effect on physical and mental wellbeing than physical activity indoors? A systematic review. *Environmental Science and Technology*, 45, 1761–72

Tifferet, S. et al. (2012). Guitar increases male Facebook attractiveness: Preliminary support for the sexual selection theory of music. *Letters on Evolutionary Behavioral Science*, 3, 4–6

Townsend, M. and Weerasuriya, R. (2010). *Beyond blue to green: The benefits of contact with nature for mental health and well-being.* Melbourne, Australia: Beyond Blue Limited

Treib, M. (1995). Must landscape mean? Approaches to significance in recent landscape architecture. *Landscape Journal*, 14, 47–62

Treisman, M. (1977). Motion sickness: As evolutionary hypothesis. *Science*, 197, 493–5

Trivedi, B. (2006). Recruiting smell for the hard sell. *New Scientist*, 2582, 36–9

Trotti, L. M. (2017). Waking up is the hardest thing I do all day: Sleep inertia and sleep drunkenness. *Sleep Medicine Reviews*, 35, 76–84

Trzeciak, S. et al. (2016). Association between Medicare summary star ratings for patient experience and clinical outcomes in US hospitals. *Journal of Patient Experience*, 3, 6–9

Tse, M. M. et al. (2002). The effect of visual stimuli on pain threshold and tolerance. *Journal of Clinical Nursing*, 11, 462–9

Twedt, E. et al. (2016). Designed natural spaces: Informal gardens are perceived to be more restorative than formal gardens. *Frontiers in Psychology*, 7, 88

Ullmann, Y. et al. (2008). The sounds of music in the operating room. *Injury*, 39, 592–7

Ulrich, R. S. (1984). View through a window may influence recovery from surgery. *Science*, 224, 420–21

—— (1991). Effects of interior design on wellness: Theory and recent scientific research. *Journal of Health Care Interior Design*, 3, 97–109

—— (1993). Biophilia, biophobia, and natural landscapes. In S. R. Kellert and E. O. Wilson (eds.), *The biophilia hypothesis*. Washington, DC: Island Press, pp. 73–137

—— (1999). Effects of gardens on health outcomes: Theory and research. In C. Cooper-Marcus and M. Barnes (eds.), *Healing gardens: Therapeutic benefits and design recommendations*. Hoboken, NJ: John Wiley & Sons, pp. 27–86

Ulrich, R. S. et al. (1991). Stress recovery during exposure to natural and urban environments. *Journal of Environmental Psychology*, 11, 201–30

Underhill, P. (1999). *Why we buy: The science of shopping*. New York: Simon & Schuster

Unkelbach, C. and Memmert, D. (2010). Crowd noise as a cue in referee decisions contributes to the home advantage. *Journal of Sport and Exercise Psychology*, 32, 483–98

Unnava, V. et al. (2018). Coffee with co-workers: Role of caffeine on evaluations of the self and others in group settings. *Journal of Psychopharmacology*, 32, 943–8

Ury, H. K. et al. (1972). Motor vehicle accidents and vehicular pollution in Los Angeles. *Archives of Environmental Health*, 25, 314–22

US Energy Information Administration (2011). Residential energy consumption survey (RECS). *US Energy Information Administration*, www.eia.gov/consumption/residential/reports/2009/air-conditioning.php

US Senate Special Committee on Aging (1985–6). *Aging America, Trends and Projections, 1985–86 Edition*. US Senate Special Committee on Aging (in association with the American Association of Retired Persons, the Federal Council on the Aging, and the Administration on Aging)

Valdez, P. and Mehrabian, A. (1994). Effects of color on emotions. *Journal of Experimental Psychology: General*, 123, 394–409

Vartanian, O. et al. (2013). Impact of contour on aesthetic judgments and approach-avoidance decisions in architecture. *Proceedings of the National Academy of Sciences of the USA*, 110 (Supplement 2), 10446–53

Vartanian, O. et al. (2015). Architectural design and the brain: Effects of ceiling height and perceived enclosure on beauty judgments and approach-avoidance decisions. *Journal of Environmental Psychology*, 41, 10–18

Villemure, C. et al. (2003). Effects of odors on pain perception: Deciphering the roles of emotion and attention. *Pain*, 106, 101–8

Wagner, U. et al. (2004). Sleep inspires insight. *Nature*, 427, 352–5

Walker, J. et al. (2016). Chewing unflavored gum does not reduce cortisol levels during a cognitive task but increases the response of the sympathetic nervous system. *Physiology and Behavior*, 154, 8–14

Walker, M. (2018). *Why we sleep.* London: Penguin

Wallace, A. G. (2015). Are you looking at me? *Capital Ideas*, Fall, 24–33

Wang, Q. J. and Spence, C. (2019). Drinking through rosé-coloured glasses: Influence of wine colour on the perception of aroma and flavour in wine experts and novices. *Food Research International*, 126, 108678

Wargocki, P. et al. (1999). Perceived air quality, Sick Building Syndrome (SBS) symptoms and productivity in an office with two different pollution loads. *Industrial Air*, 9, 165–79

Wargocki, P. et al. (2000). The effects of outdoor air supply rate in an office on perceived air quality, Sick Building Syndrome (SBS) symptoms and productivity. *Industrial Air*, 10, 222–36

Warm, J. S. et al. (1991). Effects of olfactory stimulation on performance and stress in a visual sustained attention task. *Journal of the Society of Cosmetic Chemists*, 42, 199–210

Waterhouse, J. et al. (2010). Effects of music tempo upon submaximal cycling performance. *Scandinavian Journal of Medicine and Science in Sports*, 20, 662–9

Watkins, C. D. (2017). Creativity compensates for low physical attractiveness when individuals assess the attractiveness of social and romantic partners. *Royal Society Open Science*, 4, 160955

Watson, L. (1971). *The omnivorous ape.* New York: Coward, McCann & Geoghegan

Weber, S. T. and Heuberger, E. (2008). The impact of natural odors on affective states in humans. *Chemical Senses*, 33, 441–7

Wehrens, S. M. T. et al. (2017). Meal timing regulates the human circadian system.

Current Biology, 27, 1768–75

Weinzimmer, D. et al. (2014). Human responses to simulated motorized noise in national parks. *Leisure Sciences*, 36, 251–67

Whalen, P. J. et al. (2004). Human amygdala responsivity to masked fearful eye whites. *Science*, 306, 2061

Whitcome, K. K. et al. (2007). Fetal load and the evolution of lumbar lordosis in bipedal hominins. *Nature*, 450, 1075–8

White, D. et al. (2017). Choosing face: The curse of self in profile image selection. *Cognitive Research: Principles and Implications*, 2, 23

Wigley, M. (1995). *White walls, designer dresses: The fashioning of modern architecture*. London: MIT Press

Wilde, G. J. S. (1982). The theory of risk homeostasis: Implications for safety and health. *Risk Analysis*, 2, 209–25

Williams, F. (2017). *The nature fix: Why nature makes us happier, healthier, and more creative*. London: W. W. Norton & Co.

Willis, J. and Todorov, A. (2006). First impressions: Making up your mind after a 100-ms exposure to a face. *Psychological Science*, 17, 592–8

Wilson, E. O. (1984). *Biophilia: The human bond with other species*. London: Harvard University Press

Wilson, T. D. and Gilbert, D. T. (2005). Affective forecasting: Knowing what to want. *Current Directions in Psychological Science*, 14, 131–4

Windhager, S. et al. (2008). Face to face: The perception of automotive designs. *Human Nature*, 19, 331–46

Winternitz, J. et al. (2017). Patterns of MHC-dependent mate selection in humans and nonhuman primates: A meta-analysis. *Molecular Ecology*, 26, 668–88

Wittkopf, P. G. et al. (2018). The effect of visual feedback of body parts on pain perception: A systematic review of clinical and experimental studies. *European Journal of Pain*, 22, 647–62

Wohlwill, J. F. (1983). The concept of nature: A psychologist's view. In I. Altman and J. F. Wohlwill (eds.), *Behavior and the natural environment. New York: Plenum Press*, pp. 5–38

Wolverton, B. C. et al. (1989). *Interior landscape plants for indoor air pollution abatement*. Final Report, 15 September. National Aeronautics and Space Administration, John C. Stennis Space Center, Science and Technology Laboratory, Stennis Space Center, MS 39529–6000

Wood, R. A. et al. (2006). The potted-plant microcosm substantially reduces indoor air VOC pollution: I. Office field-study. *Water, Air, and Soil Pollution*, 175, 163–80

Woolley, K. and Fishbach, A. (2017). A recipe for friendship: Similar food consumption promotes trust and cooperation. J*ournal of Consumer Psychology*, 27, 1–10

World Health Organization, Regional Office for Europe (2011). *Burden of disease from environmental noise – Quantification of healthy life years lost in Europe*. Copenhagen: WHO

Wright, K. P., Jr and Czeisler, C. A. (2002). Absence of circadian phase resetting in response to bright light behind the knees. *Science*, 297, 571

Wrisberg, C. A. and Anshel, M. H. (1989). The effect of cognitive strategies on free throw shooting performance of young athletes. *Sport Psychologist*, 3, 95–104

Yildirim, K. et al. (2007). The effects of window proximity, partition height, and gender on perceptions of open-plan offices. *Journal of Environmental Psychology*, 27, 154–65

Yoder, J. et al. (2012). Noise and sleep among adult medical inpatients: Far from a quiet night. *Archives of Internal Medicine*, 172, 68–70

Zellner, D. et al. (2017). Ethnic congruence of music and food affects food selection but not liking. *Food Quality and Preference*, 56, 126–9

Zhang, Y. et al. (2019). Healing built-environment effects on health outcomes: Environment–occupant–health framework. *Building Research and Information*, 47, 747–66

Zhu, R. (J.) and Argo, J. J. (2013). Exploring the impact of various shaped seating arrangements on persuasion. *Journal of Consumer Research*, 40, 336–49

Ziegler, U. (2015). Multi-sensory design as a health resource: Customizable, individualized, and stress-regulating spaces. *Design Issues*, 31, 53–62

Zilczer, J. (1987). 'Color music': Synaesthesia and nineteenth-century sources for abstract art. *Artibus et Historiae*, 8, 101–26

Zuckerman, M. (1979). *Sensation seeking: Beyond the optimal level of arousal.* Hillsdale, NJ: Lawrence Erlbaum